盾构技术基础教材

地铁隧道盾构施工技术及设备

主　编　李建斌

副主编　牟　松　章龙管

参　编　段文军　冯　鉴　庄元顺　漆　俐　何　俊

李春林　钱　政　焦俊奇　郭　磊

U0331709

机械工业出版社

本书以地铁隧道施工技术为主线,详细介绍了城市地铁隧道施工技术及设备,盾构的结构及适用性,盾构施工的配套设施和保证施工精度的测量方法;简单介绍了盾构施工管理及最新的盾构云技术。本书共 11 章,主要内容包括地铁隧道施工技术基础、盾构概论、盾构法概论、盾构的构造、盾构施工辅助设施、盾构选型、盾构施工准备、盾构隧道竖井施工、盾构施工工艺与技术、盾构施工测量与监测、盾构设备管理与使用。

本书可作为地铁隧道施工企业新入职员工的培训教材,也可作为高等学校城市地下空间工程、工程机械等土木类、机械类专业学生的教材。

图书在版编目(CIP)数据

地铁隧道盾构施工技术及设备/李建斌主编 . —北京:机械工业出版社,2020.1(2024.1 重印)

ISBN 978-7-111-64461-3

Ⅰ. ①地… Ⅱ. ①李… Ⅲ. ①地铁隧道—隧道施工—盾构法 Ⅳ. ①U231.3

中国版本图书馆 CIP 数据核字(2020)第 005060 号

机械工业出版社(北京市百万庄大街 22 号 邮政编码 100037)

策划编辑:林 辉 责任编辑:林 辉 舒 宜
责任校对:樊钟英 王明欣 封面设计:张 静
责任印制:张 博

北京雁林吉兆印刷有限公司印刷

2024 年 1 月第 1 版第 4 次印刷

169mm×239mm · 15.75 印张 · 301 千字

标准书号:ISBN 978-7-111-64461-3

定价:55.00 元

电话服务 网络服务

客服电话:010-88361066 机 工 官 网:www.cmpbook.com
　　　　　010-88379833 机 工 官 博:weibo.com/cmp1952
　　　　　010-68326294 金 书 网:www.golden-book.com

封底无防伪标均为盗版 机工教育服务网:www.cmpedu.com

前　言

随着我国城市建设的快速发展，与市民日常生活、工作、出行密切相关的城市轨道交通迎来了大规模的投资和建设热潮，37个城市的轨道交通建设规划获得了国家的批准并展开了建设。地铁隧道主要以盾构施工方法进行建设，而盾构施工技术是融合多学科的高新技术，需要大量专业技术人员保证盾构的运行。目前，我国有10多所本科学校和100所高等职业技术学院开办有与地铁建设及运营相关的专业。我国采用盾构法进行城市地铁隧道施工的时间仅有10多年，还处于一个消化引进技术的阶段。国内大部分与城市地铁隧道施工及设备相关的书籍内容单一，仅可供培养初级人才时参考。因此，编写一本适用于初级甚至高级人才培养的内容全面的教材十分必要。

目前，开设地铁隧道盾构施工课程的专业主要有两类，一类是以土木工程为主的城市地下空间工程专业，开设课程为城市地下空间开发利用、地下工程结构和隧道工程，以设计为主；另一类是机械设计制造及其自动化专业的工程机械方向开设的盾构结构及应用课程，以盾构设计为主。这两个专业都缺乏将盾构和地铁隧道施工相结合的课程，主要原因是地铁机械化施工是一个综合性过程，需要复合型人才。而现阶段的人才培养结合实践少，形成了专才多、复合型人才少的局面。因此，将盾构和地铁隧道施工相结合的教材，即以施工工艺为主体，根据过程需要组织设备的教材必将会很好地满足高等学校人才培养的需要。

本书由地铁盾构生产运营的龙头企业中铁工业工程服务公司和最早参与我国隧道建设的西南交通大学工程机械学院联合编写，由双方专家、教授组成了编写队伍，总结整理了地铁建设发展的需求和施工技术应用的情况，将城市地铁隧道施工中的盾构结构和施工知识相结合，从地铁线路布置和运营出发提出了盾构应具备的性能要求，从地质结构和特点提出了盾构的工作适应性和组成。为帮助读者理解、降低阅读难度，书中内容尽量做到图文并茂，大量插图都来自施工现场和具体的盾构结构，在介绍相关理论知识时尽量做到理论完整、深入浅出、与工程相结合。

本书既可作为施工企业新员工的专业技能培养教材，也可作为高等学校城市地下空间工程、工程机械等土木类、机械类专业学生的教材。

由于编者水平有限，疏忽或不妥之处敬请读者批评指正。

编者

目　　录

第1章 地铁隧道施工技术基础

1.1 城市地铁系统组成

1.1.1 概念

地铁是铁路运输的一种形式，是以地下运行为主的城市轨道交通系统，即"地下铁道"或"地下铁"（Subway，Tube，Underground）的简称；许多此类系统为了配合修筑的环境，在考量建造及营运成本的机基上，会在城市中心以外地区转成地面或高架路段。地铁是涵盖了城市地区各种地下与地上的路权专有、无平交、高密度、高运量的城市轨道交通系统（Metro）。这也是地铁区别于轻轨交通系统的根本性的标志。世界上最早的地铁是英国伦敦的大都会地铁，始建于1863年。

绝大多数的城市地铁都是用来运载市内通勤的乘客的，地铁在许多城市交通中已担负起主要的乘客运输任务。莫斯科地铁是世界上最繁忙的地铁之一，莫斯科有1415万市民，平均每天60%的人要乘一次地铁，地铁担负了该市客运总量的45%。东京地铁的营运里程和客运量与莫斯科地铁十分接近。巴黎地铁的日客运量已经超过1000万人次。纽约的地铁营运路线总长居世界第五，日客运总量已达到2000万人次，占该市各种交通工具运量的60%。地铁被许多城市用作解决交通堵塞问题的方法，已经被当成城市交通的骨干。在美国的芝加哥曾经有用来运载货物的地下铁路，在英国伦敦也有专门运载邮件的地下铁路，但这两条铁路已先后在1959年及2003年停用。

随着我国城市化进程的加快，城市人口的增加给城市交通带来的压力日渐明显。目前的大、中城市正在极力发展地铁交通，地铁的舒适、快捷和便利，已使其成为人们出行的重要交通工具。"十九世纪修大桥，二十世纪建高楼，二十一世纪开发地下交通资源。"这句话充分显示出地下交通在新世纪发展中的前景与潜力。与公交车、电车相比，地铁的优势显而易见：地铁单向运量每小时4万~6万人次，公交车、电车单向运量每小时1万人次。从运输方式来看，地铁运输具有多方面的优点：舒适、准时、快捷、环保、节能、安全，而且不占用地面、街道等。毫无疑问，地铁交通是绿色工程，符合我国的可持续发展战略。我国的地下工程专家、中国工程院院士王梦恕说："中国确实需要开发以地铁为特色的交通资源，它的发展将不但是城市发展的需要，也是未来地下资源开发的必然，更是经济发展的综合体现"。截至 2014 年年底，我国开通运营城市轨道交通线路的城市共计 25 个（大陆 22 个、港台地区 3 个），大陆拥有城市轨道交通的城市从 2005 年的 8 个发展为 22 个，运营线路数由 17 条增长为 83 条，运营线路总长由 381.6km 增长至 2699.6km，年均增长 231.8km，运营车站数由 237 站增长至 1770 站。截至 2015 年 9 月，全国已有 39 个城市获批建设地铁，预计到 2020 年，全国地铁总里程将达到 6000km，投资达到 4 万亿。因此，在未来相当长的时间内地铁建设将是我国建设的重点。

每一条地铁线路都是由区间隧道（地面上为地面线路或高架线路）、车站及附属建筑物组成的。图 1-1 所示为成都地铁 7 号线的规划图，圆圈所代表的是车站，连接圆圈之间的线段代表的是区间隧道，车站和区间隧道是地铁建设主要的土建工程。而城市地铁工程主要由土建工程和系统工程两大部分构成。其中土建工程又分为车站土建工程和区间土建工程等；系统工程又可分为轨道系统、通信系统、信号系统、电力系统、供电牵引系统、屏蔽门系统、防灾报警系统（FAS）、设备监控系统（BAS）、电力监控系统（SCADA）、人防系统、车辆段及车辆系统、自动售检票系统、环控通风系统、控制中心、电梯和自动扶梯等。单就土建工程来说，地铁的基本组成就是车站和区间隧道。

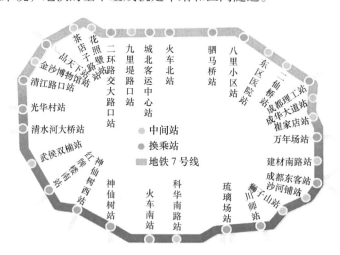

图 1-1 成都地铁 7 号线的规划图

1.1.2 地下车站

世界各国城市地铁地下车站一般布置成上下两层，以适应较大客流量的需要（图 1-2）。上层为站厅层，主要用于售、检票，可分为非付费区和付费区；下层为站台层，用于乘客候车，并有侧式站台（站台一侧通行列车）、岛式站台（站台两侧均通行列车）和岛侧混合式站台之分（图 1-3）。20 世纪 50 年代末，随着地下连续墙的问世和深基坑施工技术的发展，使地下车站可以建成多层式，这样更有利于组织各条地铁线路在平面之间的车站同站台换乘。同时多层站台也使车站的功能得以加强，可综合利用地下空间，进行一些物业开发，以使投资发挥最

图 1-2　地下车站的基本结构

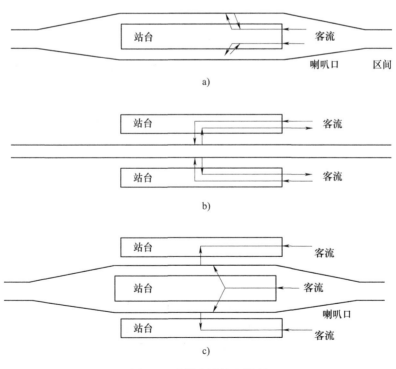

图 1-3　地铁车站站台类型

a）岛式站台　b）侧式站台　c）岛侧混合式站台

大的经济效益，车站有通道和出入口（是乘客进行地面和地下换乘的必经之路），还有风道、风井和风亭（一般布置在车站的两头端部）以及设备管理用房等。

一般情况下，站台形式是根据全线的行车运营组织和地面环境、施工条件等因素综合确定的，常见的形式有岛式和侧式两种，如图 1-3 所示。其中侧式站台大多用在线路的起终点和区间宽度受限制的地方，该种轨道线路的上行方向与下行方向设在上、下行轨道两侧的车站，上行与下行乘客分别在各自的站台上、下车，不会发生混合，但利用率比岛式站台低。岛式站台多用于中间站，上、下行线分布在站台两侧，站台面积可以得到充分利用。与侧式站台相比，采用岛式站台可以降低建设成本（减少重复设置扶梯、站台设备等固定设施），并且客流组织起来也比较简单。岛侧混合式（包括一道一侧和一岛两侧式）作为客流大换乘车站的选择，或者 Y 形交路的首末站点会采用这种形式，但因其造价高、工程量大，在一般车站不会考虑采用。

岛式站台与侧式站台的优缺点比较见表 1-1。

表 1-1　岛式站台与侧式站台的优缺点比较

项目	岛式站台	侧式站台
特点	优点：站台利用率高，可起到分散人流的作用，在相反方向列车不同时到达时可互相调节 缺点：在相反方向列车同时到达时容易交错混乱，甚至乘错方向	优点：两站台可分别利用，相对方向的人流不交叉，不致乘错车 缺点：站台利用率低，对乘客不能起到调节作用
管理	优点：管理上集中、方便，乘客中途折返较方便	缺点：管理分散、不方便，乘客中途折返不方便，须经过连接通道才能折返
结构	缺点：需要设置中间站厅，且结构较复杂；需设喇叭口，直线部分的线路至少要增加两条反向曲线	优点：可不设中间站厅，结构较简单
空间艺术	优点：建筑空间艺术处理较好，空间完整，气魄大	缺点：在建筑艺术处理上空间较分散
延长工程	缺点：进行站台延长工程较困难	优点：进行站台延长工程较容易
费用	缺点：建筑费用大	优点：建筑费用小

站台形式的选择应结合线网规划、车站布局、投资比选等综合因素考虑，由于岛侧混合式站台造价高、管理复杂，一般不宜采用。

图 1-4 所示为长沙地铁五一广场站，属于 1、2 号地铁线的换乘站。地铁 1 号线站台层在上，地铁 2 号线站台层在下，地铁 1 号线站台层有 4 个换乘通道直达地铁 2 号线站台层，设有楼梯、扶梯方便通行。2 号线是岛式站台，在候车区只

需转一个身就能乘坐反方向的列车；1 号线是侧式站台，上行与下行乘客需分别在各自的站台上车，不发生混合。

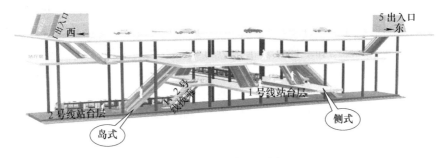

图 1-4　长沙地铁五一广场站

地铁车站有很多种，有的是地下很深的那种埋入式，有的是挖一个凹字形通道然后在上面覆盖挡板（所谓的明挖），有的是高架。根据挖的深度来看，不涉及换乘的区间车站候车区需要大概 5m 的高度，其上面一层需要净高度 4m 的售票区域，上面还有 1.5m 厚的水泥板加 1.5m 的管线预留高度覆土层，最后外面再加盖一个入口，地下两层的车站基坑开挖深度在地下 16~17m，地下三层车站的开挖深度在地下 20m 以上。没有必要建设过深的车站，一是没有必要，二是由于地下空间不可逆性要预留一些发展空间，三是经济上太昂贵了。有一些车站很深是由于其他因素影响，如备战需要，朝鲜达到 175m 深度是为了人防而建造的地铁站，仅仅坐电梯上下的时间就非常漫长。莫斯科胜利公园地铁站曾是世界上最深的地铁站（出于战备防空考虑，平壤仿照莫斯科把地铁站建得很深，深度甚至超过莫斯科，号称世界上最深的地铁系统），胜利公园地铁站距离地面达 90m，图 1-5 所示为进出站扶梯。莫斯科为了战备而建，大部分地铁线路都建在离地面 50m 以下，坐电梯下去需要花费几分钟的时间。这些地铁站考虑了战时的防护要求，可供 400 余万居民遮蔽之用。

图 1-5　莫斯科胜利公园地铁站扶梯

1.1.3　区间隧道

区间隧道是列车通行的通道，有单洞单线隧道和单洞双线隧道之分，但以单洞单线隧道居多。目前在国内隧道施工中最流行的是盾构法工艺。采用盾构法做出来的是正圆隧道，隧道的截面面积与直径成平方关系，若直径增加一倍，隧道的截面面积就是原来的 4 倍，那么投入的材料成本就会大很多。采用双洞单线隧道相当于将一个大洞分解成两个小洞，每个小洞的开挖截面面积小，开挖快，封闭快，支护的受力（主要是指弯矩）也相对小，因此，地质条件好的时候，选择单洞双线隧道，地质条件差的时候，选择单洞单线隧道。单洞单线隧道的间距在区间会根据地质勘测和地面建筑情况进行确定，在车站则与站台的形式有关，岛式站台两个隧道间距离等于站台宽度，若采用侧式站台，则两个隧道间距就很小，甚至可能在车站变成单洞了。南京地铁中宝站模型如图 1-6 所示，此站是 4号线和 9 号线的换乘站，两条地铁线均采用了单线单洞方案。

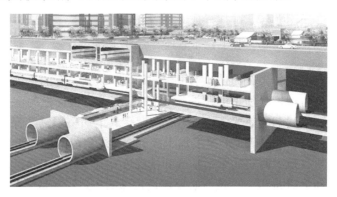

图 1-6　南京地铁中宝站模型

单洞双线隧道就是一个隧道里面是双向两车道，由于都是采用圆形盾构施工，采用单洞双线隧道因截面面积大，地质条件及地表附着物数量要求就会更高，从整体建筑质量安全和投资成本来讲，单洞单线隧道比单洞双线隧道具有质优价廉的竞争优势，因此单洞双线隧道仅在特殊地质和环境采用。例如武汉地铁 8 号线过江隧道就采用单洞双线方案（图 1-7），外径达到 12.1m，内径有 10.5m，盾构只需穿越一次长江。采用单洞双线隧道，利用大直径圆

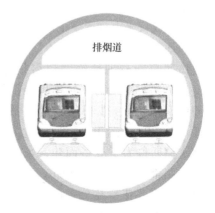

图 1-7　武汉地铁 8 号线过江隧道断面图

形隧道内上部空间设置专用风道，取代两端设风井，既满足通风要求，又保证行车密度，避免了在长江底暗挖施工联络通道和长江大堤附近施工超深风井的风险，同时也避免盾构两次穿越长江的风险。DB 11/995—2013《城市轨道交通工程设计规范》5.1.4 条规定，若区间直线地段，当相邻两线间无墙、柱、纵向辅助疏散平台或设备时，两相邻线路的最小线间距宜为 A 型车 3800mm、B 型车

3600mm。据此可以确定单洞双线隧道的尺寸。单洞双线隧道需要用特殊的盾构机进行施工，如武汉地铁 8 号线过江隧道采用了开挖直径达 11.38m 的泥水盾构机施工。

1.1.4　区间隧道布置及线间距

GB 50157—2013《地铁设计规范》规定，采用盾构法施工平行隧道间的净距应根据工程地质条件、埋置深度、盾构类型等因素确定，且不宜小于隧道外轮廓直径，如图 1-8 所示。当因功能需要或其他原因不能满足上述要求时，应在设计施工中采取必要的措施。

区间盾构圆形隧道建筑限界为直径 5200mm 的圆，按已有的设计、施工经验，综合考虑隧道轴线施工误差 100mm（包括线路拟合误差、测量误差在内），隧道后期不均匀沉降±50mm，则隧道的内径定为 5500mm，采用单层装配式钢筋混凝土 350mm 厚衬砌环，则隧道的外径定为 6200mm。上海地铁 1 号线、天津地铁 1、2、3 号线按此设计，广州地铁 2 号线盾构内径按 5400mm 设计，隧道衬砌采用 300mm 厚 C50 防水钢筋混凝土单层管片，隧道外径为 6000mm。区间单线圆形隧道结构如图 1-9 所示。

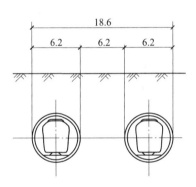

图 1-8　平行隧道间的净距

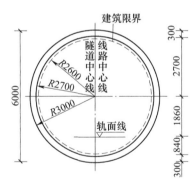

图 1-9　区间单线圆形隧道结构

在满足最小净距的前提下，车站两端线路线间距宜采用车站（岛式）地段线间距，可免设反向曲线恶化线路平面条件。当车站地段线间距过大时，可利用站端曲线或加设两条反向曲线减小区间线路线间距。

地铁、轻轨是为城市繁荣和发展经济服务，为市民的出行提供快速便利的交通工具，为日趋严重的城市地面行车难解困。地铁线路必须为节约土地及空间进行精心设计，尽可能与城市道路共用通道，尽量与道路红线及城市主要建筑物平行，地铁隧道、车站、出入口等，有条件与城市建筑结合的，应尽量结合。

如图 1-10 所示，地铁线路可以在 A、B、C 三个位置设置，在 A 位置，地铁线路居于道路的中心，对两侧建筑物影响小，地下管网拆迁较少，有利于地铁线路截弯取直，减少曲线数量，并能适应较窄的道路红线宽度。这种位置不适合明挖法，会破坏现有道路路面，对城市交通干扰较大。在 B 位置，地铁线路位于慢车道和人行道下方，能减少对城市交通的干扰和机动车路面的破坏。在 C 位置，地铁线路位于待拆的既有建筑物下方，对现有道路及交通基本上无破坏和干扰，地下管网也极少。但房屋拆迁及安置量大，只有与城市道路改造同步进行才十分有利。

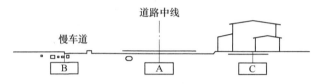

图 1-10　地铁线路设置位置示意图

　　根据所采用的施工方法来决定线间距和线位埋深。采用单回（单线）盾构法施工时，左右线一般平行布置，且为确保施工安全，隧道净距和隧道覆土厚度要求大于等于 1 倍盾径（6.2m），地铁单圆盾构区间隧道横剖面（断面）图如图 1-11 所示。因盾构施工对城市交通和环境影响较小，故多被采用。对于长距离狭窄地带且不便采用明挖法施工的地段，可采用双圆（双线）盾构法施工。其特点是在左右线同时推进，隧道横剖面呈"眼镜状"（图 1-12），线间距根据采用的车型和眼界来确定，如 A 型车的线间距为 4.6m，隧道横剖面的结构外缘宽度

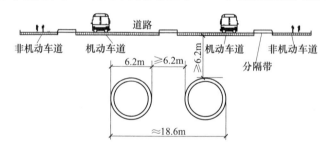

图 1-11　地铁单圆盾构区间隧道横剖面图

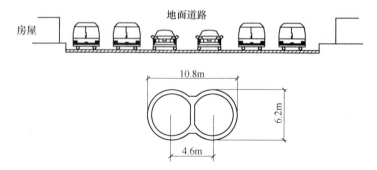

图 1-12　地铁双圆盾构隧道横剖面

为 10.8m，而单圆盾构隧道横剖面的宽度约为 18.6m（图 1-11）。采用双圆（双线）盾构法施工可大大节省横向空间，有效躲避地下障碍物，又避免施工开挖带来的环境影响。目前，国内采用双圆（双线）盾构法施工的还很少，仅上海的 M8 线首先使用。此工法除了缺乏施工技术经验外，线路的曲线半径也不宜太小。此外，双圆（双线）盾构法施工的隧道两洞体容易发生不均匀沉降。

1.2　区间隧道的平纵面

区间隧道在地下并不是呈直线，是有弯道和坡道的。区间隧道线型受很多因素的影响，如地质情况变化、地面建筑物的避让等都会使其出现弯道。另外，考虑运行因素也会特意地设计出一定的坡度，如节能坡，为了满足排水的要求也会设置一定的坡度。

当列车通过弯道时，由于离心力的作用，外侧车轮轮缘紧压外轨，摩擦增大；同时由于内侧车轮与外侧车轮的滚动长度不同，车轮存在较大滑行，给列车造成曲线附加阻力，并且曲线半径越小曲线附加阻力越大，大大增加了车轮与钢轨的侧面磨耗，加大了维修养护工作量，所以小半径曲线地段需要适当限速运行。综上所述，为了使列车按设计速度安全平稳地运行，线路平面曲线半径应根据车辆类型、列车设计运行速度和工程难易程度经比选确定。曲线半径最小值是城市轨道交通主要技术标准之一，根据 GB 50157—2013《地铁设计规范》，线路平面最小曲线半径应符合表 1-2 中规定。

表 1-2　线路平面最小曲线半径

线路		一般情况/m		困难情况/m	
		A 型车	B 型车	A 型车	B 型车
正线	$v \leqslant 80km/h$	350	300	300	250
	$80km/h<v \leqslant 100km/h$	550	500	450	400
联络线、出入线		250	200	150	
车场线		150	110	110	

注：除同心圆曲线外，曲线半径应以 10m 倍数取值。

地铁的线路平面位置和高程根据城市现状与规划的道路、地面设站要求、地面建筑物、管线和其他构筑物、文物古迹保护要求、环境与景观、地形与地貌、工程地质与水文地质条件、采用的结构类型与施工方法，以及运营要求等因素，经技术经济综合比较后确定。因此隧道在地下也不能够走直线，而是有一定的弯道，其弯道大小一是受到车辆的结构影响，二是车辆运行的舒适性要求，三是受到盾构施工的影响。《地铁设计规范》对正线及辅助线的圆曲线最小长度都做了规定，A 型车不宜小于 25m，B 型车不宜小于 20m，在困难情况下不得小于一个车辆的全轴距。地铁线路平面最小曲线半径取值如下：区间正线一般取 350m，困难地段取 300m；辅助线一般取 200m，困难地段取 150m；车场线一般取 150m；车站一般取 1200m，困难地段取 800m。例如，福州地铁 1 号线在树兜站到屏山站间需要转一个接近 90° 的弯，根据《地铁设计规范》的要求设置了半径为 300m 的弯道，福州地铁弯道设置示意图如图 1-13 所示。

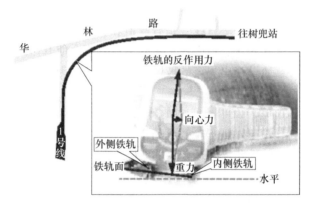

图 1-13　福州地铁弯道设置示意图

《地铁设计规范》规定地铁线路曲线最大超高取 120mm；曲线半径一定时，速度越高，要求设置的超高越大，当速度要求超过设置的最大超高值时，就会产生未被平衡离心加速度 a。经大量实践，规定未被平衡离心加速度不得超过 0.4 ~ 0.5m/s^2，特殊情况下不得超过 0.6m/s^2，以保证旅客舒适度，欠超高为 60 ~ 75mm，困难情况下可达 90mm。未被平衡离心加速度主要是根据乘客舒适度来确定的，城市轨道主要为整体道床，车辆性能好，轴重轻，运行速度低，考虑乘客多为短途、站立较多的实际情况，按目前规范规定未被平衡离心加速度值采用 0.5m/s^2 较为合适，欠超高采用 75mm，有利于提高列车在曲线上的运行速度，不同曲线半径及未平衡离心加速度下列车运行速度表，见表 1-3。

表 1-3　不同曲线半径及未平衡离心加速度下列车运行速度表

加速度 /(m/s^2)	曲线半径 r/m						
	550	500	450	400	350	300	250
	运行速度/（km/h）						
$a = 0$	74.79	71.31	67.65	63.78	59.87	55.43	50.60
$a = 0.4$	91.6	87.33	82.85	78.11	72.96	67.55	61.66
$a = 0.5$	95.3	90.9	86.2	81.3	76	70.4	64.3

在设置坡度时其值不能太大，防止溜车。根据《地铁设计规范》：正线的最大坡度不宜大于 30‰，困难地段可采用 35‰，联络线、出入线的最大坡度不宜大于 40‰（均不考虑坡度折减值）。隧道内和路堑地段的正线最小坡度不宜小于 3‰，困难地段在确保排水的条件下，可采用小于 3‰ 的坡度；地面和高架桥上正线最小坡度在采取了排水措施后不受限制。地下车站站台计算长度段线路坡度宜采用 2‰，在困难条件下，可设在不大于 3‰ 的坡道上。地面和高架桥上的车站站台计算长度段线路宜设在平坡道上，在困难地段可设在不大于 3‰ 的坡道上。车场线宜设在平坡道上，条件困难时，库外线可设在不大于 1.5‰ 的坡道上。道岔宜设在不大于 5‰ 的坡道上，在困难地段可设在不大于 10‰ 的坡道上。车站站台计算长度段线路应设在一个坡道上。有条件时车站宜布置在纵断面的凸型部位上，并设置合理的进、出站坡度。折返线和停车线应布置在面向车挡或区间的下坡道上，隧道内的坡度宜为 2‰，地面和高架桥上的折返线、停车线，其坡度不宜大于 1.5‰。

地下线的埋深受到所在地区工程地质和水文地质条件限制，还与隧道施工方法、地面建筑物和地下构筑物的情况等因素有关。地下地道埋深根据其到地表的距离，可分为深埋和浅埋两种类型。一般认为大于 20m 时为深埋，埋深小于 20m 时为浅埋（通常指轨顶面到地面距离）。决定地铁埋置深度方案时，要考虑基建投资、地质条件、地下管线的埋深，防护要求等因素。深埋地铁一般采用矿山法和盾构法，浅埋则常用明挖法，特殊情况下可采用暗挖。因此，在一条地铁线上各个位置的埋深是不一样的，既有车站埋深的影响也有地质、环境因素的影响，在线路纵断面图上可以清晰地表现出来。成都地铁 4 号线二期工程纵剖面图如图 1-14 所示。在万年场站至东三环站之间线路因要穿越地表河——沙河，所以车站及线路埋深都更多一些。

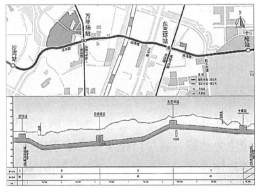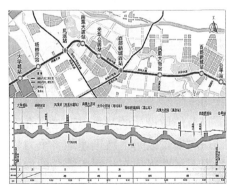

图 1-14　成都地铁 4 号线二期工程纵剖面图

浅埋地铁区间隧道衬砌顶部至地面应不小于 2m，车站前厅顶部要有 1~1.5m 的回填土。正线的最大坡度不宜大于 30‰，困难地段可采用 35‰。车站的埋深是线路的标高控制点，首先应根据最小覆土层厚度及车站高度定下车站埋深，接下来在不超过最大坡度的情况下，进行拉坡设计，同时还要考虑到隧道穿越地层的情况，尽可能使隧道在单一的地层中。为满足此条件，可以上下调整车站位置以满足要求，但同时也应该把握住这一条件：车站尽量埋得浅一些，方便施工与运营，在满足设计规范和技术标准的前提下，也应该争取降低工程造价和运营成本，所以线路纵断面设计应按"高站位，低区间，尽量采用节能坡度"的原则进行。

1.3 节能坡

地铁节能坡是指符合列车运行规律的节能坡道，它遵循"高站位、低区间"的设计原则，车站一般位于纵断面的高处，区间位于纵断面的低处。列车进站停车前，借助上坡的坡度阻力将动能转化为列车势能，以缩短制动时间、减少制动发热，节约环控能量消耗。列车从车站起动后，借助下坡的动力将势能转化为列车动能，以缩短列车牵引时间快速起步，从而达到节约牵引能耗的目的。按节能坡布置的车站、区间隧道关系如图 1-15 所示。城市轨道交通系统牵引供电占整个轨道交通系统耗电量的 40%~48%，其他用电包括通风空调 25%~35%，弱点系统 2%~4%，电扶梯 9%~13%。城市轨道交通电动车组普遍采用"再生制动+电阻制动+机械制动"的制动方式，制动能量可达到牵引能量的 30%以上，部分再生制动的能量可以被线路上相邻车辆吸收，不能被吸收部分则转换为电阻或空气制动，制动能量被白白消耗，初步估算该部分消耗的电能占制动能量的 40%左右。

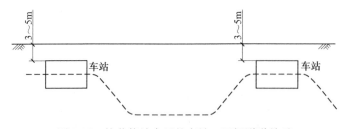

图 1-15 按节能坡布置的车站、区间隧道关系

节能坡设计的基本思路是：合理地设计地铁区间坡度及坡长，使车辆在出地铁站时通过区间下坡迅速地将重力势能转化为动能，在尽可能少耗费牵引电能的情况下，获得列车运行所需要的加速度和目标速度。列车加速一定时间和距离后达到目标速度时进入区间匀速坡，以最高速度或接近最高速度匀速运行，这样可以大幅度减少牵引电能耗费；车辆进入下一个地铁站之前通过站前上坡将车辆动

能转化为势能，加速列车的制动，从而节省列车制动所需要的电能耗费。

《地铁设计规范》规定："车站宜布置在纵断面的凸型部位上，可根据具体条件，按节能坡理念，设计合理的进出站坡度和坡段长度。"车站设在线路纵断面的高处，两端大下坡，称为节能破。列车从车站起动后，借助下坡的势能增加列车加速度，缩短列车牵引时间，从而达到节能的目的。列车进站停车可借助坡度阻力，降低列车速度，缩短制动时间，减少制动发热，节约环控能量消耗。

节能型坡道应尽量靠近车站，竖曲线头宜贴近站台端部，以发挥最大节能效果。节能坡道长度一般宜在 200～300m。坡度值视左右线隧道结构而异，当左右线分为两单线隧道时，两线在区间可以不等高，列车出站方向的坡度值可用最大坡度，进站方向的坡度值减小 5‰ 左右；当左右线并行共用一个隧道结构时，因左、右线要求等高，进出站的坡度均宜较最大坡度减小 5‰ 左右。车站主体结构采用明挖法施工，区间隧道结构采用盾构法施工，则有条件实行节能型的纵断面设计。若区间结构也是采用明挖法施工，节能型纵断面将加大区间线路埋深，增加工程投资，纵断面一般不设计成节能型。

关于节能坡的坡度的合理数值，比较 3‰、6‰、8‰、10‰、12‰、14‰、16‰、18‰、20‰、22‰、24‰、26‰ 共 12 种线路纵断面方案，不同节能坡方案的牵引计算汇总表见表 1-4。可见，随着节能坡坡度的增大，列车的起动加速时间逐渐缩短，其牵引用电量也逐渐减小。说明在车站两端设置节能坡，可以降低列车牵引能耗。方案还表明，节能坡的坡度在 22‰～26‰ 时，节能效率可达 19.64%～25.58%。

表 1-4　不同节能坡方案的牵引计算汇总表

坡度值	起动时间/s	加速距离/m	运行时间/s	进站制动初速/(km/h)	电能消耗/kW·h	能耗差/kW·h	节能率
3‰	24.6	250	99	55.7	25.671	0.0	0
6‰	23.0	219	101	52.3	24.358	-1.313	5.11%
8‰	23.3	218	100	53.1	24.847	-0.824	3.21%
10‰	22.8	212	100	51.8	24.396	-1.275	4.97%
12‰	21.6	198	101	49.6	23.429	-2.242	8.73%
14‰	20.9	188	101	48.0	23.052	-2.619	10.2%
16‰	19.8	168	102	45.5	22.063	-3.608	14.05%
18‰	19.6	150	102	44.1	21.821	-3.85	15.0%
20‰	18.6	158	102	43.8	21.584	-4.087	15.92%
22‰	17.4	137	103	40.7	20.63	-5.041	19.64%
24‰	16.8	131	103	39.5	20.173	-5.498	21.42%
26‰	15.8	122	105	38.5	19.104	-6.567	25.58%

除车站两端的节能坡道外，区间一般宜用缓坡。节能坡前后坡段及速度示意图如图1-16所示，避免列车交替使用制动又给电牵引，有利于减少能耗和运营成本，提高列车行车平稳性和乘客舒适度，但有局部地段工程为尽快争取高程需要，必须采用较大的甚至最大坡度，如

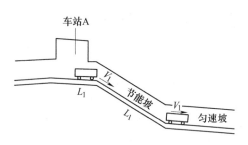

图 1-16 节能坡前后坡段及速度示意图

隧道至高架桥（或高架桥至隧道）的过渡段，穿越河流及下穿建筑物桩基地段、地面高架线跨越城市桥梁地段等。穿越河流和下穿建筑物桩基地段的坡度值可采用《地铁设计规范》规定的最大坡度30‰，实际设计中有条件时一般也考虑适当放缓。该地段往往是反向大坡段，为避免过大坡度差，中间宜用缓坡段连接。

1. 车站最小坡度的设置

《地铁设计规范》规定，车站站台计算长度内不得设置竖曲线，以保证站台平整和乘客安全，并便于车站设计施工。设站坪坡度2‰，车站两端节能坡25‰，则两端相邻坡度差分别为27‰和23‰，按半径3000m计算竖曲线切线长分别为40.5m和34.5m，以当前国内地铁常采用的国产B型车6节编组为例，列车计算长度取整为120m，则站坪坡段最小长度为40.5m＋120m＋34.5m＝195m，取整为200m。为便于车站布置留有余地，通常可设计为250m。当采用其他较长车型或列车编组较多时，则站坪坡段最小长度应相应加长。带有配线的车站应根据岔线布置要求设计站坪坡段长度。

2. 区间线路最小坡段长度

《地铁设计规范》规定，线路坡段长度不宜小于远期列车计算长度，这使一列列车范围内只有一个变坡点，避免变坡点附加力的叠加影响和附加力的频繁变化，以保证行车平稳。《地铁设计规范》还规定，相邻竖曲线间夹直线长度不宜小于50m，使竖曲线既不相互重叠，又相隔一定距离，有利于列车运行和线路维修养护。区间线路较站端行车速度高，为提高行车平顺性和乘客舒适度，竖曲线需采用较大半径，一般情况为5000m。两个相邻变坡点的坡度差设定均为最大30‰，则其竖曲线切线长均为75m，仍以上述列车长度120m为例，则最小坡段长度为：（75＋50＋75）m＝200m＞120m，可见当两个相邻变坡点坡度差均控制在30‰以内时，则区间线路坡段最小长度可设计为200m。

3. 相邻坡段变坡坡度差

相邻坡段变坡坡度差，不同类别的铁路都有明确的限制规定，现行

GB50090—2006《铁路线路设计规范》对坡度差值做出了更详细的规定，根据列车通过变坡点时产生的纵向力不大于车钩强度和不同列车牵引定数这两个因素分为四档：一般为 8‰、10‰、12‰、15‰，困难情况为 10‰、12‰、15‰、18‰。地铁不同于常规客货混运铁路，地铁是客运专线，没有货运，列车种类、牵引质量单一，其动车组牵引力充裕，但因地铁是城市轨道交通客运专线，故对其行车平稳性和乘客舒适度应是重点考虑的因素，若坡度差过大，对此影响较大，同时对设计施工、运营养护也带来不利影响。对地铁坡度差最大值宜有所限制的主要原因如下：

1）行车平稳性和乘客舒适度，列车通过变坡点时要产生附加力和附加加速度，引起车辆振动和局部加速度增大，变坡点采用竖曲线连接可得到有效缓解。但当列车通过竖曲线时，产生的竖向离心加速度未被平衡部分仍将影响乘客舒适度。当变坡点坡度差过大，即相邻两反向大坡道，列车交替降速加速，影响行车平稳性，因而也降低了乘客舒适度。

2）方便设计，由于地铁站间距离短，市区一般 1km 左右，扣除站坪及站端坡段，区间线路纵坡往往只能设计成短坡段，通常多采用 200m。如前所述，当相邻坡段坡度差控制在 30‰以内时，设计最小坡段 200m 无须检算即可满足竖曲线间夹直线长度规定，从而可避免坡度差过大造成运行品质下降的问题。

3）有利施工，变坡点竖曲线地段线路高程需要调整，当调整量大于整体道床厚度允许调整量时，需通过调整结构高程来实现。如地下线框构施工需要通过结构变截面降低底板（凸形变坡点）或抬高顶板（凹形变坡点）来满足调整量。而盾构施工时，竖曲线地段线路高程调整量只能在盾构推进中调控实现，给施工带来难度，坡度差越大，调整量越大，调整地段越长，如坡度差为 30‰时，高程调整量最大处为 563mm，调整地段长度达 150m，若坡度差再大，则盾构推进调控难度更大，对此施工部门反映强烈。

1.4　城市隧道的工程地质及相关参数

1.4.1　隧道地质基本要求

地质环境条件对工程建设的影响主要是以下 5 个方面：对线路规划位置的影响；对线路敷设形式的影响；对施工工法、工艺的影响；对工程结构的影响；对工程施工安全的影响。

地质特征是指某一区域的地质特点，主要包括工程地质特征和水文地质特征。不同的地形地质环境，在施工过程中将造成不同的岩土工程问题，而城市地铁沿线一般都会穿越多个商业区和城市主干道，在地铁建设过程中除了要考虑自身的施工安全问题，也要考虑周围建构（筑）物的安全运营问题。因此，岩土工程问题已成为地铁建设风险的重要组成部分。

在工程建设中，首先需要对工程地质条件进行勘察，以查明建设项目所在地区的地形地貌、地层岩性、水文特征等条件，并分析存在的岩土工程问题，对工程地质条件做出评价，从而为项目的规划、设计、施工等提供可靠的依据，以保证工程项目修建技术的可行且经济合理，保障后期运营的安全可靠。可见，明确地层岩性，初步预判可能存在的岩土问题对保证地铁建设质量起到相当重要的作用。

地铁岩土工程勘察应取得的基础资料主要包括场地岩土类型、成因、分布及其工程性质；场地不良地质现象及特殊地质问题；地下水情况，包括地下水类型、水位、水量、流向、流速及水质等。地铁施工的勘测过程如图 1-17 所示。地铁岩土工程勘察应取得的设计参数主要包括岩土物理指标、力学指标及热物理指标等。勘察时应根据工程的类别、工程性质、基础类型、土的性质、施工方法等对岩土物理力学参数的需求进行，取得的试验数据必须满足数理统计和设计检算要求。土工常规试验按土类确定，其他试验项目的确定可根据所取样品的种类、工程性质及施工方法等确定。

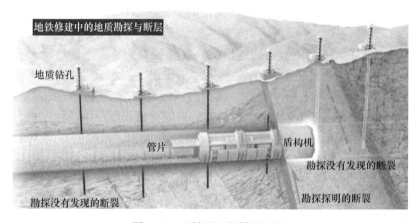

图 1-17　地铁施工的勘测过程

对于盾构法，勘探孔沿线路两侧交错布置于隧道外 35m。岩土工程勘察需查明地层构造、层序以及地层中洞穴、透镜体（不连续块体）和障碍物分布。而对于软土、松散砂层、含漂石、卵石地层、高粉黏粒含量地层、掌子面软硬不均地层及硬岩地层等对盾构机具选择和施工有重大影响的地层，应重点勘察。同时要查明硬岩的节理发育情况和岩体基本质量分级，提供力学计算和盾构、刀具选型所需的岩土物理、力学参数，进行土石可挖性分级并提供工程地质纵横断面。此外还要查明地下水位、渗透系数、腐蚀性，估算掌子面涌水量，并以此作为衡量隧道失稳后破坏后果的一个参考指标。

考虑地质构造，尽量避开向斜处（向斜处容易积水，岩层不稳定）；避开断层处（断层处岩层不稳定，易塌方）；避开地下水的汇集处。

由于整个工程项目都在地下进行，工程所穿越的地层、各层土层的特性和物理指标都大不一样，盾构姿态必定受到各土层物理性质的制约和影响，必须根据隧道沿线的地质勘探报告，明确覆土状况和各层土的物理特性，制定针对性的技术措施，确保盾构在各土层中的穿越条件。经过分析，选择土类和埋深作为确定盾构推进千斤顶压力的地质条件依据。

1.4.2　不同地域的地质特点

我国幅员辽阔，各地的大地构造、地形地貌、水文气象等基础地质条件不同，地质现象众多，导致我国城市轨道交通工程的地质条件具有明显的复杂性和差异性。目前，国家正式批复开展城市轨道交通建设的城市有 39 座，这些城市分布于大江南北，各个城市的地质条件各不相同。根据岩土特性不同，大体可分为冲洪积土层地区、软土地区、黄土地区、膨胀土地区、基岩或地质单元复杂地区等。

1. 冲洪积土层地区

冲洪积土层地区主要包括北京、石家庄、郑州、长春、沈阳、成都、呼和浩特等城市。冲洪积土层地区的地层由山前至下游，一般具有颗粒由粗到细、单一地层到交互沉积地层的特点，岩性主要以冲洪积相的卵石、砂土、粉土、黏性土为主。工程地质特性一般具中低—高压缩性、抗剪强度中等、孔隙比变化较大、渗透性差异大、力学指标变异大等特点，水文地质特性主要具有地下水成层分布、中下游具多个含水层、涌水量大、下游承压性高等特点。北京地区典型冲洪积地层剖面（图 1-18）。冲洪积土层地区的主要工程地质问题为不同土层的稳定、变形及渗流特征差异较大。成都砂卵石地层如图 1-19 所示，沈阳地铁勘测土样如图 1-20 所示。

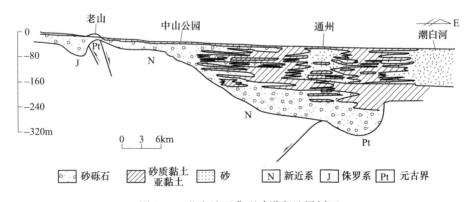

图 1-18　北京地区典型冲洪积地层剖面

图 1-19　成都砂卵石地层　　　　　　　　图 1-20　沈阳地铁勘测土样

2. 软土地区

软土地区主要包括上海、天津、宁波、无锡、杭州等城市，地层以滨海相（潮汐和波浪作用产生的沉积）、三角洲相（海陆混合相沉积）和湖塘、沼泽相等静水或缓慢流水环境中，沉积并经生物化学作用形成的饱和软黏性土为主，其天然孔隙比大于或等于 1.0，且天然含水量大于液限，包括淤泥、淤泥质土、泥炭、泥炭质土等，普遍具有天然含水量高、孔隙比大、压缩性高、抗剪强度低、渗透性差、灵敏度高以及流变性显著等特点，软土地层同时具有地下水丰富、地层中含有多层地下水、其中承压水对工程影响突出的特点。

各地区软土由于沉积环境、沉积时代不一致，工程特性又存在差异，以上海、宁波软土为例，两个地区软土物理、力学性质见表 1-5 和表 1-6。

表 1-5　上海、宁波地区软土物理性能指标统计表

地区	图层名称	天然含水量 ω	重度 $\gamma/(kN/m^3)$	孔隙比 e	液限 ω_L	塑性指数 I_p	液性指数 I_L
上海	淤泥质粉质黏土	36.0%~49.7%	17.1~18.6	1.00~1.36	29.6~40.1	10.3~17.0	1.05~1.36
	淤泥质黏土	40.0%~59.6%	16.4~17.9	1.12~1.67	34.4~50.2	17.0~25.1	
宁波	淤泥质粉质黏土	34.4%~51.4%	17.0~18.6	1.00~1.42	29.3~46.6	9.1~17.0	1.02~1.94
	淤泥质黏土	37.5%~58.1%	16.5~18.1	1.06~1.50	32.8~50.2	19.6~24.0	1.10~1.59

表 1-6　上海、宁波地区软土力学性指标统计表

地区	天然含水量 ω	孔隙比 e	固结快剪 c/kPa	固结快剪 φ	压缩模量 $E_{0.1-0.2}/MPa$	压缩系数 $\alpha_{0.1-0.2}/MPa^{-1}$	渗透系数 $k/10^{-7}$ (cm·s⁻¹)	灵敏度 S_1
上海	36.0%~49.7%	1.00~1.36	8.5~14.2	12.1°~28.0°	2.20~5.97	0.30~1.03	20~50	2.5~3.5
宁波	25.4%~51.4%	1.00~1.42	8.0~33.9	7.0°~28.0°	2.08~8.48	0.2~1.17	0.3~9.0	3.0~5.0

将上述两个地区软土层的物理力学指标统计表进行对比分析，可得到两个地区的软土工程特征具有如下特点：

1）含水量高。两个地区软土层含水量均超过 34%。

2）渗透性差。两个地区软土均以细颗粒为主，矿物成分以亲水的活动性矿物为主，扩散层水膜厚，渗透系数很小，水分不易排出，上海地区软土的渗透性大于宁波地区。

3）孔隙比大，压缩性高。两个地区软土层孔隙比 e 均大于 1，压缩系数平均值大于 0.5MPa^{-1}，属于高压缩性软土。

4）抗剪强度低。两个地区软土的黏聚力 c 及内摩擦角 φ 均较小，这是导致两地区软土层抗剪强度低的主要因素，但相比两个地区软土指标可见，上海地区软土的内摩擦角均大于宁波地区软土的相应指标，而宁波地区软土的黏聚力 c 离散性较上海地区大。

5）灵敏度高。软土具有触变的特性，即指其土体强度因受扰动而削弱，又因静置而增长，该特性可用灵敏度对其进行定量评价，两个地区软土均属于中等灵敏性土，但宁波地区软土比上海地区灵敏度高。

软土地区的主要工程问题为软土强度小、变形大、振陷、欠固结等。杭州地铁地质勘测出的土样如图 1-21 所示，南京地铁 5 号线和会街路口地质勘测土质样品如图 1-22 所示。

图 1-21　杭州地铁 5 号线地质
勘测出的土样

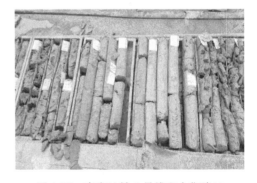

图 1-22　南京地铁 5 号线和会街路口
地质勘测土质样品

3. 黄土地区

黄土地区包括西安、兰州、太原等城市。黄土地层以风积黄土为主，土层直立性和稳定性较好，对于工程建设基坑支护有利，但由于黄土具有特殊的结构性，使得黄土地区对振动十分敏感，特别是动荷载作用下黄土的振陷问题，轨道交通建设应高度重视，同时黄土具有遇水湿陷的特点，工程建设遇到大量地下水时容易出现隧道和边坡失稳的问题。另外，黄土地区的地裂缝会对地铁结构产生影响，尤其是第四纪以来还在活动的地裂缝危害性更大，各地区黄土工程特性对比见表 1-7。该地区的主要工程地质问题为黄土振陷、黄土湿陷和地裂缝作用。西安地铁地质勘测出的土样如图 1-23 所示，太原地铁现场地质勘测土质样品如图 1-24 所示。

表 1-7　各地区黄土工程特性对比

黄土地区	天然含水量（%）	天然干密度 /（kg/m³）	天然孔隙比	天然饱和度（%）	饱和含水量（%）	相同的湿度和初始受力条件下，达到振陷变形急剧发展所需的动应力
西安地区	4.5	1.26	1.151	10.6	42.5	大
兰州地区	3.9	1.45	0.862	12.2	31.9	中
太原地区	10.37	1.34	1.015	27.59	37.6	小

图 1-23　西安地铁地质勘测出的土样　　　图 1-24　太原地铁现场地质勘测土质样品

4. 膨胀土地区

膨胀土地区包括合肥、南宁等城市。膨胀土层表面坚硬，但遇水极易软化，具有显著的吸水膨胀和失水收缩的变形性能，"干时一把刀，湿时一团糟"是对其生动写照。膨胀土的性质会随其含水量的变化而发生显著变化，在天然状态下，膨胀土呈硬塑坚硬状态，力学性质良好，但当土体含水量在急剧增加的情况下，土体强度则会大大降低，压缩性增大，抗剪强度指标也会迅速衰减。轨道交通建设周期长，受气候、人为等因素影响，土体含水量可能会发生多次干湿循环变化。因此，轨道交通工程设计施工应结合膨胀土的特殊性质，重点考虑其带来的不利影响。该地区的主要工程地质问题为边坡失稳和地基变形等问题。膨胀土的典型地貌如图 1-25 所示，合肥地铁 3 号线地质勘测土样如图 1-26 所示。

图 1-25　膨胀土的典型地貌　　　　图 1-26　合肥地铁 3 号线地质勘测土样

5. 基岩或地质单元复杂地区

基岩是指风化作用发生以后，原来高温高压下形成的矿物被破坏，形成一些在常温常压下较稳定的新矿物，构成陆壳表层风化层，风化层之下的完整的岩石。基岩地区包括广州、深圳、重庆、大连、青岛、济南、乌鲁木齐等地区。在基岩地区修筑隧道主要受岩体完整程度和岩石强度大小影响。岩石的强度主要受成因、矿物成分、风化程度等影响，岩体的强度主要由层理、节理、裂隙等软弱结构面控制。

各个城市基岩的岩性不同，岩体的完整程度不同，由此导致的工程地质问题也不尽相同。例如，大连板岩遇水崩解特性，济南、广州等石灰岩岩溶特性，青岛、广州、深圳花岗岩球状风化特性，重庆、乌鲁木齐沉积岩层理、裂隙发育特性等，各个城市不完全一样，所以需要根据不同情况进行分析。上海佘山基岩点如图 1-27所示。

图 1-27　上海佘山基岩点

此类地区的主要工程地质问题为围护桩成孔困难、边坡顺层滑动、复杂地层软硬不均盾构掘进困难、孤石问题、暗挖施工困难等。

1.4.3　复合地层工程问题

在开挖断面范围内和开挖延伸三维方向上，由两种或两种以上不同地层组成，且这些地层的岩土力学、工程地质和水文地质等特征悬殊的组合地层，定义为复合地层。复合地层的组合方式是非常复杂多样的，但总的来说有两大类：

1）复合地层在垂直方向上的变化（图 1-28），最典型的垂直方向上的复合地层，就是所谓"上软下硬"地层。

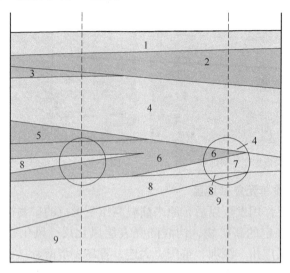

图 1-28　广州地铁 5 号线草暖公园始发井—陶金站区间的地层剖面图
1—人工杂填土层　2—淤泥质土层　3—淤泥质砂土　4—冲洪积土层　5—残积土层
6—岩层全风化带　7—岩层强风化带　8—岩层中风化带　9—岩层微风化带

2）复合地层在水平方向上的变化（图 1-28）。在一施工段当中，可能分布着不同时代、不同岩性、不同风化程度或不同层序的地层，从而表现出水平方向上工程地质性质的差异。

广州地铁复合地层如图 1-29 所示。

图 1-29　广州地铁复合地层

在复合地层中，采用盾构法施工会存在以下问题：在垂直方向上不同地层组合的复合地层中，盾构的姿态控制困难；施工工艺和施工参数选择困难；刀具一般损坏严重，需要频繁更换，特别是在围岩强度悬殊的地段；地表沉降控制困难，特别是在以富水砂层或以富水砂层为主的上软下硬地层中掘进，极易喷涌，甚至导致地面塌陷。在水平方向上不同地层组合的复合地层中，盾构掘进模式需要经常变换；盾构选型、配置取舍困难。

在"上软下硬"地层中，基坑围护结构施工一般比较困难。若岩面较高，围护结构施工将耗时耗力，工期会很长。

复合地层的特殊构造和性质造成了围岩自稳能力的差异，矿山法施工过程中，开挖方法、施工工艺、支护参数选择非常困难，施工风险非常大。若隧道拱顶局部处于富水砂层及填石层中，在开挖过程中易发生涌水、涌砂现象，极易引起初衬变形，甚至导致隧道坍塌，地面沉降大，但为破除下部岩石，必须采用爆破施工，这会对上部已施工的初衬造成影响，地面沉降将更加难以控制。针对上述问题处理措施如下：

1）在复合地层中盾构施工，施工工艺、施工参数等需要根据地层的变化而变化，应动态适当调整，在某些特殊的复合地层可能需要辅助工法。不同的地层，掘进模式不同，需要不同的添加剂种类和数量，需要不同的辅助设备，盾构的姿态控制方法和参数不同等。

2）在复合地层中，矿山法隧道施工必须按照信息化施工的原理，根据施工现场的实际地质条件，结合施工单位的经验，对施工方案、设计参数进行动态调整。对于垂直方向上的复合地层，隧道上部软弱地层的加固处理和下部硬岩爆破控制是关键。

3）在"上软下硬"地层中，基坑围护结构可以考虑采用"吊脚桩"形式。这是一种比较经济有效的方式。但该种围护结构形式有时也存在较大的安全隐患，如围护结构底部岩层透水性强、强度低。

1.4.4　典型工程地质问题分析

由于各地地质条件、环境条件和施工条件的差异，轨道交通建设所引起的工程质量问题千差万别。根据轨道交通建设城市的岩土特性，对不同地质区内的工程地质问题进行总结。

1. 冲洪积土层地区主要工程地质问题

（1）大粒径卵石对轨道交通的影响　冲洪积土层上游一般以卵石为主，卵石地层具有结构松散、粒径大、强度高、渗透系数大的特点，其承载力很高，是工程结构很好的载体；但是其施工特性比较差，尤其给围护桩的成孔和盾构施工带来很大的困难，卵石地层可造成明挖法围护桩成孔困难，矿山法超前小导管施工困难，容易超挖；盾构法破坏刀具，扰动围岩，容易造成失稳、卡壳、掘进受阻等。同时，由于卵石地层的渗透系数大，可造成工程降水困难、注浆压力不易控制、浆液的去向不好控制等工程地质问题。

（2）高水位巨厚砂层对轨道交通的影响　高水位巨厚砂层具有黏聚力低、自稳性差、地下水位高、涌水量大的特点。基坑施工过程中由于施工降水的作用，造成坑内外水头差，产生因动水压力引起的流砂和管涌，流砂严重的时候将引起基坑塌陷和地面下沉。暗挖施工过程中，当土层中的细小颗粒被渗透水流带走，造成地层损失，形成空洞，引起地面塌陷。巨厚砂层中的施工降水可能引起土层压密和缺失，导致地面及其周边建筑物的沉降和变形、地下管线的沉降和移位乃至破坏，同时由于地铁施工对地下水环境的影响，可造成地下水的渗流路径改变，水质污染，地下水的分布状态改变。

（3）"二元地质结构"对轨道交通的影响　冲洪积土层中下游主要以圆砾、砂土、黏性土等交互沉积地层为主，各层物理力学性质、渗透性等差异较大，会给施工带来困难。明挖施工降水过程中，在砂层含水层底部，疏不干效应引起的基坑侧壁渗水会导致细颗粒土流失，发生流土、流砂现象，给围护结构和基坑边建构筑物带来隐患，严重时可能发生基坑侧壁坍塌；暗挖施工过程当隧道上部为砂土层，下部为黏性土时，在地下工程施工扰动和降水作用下，容易使砂层中的颗粒流失，造成地层损失，从而使砂层和土层发生离层现象，形成空洞，造成地面塌陷；盾构施工时，若掌子面位于软硬两种地层，上部为黏性土、砂土层，下部为圆砾、卵石层，盾构掘进过程中，因黏性土层排土过多，可能造成盾构在线路上的偏离。

2. 软土地区主要工程地质问题

（1）软土高压缩性引起的地基变形　软土具有压缩性高、抗变形能力差等特点，周边施工造成的地层扰动较其他地区大，使地铁结构容易出现过大的变形，严重时可导致隧道结构的开裂、渗漏。根据资料显示，上海投入运营的几条地铁隧道全线发生轴线变形和地面沉降，部分隧道轴线沉降量已超过 30cm，造成地铁隧道管片破裂、渗水、漏泥等现象，影响了地铁的正常运营。

（2）软土流变和触变性引起的基坑失稳　软土具有显著的流变性和触变性，在施工工程中多种形式荷载的作用下，软土会发生缓慢蠕变，特别是在动力荷载作用下软土结构遭到破坏，易发生液化、悬浮、流动和沉陷。因此，软土的流变性和触变性对基坑稳定性和支护结构变形的影响很大，易引发基坑支护结构倾覆失效，如支护结构下部踢脚、中部鼓腰和上部倾覆等，严重时造成基坑边坡失稳破坏。

（3）软土低渗透性对止水效果的影响　软土具有含水量高、渗透性差的特点，软土地下水控制一般采用止水帷幕的方式，由于软土的低渗透性，注浆效果难以控制，难以一次形成有效的止水帷幕，常常引起降水失效，造成基坑失稳。

（4）高承压水水头引起的基坑突涌　软土地区地下水还具有承压性，特别是深部的承压水，承压水水头高，地铁基坑埋深一般都很大，基坑开挖需要进行降压处理。若减压井设置不合理，同时施工组织安排不当，就会引起基坑突涌或围护结构破坏。

（5）有害气体对盾构及暗挖施工影响　软土中富含的有机质在还原环境条件下会分解出沼气，对地下工程的开挖尤其是密闭空间内施工有较大的安全隐患。当暗挖或盾构隧道推进作业时，由于浅层沼气释放，危及人身安全，也可能造成下伏土层失稳，使已建好的隧道产生位移、断裂，造成不可挽回的重大经济损失。

3. 黄土地区主要工程地质问题

1）由于黄土的湿陷性，其强度特性不同于黏性土：天然状态下强度较高，深基坑开挖施工中短期内可利用这一特征；浸水饱和后，土体软化、结构破坏、强度大幅度降低，可能引起基坑工程事故。

2）黄土振陷引起的地铁结构自身和周边建筑变形。由于黄土具有特殊的结构性，使得黄土地层对振动十分敏感，在地铁列车振动作用下产生的附加沉降相当显著，沉降多过大必然会影响列车的正常运行，甚至危及行车安全，同时黄土振陷还会引起周边建筑物地基不均匀沉降和变形，导致房屋开裂或倾斜。

3）地裂缝对轨道交通建设的影响。地裂缝的形成原因复杂多样，地壳活动、水的作用和人类活动是导致地面开裂的主要原因。以西安市地裂缝为例，西安市地裂缝的成因主要是人为的因素，由于地下水长期过量开采，造成城市地下水持续下降，加剧了地面沉降和地裂缝的发展。地裂缝的活动首先会引起地铁隧道衬砌的变形；衬砌变形到一定程度后其变形将传递到隧道内部的路基，使路基下沉变形，严重影响地铁列车的正常运行，使地铁防水失效，隧道渗漏水；当地裂缝的活动量超过了地铁隧道衬砌的容许变形量时，衬砌开裂，地表水沿地裂缝带流下，从衬砌断裂处下渗，在地铁隧道的拱顶、边墙等裂损处发生渗漏水和淌水现象。若地铁隧道埋于含水层以下，在地裂缝的垂直错动作用下，隧道衬砌破坏后，可能发生隧道涌水现象。

4. 膨胀土地区主要工程地质问题

（1）膨胀土的胀缩性引起的浅层地基的不均匀变形　膨胀土具有显著的吸水膨胀和失水收缩的变形性能（胀缩性），即使在荷载作用下仍能浸水膨胀，产生膨胀压力，同时膨胀土还具有胀缩变形的可逆性，在吸水膨胀、失水收缩后，有再吸水再膨胀、再失水再收缩的特性，在膨胀力及其反复收缩变形条件下，造成地基变形，容易使地铁结构发生开裂，特别是对地面线路基、地铁车辆段浅基础以及地铁出入口等浅基础建筑影响更大。

（2）膨胀土的裂隙性和崩解性引起的基坑变形　由于往复的干缩湿胀，致使膨胀土中的裂隙发育，裂隙不仅破坏了土体的连续性和完整性，使土体强度降低，为渐近破坏提供条件，而且也为地表水的浸入形成了通道，使土体胀缩效应显著，风化加剧。地铁工程的施工周期较长，一般会经历雨季、旱季，容易使土体中含水量发生反复变化，造成膨胀土的反复胀缩变形，这样会导致裂隙的进一步扩大并向深部发展，达到一定程度后会在基坑边坡部位形成滑坡，造成边坡失稳，影响基坑安全。

（3）膨胀土的高塑性引起的盾构出土困难　膨胀土为高塑性黏土，具有吸水膨胀、失水收缩和反复胀缩变形的特性，当盾构刀盘搅动土体时，破坏了其原有的平衡状态，通过后方或上方来水，使土体内的水分增加。吸水后的膨胀土黏附在刀盘上，刀盘由于长时间切削土体温度比较高，黏附在刀盘上的膨胀土高温失水收缩。膨胀土的特性是在反复的胀缩过程中能产生较高的膨胀力，所以失水后的膨胀土再度遇水后就产生了更高的膨胀力，紧紧地黏附于刀盘上。这个过程不断反复，使黏附于刀盘上的土体越来越多，使刀具结泥饼，造成出土困难，引起刀盘糊死。另外由于膨胀土的塑性高，和易性和流动性极差，当渣土进入螺旋机形成土塞效应后，螺旋机所需克服的阻力过大，因此造成了螺旋机压力过大且出土困难的现象。

5. 基岩或地质单元复杂地区主要工程地质问题

（1）明挖施工围护桩成孔困难　基岩地区地层一般由强风化-微风化的基岩组成，基岩强度差异较大，中等风化-微风化基岩强度高，强风化岩中局部存在硬质岩块或夹层，钻进困难，另外由于基岩裂隙发育，成孔过程中，容易出现漏浆现象，造成成孔困难。

（2）土岩结合面及软弱裂隙面引起的基坑边坡失稳　基岩区明挖基坑大部分为上部土层、下部岩层的所谓"土岩组合"基坑。土体和岩体的物理力学性质差异大，设计施工难度大，"土岩组合"基坑支护选型困难，特别是土岩结合面和岩石软弱裂隙面是基岩基坑最为薄弱的部位，容易造成基坑边坡失稳。

（3）基岩强度高，暗挖施工风险大、效率低　基岩区暗挖施工一般在中等风化基岩中进行，中等风化基岩强度高，开挖困难，常采用钻爆法施工。钻爆法施工不可避免地会产生噪声、爆破振动及粉尘污染等诸多环境问题，特别是在轨道交通大规模修建之后，由于施工面广，影响了市民正常的工作、生活和休息。另外由于爆破振动对围岩扰动范围较大，对沿线地面房屋结构及地下构筑物的稳定性产生一定影响，在穿越山体时，存在表层危岩掉块、崩落甚至诱发山体滑坡等施工风险。另外，在城市使用雷管、炸药的运输及存放也存在安全隐患。

（4）盾构开挖面进入软硬两种地层可能造成地面塌陷或盾构偏移　当盾构掌子面上部为土层，下部为基岩层时，纵横断面上的分布也有较大的起伏，盾构掘进时由于下部基岩强度高，掘进速度慢，长时间原位转动刀盘对软弱围岩的扰动大而使其失稳，且刀盘顶部地层易被掏空，上部地层将形成以刀盘为中心的漏斗状塌陷空区，强行掘进可能会导致地面出现坍塌。另外，由于隧道掌子面地层基岩力学性质差异较大，不同类别围岩单轴抗压强度差异大，互层[⊖]地层引起掌子面正面压力不均，造成盾构偏移。

（5）花岗岩球状风化体引起的盾构异常停机或刀具损坏　花岗岩地区盾构施工，花岗岩残积土及全强风化带可能夹有球状风化物（孤石），由于风化球周围岩体与球状风化岩体本身强度存在较大差距，在通过花岗岩球状风化带时，花岗岩风化球互不相连，在刀盘旋转时，刀具施于风化球的侧压力很容易造成球体松脱并随着刀盘一起旋转。球体直径一般小于盾构刀盘的直径，这种情况下，刀具就无法有效切削前方的岩土，造成盾构无法前进。随着松脱的风化球增多，一方面，球体对刀具的侧压力加大，超过一定的极限时，刀具折断；另一方面，球体随着刀盘旋转，会对周边的围岩产生越来越大的扰动，容易造成盾构上方地体塌方，危害地表的建筑物。

1.4.5　工程地质风险控制对策

城市轨道交通是一个复杂的系统工程，各种安全风险存在于系统的各个环节和过程，任何环节的施工及管理不当都可能造成安全质量事故。因此，各环节的过程控制至关重要。针对工程地质风险，应采取以下主要控制措施。

1. 重视岩土工程勘察工作

对于城市轨道交通工程建设，应"分阶段、分工法、分对象"开展岩土工程勘察工作，以提高工程周围地质体的探明程度。

1）分阶段是指根据规划、初步设计、施工图设计和施工等阶段对地质条件掌控的需求开展勘察工作。

2）分工法是指根据明挖法、矿山法和盾构法等工程主要施工方法所遇到的地质问题和地质条件和掌控的需求开展勘察工作。

3）分对象是指针对不同工程结构特点和特殊地质地段的要求开展勘察工作。

2. 重视"风险源"专项设计工作

1）加强对重大风险源的识别和分级工作。

2）针对重大风险源，必须进行风险分析和评估，并对专项设计方案的合理性和安全性进行多级审查、论证。

3）对关键工程、重大周边建（构）筑物影响以及采用新技术、新工艺、新设备的地下工程必须进行专项风险评估。

4）对于重大风险工程的设计应进行动态管理。

3. 加强施工过程中的监控量测，做到信息化施工

1）对施工过程可能发生的工程地质问题要考虑充分，并制定相应的处理措施。

　　⊖　互层是指两种岩层反复出现。

2）加强施工过程中的监控量测工作，建立分级预警机制。

3）建立安全风险管控信息平台，实时掌握全线现场施工安全风险状态，通过网络信息平台保证了参加各方的信息高度畅通，起到了预防和规避施工安全风险的作用。

1.5 地铁区间隧道的施工方法

在城市地铁的修建过程中，区间隧道施工是较为重要的环节之一，但是由于区间隧道施工会受到地上建筑、交通、环境等诸多因素的影响，从而对区间隧道的施工技术提出了较高的要求。为了确保区间隧道施工能够顺利进行，必须采取合理有效的施工方法。

我国在城市地铁区间隧道施工时，比较常用的施工方法有以下几种。

1. 明挖施工法

明挖施工法是隧道施工中应用最为广泛的一种施工技术，具体是指在施工的过程中采取相应的技术措施，由上向下对基坑岩土进行逐步开挖，再由下向上依次对结构进行施工，最后对基坑进行回填。明挖施工法具有以下优点：工艺合理，操作简单，技术相对成熟，可确保施工质量，进度快，施工风险较小，防水效果极佳等。同时明挖施工法能够适应各种不同的地质条件，并且工程造价相对较低。但在采用明挖法进行隧道施工的过程中，会对周围环境、市政管线以及交通造成一定程度的影响，因此该方法一般都是在地面建筑较少、地表干扰较小的地段使用。根据支护形式的不同，可将明挖施工法分为放坡明挖和围护明挖两大类，其中放坡明挖多采用土钉墙和锚喷护坡的支护方式，而围护明挖则主要以钻孔灌注桩和地下连续墙为主。

当采用明挖法施工时，区间隧道一般采用矩形框架结构，其断面内轮廓与地铁设备限界最为接近，断面净空可得到充分利用，而且结构受力明确，施工方便。常用的矩形断面分为单线矩形隧道结构和双线矩形隧道结构。围护明挖单线矩形隧道施工现场如图 1-30 所示，明挖双线矩形隧道施工法如图 1-31 所示。

图 1-30 围护明挖单线矩形隧道施工现场

单线隧道采用单孔矩形断面，双线隧道一般采用双孔矩形断面，中间设隔墙分开以利于区间隧道管线布置及区间通风。根据工程类比拟定区间隧道矩形断面（图 1-32 和图 1-33）。

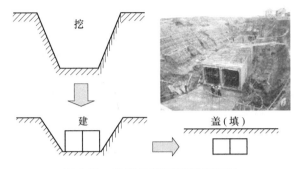

图 1-31 明挖双线矩形隧道施工法

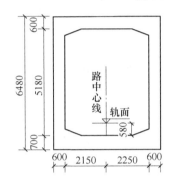

图 1-32 区间单线矩形隧道结构

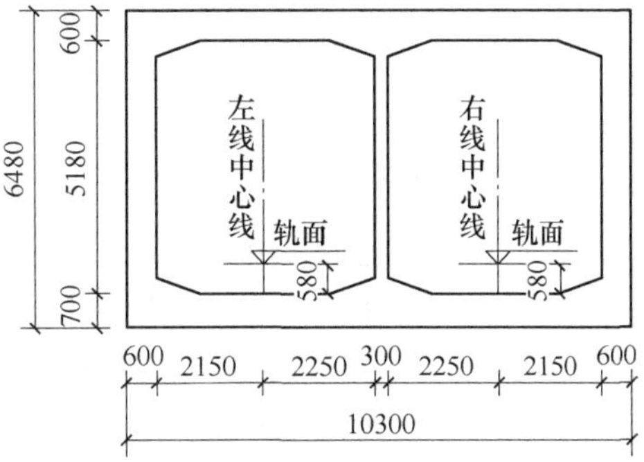

图 1-33 区间双线矩形隧道结构

2. 浅埋暗挖法

浅埋暗挖法是近年来随着城市隧道施工技术的发展需要而出现的一种施工方法，现已被广泛应用于城市地铁区间隧道建设之中。该方法沿用的是新奥法（新奥地利隧道施工法的简称，New Austrian Tunneling Method）的原理，并在此基础上创建了信息化测量反馈设计的新理念，其采用的是复合式衬砌支护结构。在采用浅埋暗挖法进行隧道施工的过程中，还采用了诸多辅助方法，如超前支护，可以大幅度提高围岩的稳定性等。同时监控测量和信息反馈的应用有效避免了塌方以及不均匀沉降等问题的发生，进一步确保了施工的安全性。浅埋暗挖法具有施工简单、灵活性强、安全可靠的优点，这种方法主要适用于地层含水量较小的地段，图 1-34 所示是区间单线马蹄形隧道结构及尺寸，图 1-35 所示是区间双线马蹄形隧道结构及尺寸。

浅埋暗挖法是为适应城市浅埋隧道（即地铁隧道）开挖而发展起来的一种施工方法，也有人称之为矿山法。浅埋暗挖法沿用新奥法基本原理，即建立强有力的初期支护，不需要围岩的"帮助"，二模衬砌作为隧道的安全储备，保证隧道的稳定和进一步的控制围岩的变形，并共同承受荷载。矿山法的缺点是地表沉降难以严格控制，当地表沉降难以控制时，在地表上的建筑物就会受到严重的影响，如果当地铁隧道不得不穿越国家保护建筑物时也许会危及保护建筑的安全，

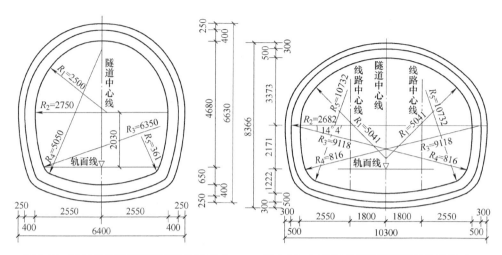

图 1-34　区间单线马蹄形隧道结构及尺寸　　　图 1-35　区间双线马蹄形隧道结构及尺寸

防水效果较盾构隧道差，并且当施工遇到软弱土层、砂层、断层破碎带时难以施工。但当周围环境条件允许，在地面和洞内共同加以辅助措施的情况下，矿山法可用于各种复杂地层的施工，单线隧道浅埋暗挖法施工步骤如图 1-36 所示，双线隧道浅埋暗挖法施工步骤如图 1-37 所示。图中 1、2、3、4 是指形成的洞室编号，Ⅰ、Ⅲ是防水层和二次衬砌的位置。

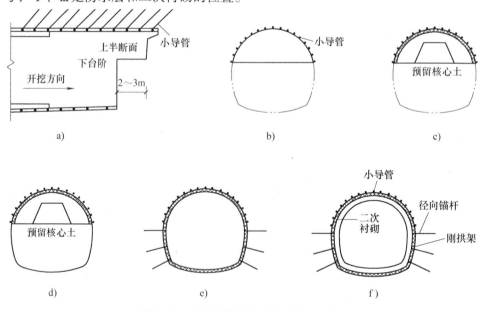

图 1-36　单线隧道浅埋暗挖法施工步骤

a) 超短台阶法施工　b) 超前支护上部开挖留核心土　c) 安设锚杆挂网立拱架初喷混凝土

d) 开挖下台阶　e) 锚喷支护边墙　f) 施作防水层及二次衬砌

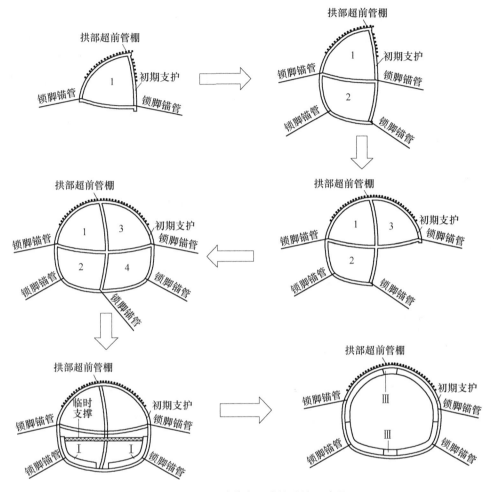

图 1-37　双线隧道浅埋暗挖法施工步骤

浅埋暗挖法一般适用于地层自稳性、含水量较小或有良好降水条件的地层，在国内地铁大量用于因功能要求而设置的大量异形断面的情况，如渡线段结构、存车线段结构、联络线段结构，横通道断面等。

3. 盾构法

盾构法是暗挖法施工中的一种全机械化施工方法，它是将盾构机械在地中推进，通过盾构外壳和管片支承四周围岩防止发生向隧道内的坍塌，同时在开挖面前方用切削装置（刀盘）进行土体开挖，通过出土机械运出洞外，靠千斤顶在后部加压顶进，并拼装预制混凝土管片，形成隧道结构的一种机械化施工方法。由于盾构法施工主要依靠的是盾构，所以该施工方法具有非常高的机械化程度。它的特点是隐蔽性较好、施工速度快、无噪声，不会对周边居民的正常生活带来过大的影响，同时施工作业人员的劳动强度也相对较低。该方法在广州、上海等大城市中被广泛应用于地下工程建设当中。近年来，盾构法的技术不断成熟和完善，现已被广泛应用于地铁区间隧道的施工中，并且在各大城市地铁建设中的应用比例不断上升。目前在我国的地铁隧道施工中，盾构施工方法被广泛地推广使用，这种方法有着很多优势：在隧道施工中盾构掩护下的开挖与衬砌作业，其安全性非常大；不会对交通造成任何影响；在恶劣的气候条件下也不会耽误施工；噪声与振动较小；不会对建筑物与地下管线产生大的影响。

在使用盾构法施工的时候，先在隧道始端与终端开挖基坑与建造竖井，作为盾构设备的拼装井或者拆卸井，井壁上面要设置盾构的出洞口，井内要设置盾构基座与盾构的后座和便于盾构始发和达到的基座，要承受进洞和出洞的掘进反作用力。整个系统由盾构、出渣系统、电瓶输送车（送管片、运出渣土）、龙门式起重机及地面设施组成。盾构法施工示意图如图 1-38 所示。

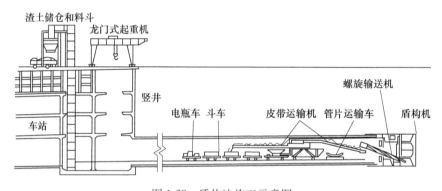

图 1-38　盾构法施工示意图

盾构在完成进洞后进入正常掘进程序，其基本施工工序主要有土层开挖、盾构推进操纵与纠偏、衬砌拼装、衬砌背后压注等，这些工序均应及时而迅速地进行，决不能长时间停顿，以免增加对地层的扰动和对地面、地下构筑物的影响。推进过程中，主要采取编组调整千斤顶的推力、调整开挖面压力以及控制盾构推进的纵坡等方法来操纵盾构位置和顶进方向。一般按照测量结果提供的偏离设计轴线的高程和平面位置，确定下一次推进时若干千斤顶推力的大小，用以纠正方向。为了防止地表沉降，必须将盾尾和衬砌之间的空隙及时压注充填。压注后可改善衬砌受力状态，并增进衬砌的防水效果。应用盾构法施工时，还须配合进行垂直运输和水平运输，以及配备通风、供电、给水和排水等辅助设施，以保证工程质量和施工进度，同时还须准备安全设施与相应的设备等。

第 2 章　盾构概论

2.1　盾构及其工作原理

盾构是一种适用于土质隧道暗挖施工的设备，具有金属外壳，壳内装有整机及辅助设备，在盾壳的掩护下进行土体开挖、土渣排运、整机推进和管片安装、壁后注浆、测量导向纠偏等作业，从而使隧道一次成型。盾构机外观及内部构造如图 2-1 所示。"盾"，即保护，是指盾壳。"构"，即构筑，是指管片拼装和同步注浆。

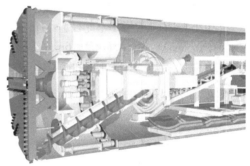

图 2-1　盾构机外观及内部构造

在我国，习惯上将用于软土地层的称为盾构，将用于岩石地层的称为掘进机（TBM）。

现代盾构集光、机、电、液、传感及信息技术于一体，涉及地质、土木、机械、力学、液压、电气、控制、测量等多门学科，而且要按照不同的地质进行"量体裁衣"式的设计制造，可靠性要求极高。盾构已被广泛用于地铁、铁路、公路、市政、水电等隧道工程，是土建施工领域的大型化高端技术装备。

盾构的基本工作原理就是一个圆柱体的钢组件沿隧道轴线边向前推进边对土壤进行支护，盾壳对挖掘出的还未衬砌的隧洞段起着临时支撑的作用，挖掘、排土、衬砌等作业均在护盾的掩护下进行。其施工顺序是：在盾构前部盾壳下挖土（机械挖土或人工挖土），一面挖土，一面用千斤顶向前顶进盾体，顶至一定长度后（一般为一片衬砌圈的宽度），再在盾尾拼装预制好的衬砌块，并以此作为下次顶进的基础，继续挖土顶进。在挖土的同时，将土屑运出盾构，如此不断循环直至修完隧道为止。

2.2 盾构的分类

盾构的分类方法较多，可按切削断面形状、盾构的尺寸、开挖的机械化程度、支护地层的形式、开挖面的敞开程度、适用土质等多种方式进行分类。

2.2.1 按切削断面形状分类

按切削断面形状，盾构可分为圆形、非圆形两大类。圆形又可分为半圆形、单圆形、双圆搭接形、三圆搭接形。非圆形又分为马蹄形、矩形（长方形、正方形、类矩形）、椭圆形（纵向椭圆形、横向椭圆形）。

2.2.2 按盾构的尺寸分类

按盾构的尺寸，盾构可分为超小型、小型、中型、大型、特大型、超特大型。超小型盾构是指 D（直径）$\leqslant 1m$ 的盾构，小型盾构是指 $1m<D\leqslant 3.5m$ 的盾构，中型盾构是指 $3.5m<D\leqslant 6m$ 的盾构，大型盾构是指 $6m<D\leqslant 14m$ 的盾构，特大型盾构是指 $14m<D\leqslant 17m$ 的盾构，超特大型盾构是指 $D>17m$ 的盾构。

2.2.3 按开挖的机械化程度分类

按掘削出土作业的机械化程度，盾构可分手掘式盾构、半机械式盾构及机械式盾构三种。

1）手掘式盾构（图 2-2a），即掘削和出土作业均靠人工操作进行。

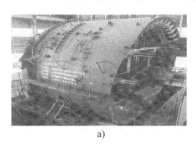 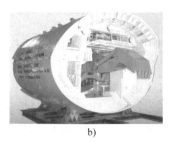 

a)   b)   c)

图 2-2 按开挖的机械化程度分类

a）手掘式盾构 b）半机械式盾构 c）机械式盾构

2）半机械式盾构（图 2-2b），即大部分掘削和出土作业由机械装置完成，但另一部分仍靠人工完成。

3）机械式盾构（图 2-2c），即掘削和出土等作业均由机械装备完成。

2.2.4 按支护地层的形式分类

盾构按支护地层的形式主要分为自然支护式、机械支护式、压缩空气支护式、泥浆支护式、土压平衡支护式，如图 2-3 所示。

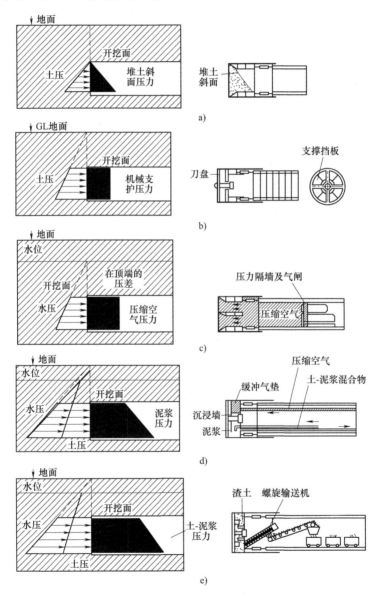

图 2-3 按支护地层的形式分类

a）自然支护式 b）机械支护式 c）压缩空气支护式 d）泥浆支护式 e）土压平衡支护式

2.2.5 按开挖面的敞开程度分类

按开挖面的敞开程度不同，盾构可分为开放式、部分开放式、封闭式三种。

1）开放式，即掘削面敞开，并可直接看到掘削面的盾构。

2）部分开放式，即掘削面不完全敞开，而是部分敞开的盾构。

3）封闭式，即掘削面封闭，不能直接看到掘削面，而是靠各种装置间接地掌握掘削面的盾构。

2.2.6 按适用土质分类

按适用土质，盾构可分为软土盾构、硬岩盾构及复合盾构。

1）软土盾构，即切削软土的盾构。

2）硬岩盾构，即掘削硬岩的盾构。

3）复合盾构，既可切削软土，又能掘削硬岩的盾构。

2.2.7 按软土盾构组合分类

按软土盾构组合分类如图2-4所示，这种分类法目前使用较为普遍，是《隧道标准规范（盾构篇）》中推荐的分类法。这种方式的实质是看盾构中是否存在分隔掘削面和作业舱的隔板。

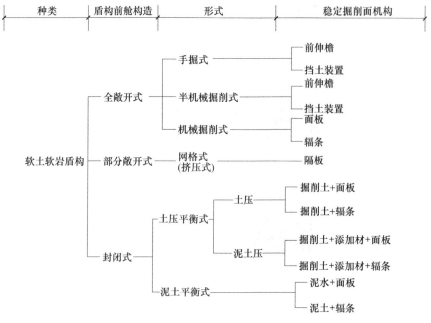

图 2-4　按软土盾构组合分类

全敞开式盾构不设隔板,其特点是掘削面敞开。掘削土体的形式可为手掘掘削式、半机械掘削式和机械掘削式三种。这种盾构适于掘削面可以自立的地层。掘削面缺乏自立性时,可用压气等辅助工法防止掘削面坍落,稳定掘削面。

部分敞开式盾构,指隔板上开有取出掘削土砂出口的盾构,即网格式盾构,也称挤压式盾构。

封闭式盾构是一种设置封闭隔板的机械式盾构。掘削土砂是从位于掘削面和隔板之间的土舱内取出的,利用外加泥水压或者泥土压与掘削面上的土压平衡来维持掘削面的稳定,所以封闭式盾构有泥水平衡式和土压平衡式两种。土压平衡式又可分为真正的土压平衡式和泥土平衡式;泥土平衡式又分为泥水+面板和泥土+辐条两种平衡方式。

2.3　典型盾构介绍

2.3.1　全开敞式盾构

全开敞式盾构是指没有隔墙、开挖面敞露的盾构。根据开挖方式的不同,又分为手掘式、半机械式及机械式三种。全开敞式盾构适用于开挖面自稳性好的围岩。在遇到开挖面不能自稳的地层时,则需进行地层超前加固等辅助施工方法,以防止开挖面坍塌。

1. 手掘式盾构

手掘式盾构示意图如图 2-5 所示,手掘式盾构是指采用人工开挖隧道工作面的盾构,其正面是敞开式的,开挖采用铁锹、风镐、碎石机等开挖工具人工进行。对开挖面一般采取自然的堆土压力支护及利用机械挡板支护,通常设置防止开挖顶面塌陷的活动前檐及上承千斤顶、工作面千斤顶及防止开挖面塌陷的挡土千斤顶。

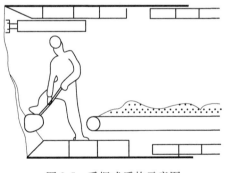

图 2-5　手掘式盾构示意图

由于手掘式盾构掘进速度较低,劳动强度大,劳务费用高,因此这种盾构只在个别情况下使用,如短程掘进(因短程隧道采用机械化或半机械化盾构掘进时不经济),开挖面有障碍物、巨大砾石等的场合。在技术不发达且劳务费用低廉的国家,手掘式盾构也被应用于长隧道的掘进。手掘式盾构适用于开挖面自稳性强的围岩。对开挖面不能自稳的围岩和渗漏地层,在施工中可根据具体情况采用压缩空气施工法,或采取改良地层、降低地下水位等措施。

2. 半机械式盾构

由于手掘式盾构开挖速度很慢，且工人的工作条件也极差，因此掘进隧道的盾构通常都配有挖掘机或旋臂钻头掘进机用于机械开挖地层。半机械式盾构示意图如图 2-6 所示。图 2-7 所示为半机械式盾构的应用实例。半机械式盾构进行开挖及装运石渣都采用专用机械，配备液压挖掘机、臂式掘进机等掘进机械和皮

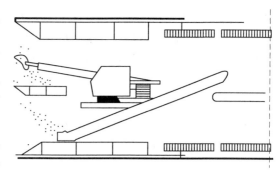

图 2-6　半机械式盾构示意图

带输送机等出渣机械，或配备具有掘进与出渣双重功能的挖装机械。为防止开挖面顶面塌陷，盾构机内装备了活动前檐和半月形千斤顶。由于安装了挖掘机，再设置工作面千斤顶等支挡设备是较困难的。

图 2-7　半机械式盾构实例

与手掘式盾构一样，应有确保开挖面稳定的措施。半机械式盾构适应土质以洪积土层的砂、砂砾、固结粉砂和黏土为主；也可用于软弱冲积层，但须同时采用超前加固，或采取降低地下水位、改良地基等辅助措施。

配有挖掘机或旋臂掘进机的全开敞式盾构也适于掘进非圆形断面的隧道。

3. 机械式盾构

机械式盾构前面装备有旋转式刀盘，有单轴式、双轴式、多轴式等，其中单轴式使用广泛。机械式盾构构造图如图 2-8 所示。机械式盾构增大了盾构的掘进能力，开挖的砂土可以通过旋转铲斗和排土连续进行，缩短了工期，减少了作业人员。在开挖自稳性好的围岩时，机械式盾构适应的土质与手掘式盾构、半机械式盾构一样，须采用辅助施工方法。

2.3.2　挤压式盾构

当全开敞式盾构在地质条件很差的冲积粉砂土、黏土层中掘进时，由于土体的流塑性大，往往发生土体从掘削面流入盾构内舱的现象，即引起掘削面坍塌，导致掘削无法正常进行。这种场合下可在盾构（机内）靠近掘削面的地方设置一道隔板，通过隔板将掘削面封闭起来，隔板上可开设有数量不等、大小可调的砂土排出窗口，挤压出的砂土通过窗口排出。挤压式盾构主要有盖板式、螺旋排土式、网格挤压式。

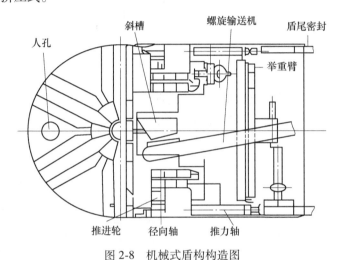

图 2-8　机械式盾构构造图

1. 网格挤压式盾构

网格挤压式盾构（图 2-9）利用切口环的网格将土体分成若干小块，当盾构的推进千斤顶发力把盾构切口环挤入前方地层时，由于掘削面上的土体受到挤压，故发生塑性流动，由砂土排放口被挤出。为便于盾构推进，提高正面支撑的效果，在盾构的正面设置土体导向板和控制砂土排放口开度（即开放面积与总面积的比）的闸门，该闸门由千斤顶控制。在推进速度一定的条件下，调

图 2-9　网格挤压式盾构

节闸门的开度，即可维持掘削面的稳定。砂土排放口的开度大小取决于土质和掘进速度。若开度过大，出土量过多，导致周围地层沉降；相反，若开度过小，出土量太少，导致盾构挤入地层的阻力增大，使地层发生隆起。所以根据土质条件

正确地确定开度，控制土量是挤压盾构成功的关键。网格挤压式盾构适用于软土地层，如上海软土层。

2. 螺旋排土式挤压盾构

螺旋排土式挤压盾构（图 2-10）是利用隔板将开挖面全部封闭，由螺旋输送机排土，通过调节螺旋输送机的转速和出土闸门的开度，使千斤顶推力和开挖面土压达到平衡，从而使开挖面稳定。

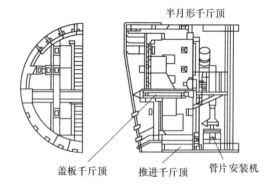

图 2-10　螺旋排土式挤压盾构

3. 盖板式挤压盾构

盖板式挤压盾构（图 2-11）是利用隔板将开挖面全部封闭，只在一部分盖板上开设有面积可调的排土盖板。盾构向前推进时，被挤出的砂土由盖板部位进行排土。可通过调节盖板开口的大小调节排土阻力，从而使千斤顶推力和开挖面土压达到平衡，保证开挖面的稳定。

图 2-11　盖板式挤压盾构

挤压式盾构机构造简单、造价低。但挤压式盾构在挤压推进时，对地层土体的扰动较大，地面易产生较大的隆起或塌陷变化，与土压盾构法、泥水盾构法相比，其沉降量、隆起量均大，在地面有建筑物的地区不宜使用。挤压式盾构仅适用于自稳性很差、流动很大的软黏土和粉砂质围岩，不适用于含砂率高的围岩和硬质地层。若液性指数过高，则流动性过大，也不能获得稳定的开挖面。由于挤压式盾构适用地质范围狭窄，所以目前已较少采用。

尽管敞开式盾构有其一定的应用领域，但其固有缺陷却极大地限制了它的应用范围，随着盾构设备及施工技术的发展，它已逐步被泥水加压盾构及土压平衡盾构等密闭型盾构所取代，原来的敞开式盾构应用逐渐减少。因此，本书主要以密闭型盾构为主进行介绍。

2.3.3　气压式盾构

气压式盾构的基本原理是利用压缩空气压力与地下水的静水压力保持平衡，称为"气压平衡（Air Pressure Balance）盾构"，简称 APB 盾构。在含水地层施工时，通过压缩空气来保持开挖面稳定，并防止地下水从开挖面涌入。气压式盾构包括所有采取以压缩空气为支护材料的盾构，开挖可以是手掘式、机械式，断面可为分部或全断面。但空气压力不能直接抵抗土压，土压由自然或机械支撑承受。

压缩空气盾构适用于黏土、黏砂土及多水松软地层。早期的压缩空气盾构施工时要在隧道工作面和止水隧道之间封闭一个相对较长的工作舱，大部分工人经常处于压缩空气下。后来开发的压缩空气盾构只是开挖舱承压，称局部气压盾构。

压缩空气的压力应高于或等于隧道工作面底部的水压，由于水压是有明显的梯度的，因此在顶部过剩的压力会使空气进入地层，当土壤颗粒由于气流失去平衡时，覆土层较浅的隧道工作面就会有泄漏从而引起"喷发"，并可能引起灾难性的后果。由于压缩空气盾构有"喷发"的危险，且工作条件极差，现已被泥水盾构取代。

2.3.4　泥水加压式盾构

泥水加压式盾构又称有压泥浆式盾构，主要针对在无黏聚力的滞水砂层、软塑性、流动性高等特别松软地层中进行隧洞开挖而研制的，因此主要适用于含水量大的砂质土层，以及软弱的地层或地下水位高，带水砂层、亚黏土、砂质亚黏土和流动性高的土质，冲击层、洪积土层使用该盾构施工效果尤为显著。目前较广泛应用于各种软弱地层的施工。泥水加压式盾构结构示意图如图 2-12 所示。

泥水加压式盾构是在局部气压盾构基础上发展而成。由于局部气压盾构存在出土不连续和漏气问题，并在同样压差和空隙条件下，漏气量比漏水量大 80 倍之多，因此，应在局部气压盾构的密封舱内通入泥水以代替压缩空气，利用泥水压力来稳定开挖面土体，同时减少甚至避免盾尾和衬砌接缝等处产生漏气。

盾构掘进时，转动开挖面的刀盘以切削土层，切削下来的土由搅拌器搅成泥浆，经排泥管运输至地面处理，从而解决了密封舱内的连续出土问题。由于泥水加压盾构既能抵抗地下水压，又无压缩空气的泄漏和喷发问题，故对隧道不同埋深的适应性较大；弃土随泥浆采用管道输送，安全可靠，效率较高；缺点是配套设备较多，施工费用和设备投资费用较高，在地表还要占据一大片作业场地，这在繁华的市区是很不容易的。

泥水式盾构是目前两大主流盾构系统之一，其在德国汉堡易北河第四隧道、

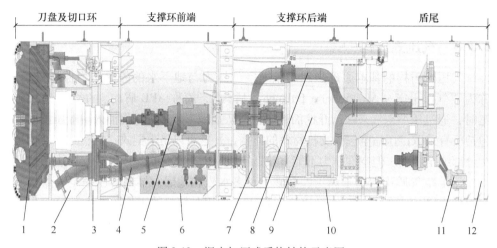

刀盘及切口环　　支撑环前端　　支撑环后端　　盾尾

图2-12　泥水加压式盾构结构示意图

1—切削刀盘　2—气锁室　3—密封舱隔板　4—进浆管　5—刀盘驱动电动机
6—压力夹舱　7—排浆泵　8—排浆管　9—操作控制台　10—推进千斤顶
11—管片拼装机　12—密封油脂装置

我国上海长江隧道、日本东京湾海底公路隧道工程均有应用，如图2-13和图2-14所示。

图2-13　德国汉堡易北河第四隧
道ϕ14.2m泥水盾构

图2-14　上海长江隧道ϕ15.43m
泥水盾构

2.3.5　土压平衡式盾构

土压平衡（Earth Pressure Balance）式盾构，简称EPB盾构。土压平衡式盾构（图2-15）是在气压式、水压式和泥水式盾构的基础上发展起来的。气压式

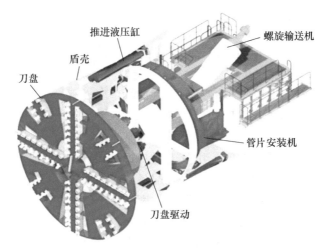

图 2-15 土压平衡式盾构立体结构示意图

盾构要求土壤的渗透系数适当；水压式和泥水式盾构在透水性高的砂质土、砂砾土或者地下水位过高的地层下施工困难。而土压平衡式盾构所适应的地质范围比较广，因为无须考虑更多的土壤物理性能。

土压平衡式盾构是在机械式盾构的前部设置隔板，使土仓和排土用的螺旋输送机内充满切削下来的泥土，依靠推进液压缸的推力给土仓内的开挖土渣加压，使土压作用于开挖面以使其稳定。土压平衡式盾构的支护材料是土壤本身。

土压平衡式盾构由盾壳、刀盘、刀盘驱动、推进液压缸、螺旋输送机、管片安装机等组成，如图 2-15 所示。

1963 年，日本左藤工业株式会社开发出了土压平衡式盾构，如图 2-16 所示。1974 年，土压平衡式盾构在日本东京使用，该盾构由日本 IHI（石川岛播磨）公司制造，其外径为 3.72m，如图 2-17 所示。

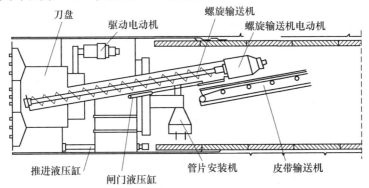

图 2-16 左藤工业株式会社开发的土压平衡式盾构

2.3.6 复合盾构

根据开挖面稳定机理的不同，盾构分为敞开式盾构（自然支护式、机械支护式）、压缩空气式盾构（压缩空气支护式）、泥水加压式盾构（泥浆支护式）、土压平衡式盾构（土压平衡支护式），它们分别适用于相应的地层结构。当某一隧道需穿越不同地质结构时，用以上任一形式的盾构都不适合，通常的解决办法是配备两台或多台不同类型的盾构，但是当掘进长度较短时很不经济。如果将不同形式盾构的功能部

图 2-17　日本土压平衡式盾构

件同时布置在一台盾构上，掘进时根据不同地层而转换其工作模式，则可以解决盾构穿越复合地质的问题。最早出现的复合盾构是德国针对欧洲的地质条件开发的。1985 年，Wsyss & Freytay 公司和海瑞克公司申请了混合式盾构的专利。它以 Wsyss & Freytay 公司拥有专利的泥水加压式盾构为基础，有其独特的沉浸墙及压力隔板结构。通过转换，可以以泥水模式、土压平衡模式、敞开模式工作，极大地拓展了盾构适应复合地质条件的能力。由于隧道和盾构里空间有限，工作模式的转化一般在竖井里进行。在城市地铁的建设中，隧道掘进一般由车站分成长度为 0.5~2km 的区间，可以在适当的站点进行工作模式转换。复合盾构如图 2-18 所示。

复合盾构的一个主要特点是既适用于软土，又适用于硬岩，主要用于既有软土又有硬岩的复杂地层施工。复合盾构的主要特点是刀盘上既安装有切刀和刮刀等软土刀具，又安装有滚刀等硬岩刀具。

复合盾构的另一个主要特点是它一般具有两套出渣系统。一般泥水模式使用泥浆管，土压平衡模式使用螺旋输送机，敞开式模式使用皮带输送机。因此在复合盾构中至少装有两套出渣系统。如图 2-19 所示为泥水土压复合盾构示意图。

2.3.7 复合式土压平衡盾构

复合式土压平衡盾构既属于土压平衡盾构，又属于复合盾构。此类盾构只有一套出渣系统，即螺旋输送机；主要系统和功能部件按土压平衡盾构配置，但具有三种掘进模式，即敞开式掘进模式、半敞开掘进模式（压缩空气加压模式）、土压平衡掘进模式。复合式土压平衡盾构的三种掘进模式如图 2-20 所示。

1. 敞开式掘进模式

当掌子面足够稳定并且涌水能够被控制时，采用敞开式掘进模式作业。刀盘、刀具切削隧道掌子面的土体，切削土体进入土仓，通过位于土仓底部的螺旋输送机将渣土排出，除土仓底部有渣土，土仓的其他空间是空的。

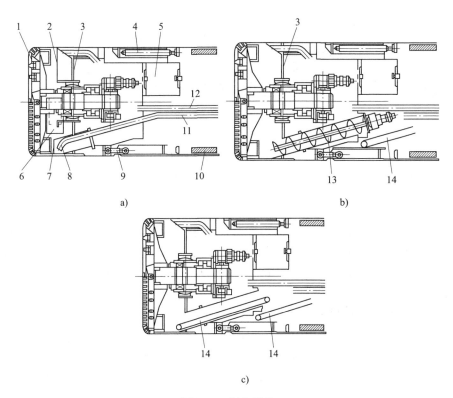

图 2-18　复合盾构

a）泥水模式　b）土压平衡模式　c）敞开模式

1—刀盘　2—沉浸墙　3—隔板　4—推进液压缸　5—人舱　6—破碎机　7—格栅　8—吸泥管

9—铰接缸　10—管片　11—排泥管　12—进泥管　13—螺旋输送机　14—皮带输送机

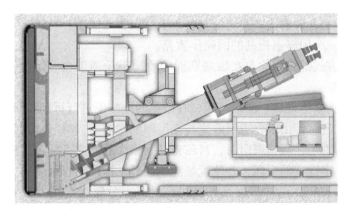

图 2-19　泥水土压复合盾构示意图

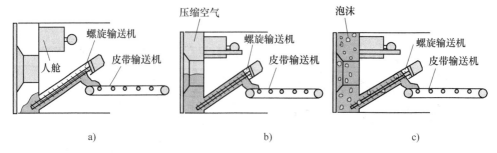

图 2-20　复合式土压平衡盾构的三种掘进模式

a）敞开式掘进模式　b）半敞开掘进模式（压缩空气加压模式）　c）土压平衡掘进模式

2. 半敞开掘进模式

当掌子面具有足够的自稳能力，且水压小于0.15MPa时，可采用半敞开掘进模式作业。土仓下部是刀盘切削下来的渣土，上部为压缩空气。当土仓内气压≤0.1MPa时，不会发生螺旋输送机出渣喷涌现象；当0.1MPa<土仓压力≤0.15MPa时，可能会发生喷涌现象，但可以控制。

3. 土压平衡掘进模式

土压平衡掘进模式用于围岩不稳定或水压高水量大，以及流塑性的软黏土地层和砂土层的盾构施工。土压平衡掘进模式可以有效地防止过大的地面沉降。

采用土压平衡模式施工时，可以通过添加剂注入系统加入泥浆、聚合物、泡沫，以改善渣土的流塑性。在此种模式作业时，要很好地控制螺旋输送机的转速和出渣量，以防止土仓内压力下降过大而造成地面沉降。螺旋输送机必须可以随时关闭，并具有防喷涌的功能，螺旋输送机必须能建立土塞效应。

2.3.8　插刀盾构

以上所述的各种盾构，在构造和使用上有以下共同点：

1）都有一个用厚钢板制的圆筒作盾壳。

2）推进方式都是用均布在后端圆周的盾构千斤顶顶在后面衬砌的端部，使盾构向前推进。

3）当盾构整体推进一段距离后，在盾尾的掩护下进行衬砌和回填注浆。

当盾构推进时，由于要克服盾壳与土层间的摩擦力，后部衬砌要承受相当大的纵向力，特别是在盾构调向时，衬砌将受到很大的局部荷载，这样常常会使衬砌管片发生一定程度的损坏，并使现场浇筑混凝土衬砌的应用受到工期限制。同时，当盾构推进后，在衬砌块与土层间将留下一个环状空间，必须及时回填注浆，否则将引起一定程度的地表沉陷，回填注浆需要有可靠的盾尾密封才能实现。

与前述盾构不同,插刀盾构的外壳是分成多块厚板式的插刀,插刀在支撑架内沿长度方向移动。插刀盾构推进方式与具有刚性外壳的常规盾构有着本质的区别。插刀盾构组成示意图如图 2-21 所示。前部是顶部插刀,中部是衬砌模架、衬砌台车及输送带,后部是液压泵站及混凝土输送管。

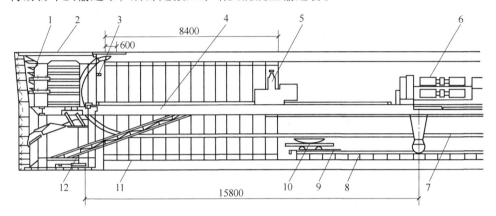

图 2-21　插刀盾构组成示意图

1—支撑面千斤顶　2—顶部插刀　3—辅助千斤顶　4—输送桥　5—衬砌台车　6—液压泵站
7—混凝土输送管　8—垫块　9—拖轨千斤顶　10—垫块运送车　11—衬砌模架　12—输送带

插刀盾构的工作原理为:每把插刀带有一个液压缸,其活塞杆端同插刀相连,另一端安装在支撑架上,液压缸以较大的推力向前推插刀。如果逐个或分组将所有插刀向前推进后所有液压缸同步收回,由于钢与钢之间的摩擦力较小,而插刀组成的外壳与土壤相接触的摩擦力较大,就将支撑架向前拉,而不会向后拉插刀组成的外壳。

2.4　盾构在我国的开发与应用

盾构技术始于英国,发展于日本、德国,飞速跨越发展于中国。1825 年法国人布鲁诺尔开发世界首台盾构。1953 年,我国研制出第一台盾构,虽然比国外晚了 128 年,但由于高度重视引进消化吸收,更由于国家“863 计划”和“一带一路”倡议的实施,我国盾构实现了从追随到快速发展的历史大跨越。

2.4.1　手掘式盾构的开发与应用

我国盾构的开发与应用始于 1953 年,阜新煤矿用手掘式盾构修建了直径为 2.6m 的疏水巷道。

1962 年,上海城建局隧道工程公司结合上海软土地层对盾构掘进机、预制钢混凝土衬砌、隧道掘进施工参数、隧道接缝防水进行了系统的试验研究,研制了一台直径 4.2m 的手掘式盾构，进行了浅埋和深埋隧道掘进试验，隧道掘进长度 68m，试验获得了成功，并采集了大量盾构法隧道施工数据资料。

2.4.2 网格挤压式盾构的开发与应用

1965 年，由上海隧道工程设计院设计、江南造船厂制造的两台直径 5.8m 的网格挤压式盾构，掘进了两条地铁区间隧道，掘进总长度 1200m，地面最大沉降达 10cm。

1966 年，上海打浦路越江公路隧道工程主隧道采用由上海隧道工程设计院设计、江南造船厂制造的我国第一台直径 10.2m 超大型网格挤压盾构掘进机施工，辅以气压稳定开挖面，在黄浦江底顺利掘进隧道，掘进总长 1322m。此次所用的网格盾构有所改进，敞开式施工可以转换为闭胸式施工。

1980 年，上海市进行了地铁 1 号线试验段施工，研制了一台直径 6.41m 的刀盘式盾构，后改为网格挤压型盾构，在淤泥质黏土地层中掘进隧道 1230m。

1985 年，上海延安东路越江隧道工程 1476m 圆形主隧道采用上海隧道工程股份有限公司、江南造船厂制造的直径 11.3m 网格型水力机械出土盾构。

2.4.3 插刀盾构的开发与应用

1986 年，中铁隧道局开始研制半断面插刀盾构，并成功修建了北京地铁复兴门折返线。半断面插刀盾构将盾构法与浅埋暗挖法紧密结合，取消了小导管超前注浆，在盾构壳体和尾板的保护下，进行地铁隧道上半断面的开挖。半断面插刀盾构采用全液压传动，电控操作、可自行推进、转向、调头。能有效控制沉降，减轻工人劳动强度，施工速度较快，日均进尺达 3~4m。

2.4.4 土压、泥水平衡盾构的引进与开发（"863"计划）

1990 年，上海地铁 1 号线工程全线开工，18km 区间隧道采用七台由法国 FCB 公司制造的 ϕ6.34m 土压平衡盾构。每台盾构月掘进 200m 以上，地表沉降控制达 +1~-3cm。1996 年，上海地铁 2 号线再次使用原七台土压平衡盾构，并又从法国 FMT 公司引进两台土压平衡盾构掘进 24km 区间隧道，上海地铁 2 号线的 10 号盾构为上海隧道工程股份有限公司自行设计制造。

1996 年，广州地铁 1 号线 8.8km 区间隧道由日本青木建设施工，采用两台 ϕ6.14m 泥水加压平衡盾构和一台 ϕ6.14m 土压平衡盾构。

2000 年 2 月，广州地铁 2 号线海珠广场至江南新村区间隧道采用上海隧道工程股份有限公司改制的两台 ϕ6.14m 复合型土压平衡盾构，在珠江底风化岩地层中掘进。

2001 年以来，广州地铁 2 号线、南京地铁 2 号线、深圳地铁 1 号线、北京地铁 5 号线、天津地铁 1 号线先后从德国、日本引进 14 台 $\phi6.14m \sim \phi6.34$ 的土压平衡盾构和复合型土压盾构，掘进地铁隧道 50km。至此，盾构法已经成为我国城市地铁隧道的主要施工方法。

2002 年 8 月，中华人民共和国科学技术部将直径 6.3m 土压平衡盾构的研究设计列入国家 "863" 计划。课题以中铁隧道集团有限公司和上海隧道工程股份有限公司为主承担，同时由浙江大学、同济大学、华中科技大学、东南大学、煤炭科学研究总院、北京城建等单位组成了产、学、研课题组，充分利用国内现有的盾构设备研发能力及施工技术，充分利用国内现有的液压、测控等技术的研究成果，组织相关领域的专家，围绕样机的研制进行攻关。同时，中铁隧道集团有限公司还研制成功了与盾构相配套的变频牵引机车、装渣车、砂浆运输车、管片运输车等后配套设备，并在盾构管片研制、新型泡沫剂研制及渣土改良技术、同步注浆技术方面取得了进步，推动了盾构国产化进程。

2003 年，上海地铁 8 号线首次采用双圆隧道新技术，从日本引进两台 $\phi6520 \times W11120$ 双圆形土压盾构，掘进黄兴路站至开鲁路站 2.6km 区间隧道。2004 年 5 月，中铁隧道集团与日本小松联合制造了一台 $\phi6.3m$ 土压平衡盾构，并成功应用于广州地铁和北京地铁施工。2004 年 10 月下旬，上海隧道股份成功制造了一台 $\phi6.34m$ 土压平衡盾构（先行号）应用于上海地铁 2 号线西延伸隧道工程。

2004 年，上海上中路越江隧道工程引进世界最大直径的 $\phi14.87m$ 泥水加压盾构，在黄浦江掘进施工两条隧道，隧道结构为双层四车道。

2005 年 12 月，中铁隧道集团研制出了适用于北京地铁砂砾复杂地层的土压平衡盾构刀盘，并成功应用于北京地铁 4 号线 19 标颐和园—圆明园区间。

2006 年中铁隧道集团在国外大直径泥水盾构技术消化吸收及研究的基础上，设计和制造了具有自主知识产权的国内唯一的模拟盾构控制系统检测试验台，如图 2-22 所示，模拟盾构直径为 2.5m。由其研发的一系列新产品问世，推动了我国工程建设领域的重大变革。

图 2-22 盾构控制系统检测试验台

在国家 "863" 计划的引导下，中铁隧道集团在引进消化吸收和自主创新的基础上，于 2008 年 4 月研制成功了具有自主知识产权的复合盾构。

2014 年 5 月 10 日，习近平主席视察中铁装备公司，对盾构行业给予巨大支持和鼓励，这对盾构技术的发展起到了良好的推动作用。

2015 年 11 月 3 日，成立了盾构再制造创新战略联盟，工信部发布了《盾构/

TBM 再制造 2025 发展路线暨十三五推进计划》，启动了百台盾构再制造计划。

2016 年 11 月 26 中铁隧道集团开创性采用科研+制造订单式生产模式，在盾构及掘进技术国家重点实验室的科研团队的带领下，同洛阳 LYC 轴承有限公司强强联合，实现了盾构主轴承的国产化。

2016 年 12 月 21 日，我国自主研制最大直径为 12.14m 的土压平衡盾构机"麒麟号"盾构在中铁六局太原西南环盾构项目举行始发仪式。

2017 年 7 月，中信重工与中铁装备集团合作制造的具有自主知识产权的超大直径气垫式泥水盾构，直径达 15.03m。该盾构机将应用于世界级超级工程——广东汕头海湾隧道交通工程。

2.4.5 异形盾构的开发

2015 年 10 月 12 日，我国首条超大截面矩形盾构隧道在上海实现贯通，这是我国首台自主研发的超大截面矩形土压平衡盾构机（图 2-23）完成的，这台超大截面矩形盾构机横截面为 10.1m×5.3m，头部由 8 个大刀盘和 3 个小刀盘组成轴向伸缩式刀盘，通过交错旋转可形成无盲区施工。这项创新技术已申请国家专利 30 项。

2016 年 7 月 17 日，我国自主研制的全球首台马蹄形盾构机在中国中铁装备集团新建成的国家 TBM 产业化中心正式下线，以其世界首创的身份出现在中铁装备异形盾构机产品序列中，如图 2-24 所示。

图 2-23　我国首台自主研发的超大截　　　图 2-24　国内研发的全球首台
面矩形土压平衡盾构机　　　　　　　　马蹄形盾构机

2.5　我国盾构技术现状

当今中国已是世界上隧道及地下工程规模最大、数量最多、地质条件和结构形式最复杂、修建技术发展速度最快的国家。2016 年 5 月，国家发展改革委、交通运输部联合印发《交通基础设施重大工程建设三年行动计划》，2016 至 2018 年拟重点推进铁路、公路、城市轨道交通等交通基建领域共 303 个项目，涉及项目总投资约 4.7 万亿元。根据《"十三五"城轨交通发展形势报告》，城市轨道交通将呈现更大规模的发展态势。据统计，约有 75% 的运营线路为地铁，预计至 2022 年，地铁总长度将达到 8033.3km。地铁建设将会在较长的时间内成为我国基础建设投资的重点之一。盾构、TBM 隧道施工法作为适用于现代隧道及地下工程建设的重要施工方法，在我国地铁隧道施工中将发挥更为重要的作用，但也面临着诸多问题和挑战。

2.5.1　我国盾构技术与国外的差距

1. 地层稳定和地面沉降控制技术

由于环境保护和地面设施的制约，对隧道施工的施工质量和环境保护要求越来越高，地面沉降控制成了衡量现代盾构技术水平的关键技术之一。现代盾构控制地面沉降和减少对土体扰动的最基本和有效的方法是采用泥水平衡和土压平衡（包括加压，加泥水、泡沫和其他土质改性剂）技术。我国现有的平衡式盾构都是通过预先设定土仓内压力值以达到稳定地层的目的，在施工过程中根据地表沉降情况再进行调整，是滞后式的土压纠正。由于开挖面上土层的原始应力比较复杂，这种预先设定与滞后调整的结果会使机头处的地面隆起或塌陷，所以地层稳定和地表沉降控制的效果在很大程度上取决于施工人员的经验，施工质量难以保证。国外先进的土压平衡式盾构，在土仓内都设置先进的土压传感器，配备实时反馈及调整的机、电、液与计算机控制系统，在通常情况下都能很好地保证地层稳定的效果。这是国内外盾构技术存在的主要差距。

2. 地质适应性方面

我国地域辽阔，地质条件多样，根据各地的地质条件特点，大致可划分为四大类地层，即以北京地区为代表的砂层、砂卵石地层，以上海地区为代表的软土地层，以广州地区为代表的风化岩及软硬不均复合地层，以重庆地区为代表的岩石地层。在各地不同的地质条件下，盾构法施工面临各自不同的挑战。不同形式的盾构所适应的地层范围不同，盾构选型总的原则是安全性、适应性第一，以确保盾构法施工的安全、可靠、经济、快速。上海、广州及北京地区是我国盾构应用较多且较早的地区，这三个地区分别代表了我国三大区域的地层（三大典型地层）特征——软土地层、复合地层和砂卵石地层。砂卵石地层适合采用土压盾构和开敞式盾构施工，如北京地铁、成都地铁、沈阳地铁等；软土地层适合采用土压平衡盾构施工，如上海地铁、南京地铁、苏州地铁等；复合地层适合采用复合盾构施工，如广州地铁和深圳地铁等。另外，黄土地层和膨胀土地层最易因水加速地层变坏，适合采用无水土压平衡盾构和开敞式无刀盘盾构施工，如西安地铁、合肥地铁；硬岩地层适合采用 TBM 掘进机施工，如重庆地铁、青岛地铁、厦门地铁、大连地铁等。

虽然积累了大量工程经验，但是目前盾构施工中有很多问题没有得到有效解决。例如，软黏土地层隧道施工的稳定性问题；隧道结构的振陷问题；砂卵石、卵砾石等地层的高磨损问题；大粒径漂石、孤石的通过问题；老黄土地层导致的遇水塌陷、地裂缝等，这些既是未来有待解决的典型问题，又是我国盾构隧道修建技术的研究方向。同时，当穿越高强度地层、完好坚硬岩时，盾构法技术会受到极大的挑战，考虑如何与 TBM 法、钻爆法等与盾构法结合，甚至多种工法有机融合，是未来建设中需要面对的普遍问题。

3. 结构设计技术

我国目前研制的盾构掘进机都是单体形式的，盾体是一个刚体，断面尺寸越大在运动方面限制也就越严格，给隧道的弯道设计和施工造成困难。另外，由于盾构断面全为一孔，所以即使建造距离很近的（1~5m）复线隧道，也必须分上行与下行两线进行独立施工，给地面设施拥挤的城市隧道的设计带来困难，分别施工的两隧道相互干扰也给施工带来不利影响。国外盾构掘进机已出现可折曲的盾体和多体等形式解决曲率半径小的弯道施工和复线隧道的一次施工等问题。可以把盾体分成两到三截，转弯灵活；截面有眼镜形、三圆形、拱形、H&V 等多种形式。在掘进过程中，国外先进盾构除了转弯半径与爬坡方面的限制较小外（如 H&V 型盾构），还可做水平与竖向的灵活转动，形成空间相对、位置多样的隧道。

4. 刀盘刀具设计技术

从现有的盾构看，国内已经掌握基本的全断面切割刀盘技术，通常是在盾构机头部安装一个整体转动的圆盘，在上面布置若干刀头（包括超挖刀头），转动方向固定，只能切割规则空间。在刀头、刀盘的组合与刀头、刀盘的运动分解上缺少变化，在某些情况下，给盾构掘进机的转弯和爬坡等造成一定的麻烦。国外盾构出现了能有多种切割方向、可以伴随盾构机体位的改变而进行相应调整的刀盘，并且实现了通过盾构掘进机刀具的切割方向和刀盘的分解组合生成多种异形空间（如矩形、椭圆形、眼镜形等）。另外，国内在刀具、刀盘的岩土适应性设计方面缺少完整的理论依据、系统的经验数据和可靠的实验装备，在刀具的可靠性和寿命方面与国外存在一定的差距。

5. 液压推进与导向技术

国内盾构所用土压探测与传感装置基本依赖进口，根据地表变形和运动轨迹进行实时反馈控制基本未得到应用。国外先进的盾构施工通常在开挖面与盾构周边必要的位置布置有各种监控点，采集盾构运行状态、土压和地层扰动等多种信号，这些信号和地表沉降信号一起输送给信号处理计算机，计算机分析这些数据后，发送液压系统控制信号，实现对盾构推进和导向的自动控制，基本可以实现无人化的精确操作。

上海地铁 1 号线使用的法国盾构及延安东路复线隧道使用的日本盾构，都有先进的计算机信息处理与控制系统，既减少了人员劳动强度，又增加了盾构机的工作效率与施工精度，通过实时数据分析处理、快速反馈、工程状态显示、实时控制，方便现场人员实时决策，达到信息化施工。

6. 衬砌技术

目前国内盾构都是采用管片拼装系统将混凝土管片拼装成隧道衬砌，管片拼装系统由中心支撑回转机构、径向和水平移动液压缸等组成，虽然实现了管片移动的机械化，但是管片的对中、就位、拼装等基本还是靠人工作业，管片的拼装往往占用大量宝贵的掘进作业时间，直接影响施工进度和质量。日本已研制成功全自动化拼装系统，包括混凝土管片的输送、拼装机钳住管片、管片就位、管片接头螺栓的自动穿孔和拧紧等工序的自动化。目前欧洲和日本开始采用 ECL（挤压混凝土衬砌施工法）技术代替传统的管片衬砌，在施工成本和衬砌质量方面都取得了良好的效果，这项技术在国内还没有应用。

7. 防水和同步注浆技术

我国现有的盾构施工隧道管片衬砌中，主要采用环向与纵向膨胀橡胶防水，与国外相比，还没有发展采用土工防水布等技术。同步注浆技术是控制地层变形、地面沉降的重要措施，其关键是随着盾构的推进及时充分地充填盾壳外径与隧道衬砌外径之间的建筑空隙。目前有两种同步注浆系统：单液注浆系统和双液注浆系统。单液注浆系统较简单，但是浆液的性能要求较高，很难配制合适的浆液。双液注浆系统由两套贮浆桶和注浆泵等组成，在出口处两管交叉喷出盾尾，及时硬化充填空隙，避免了单液注浆系统由于浆液凝结过快堵塞注浆系统而使充填不充分，凝结过慢又使隧道轴线变形和地面产生额外的沉降的两难局面。单液注浆系统在国内已经研制成功，但是双液注浆系统和浆液仍然依赖进口。

8. 系统集成技术

英、德、日、法、美等国，在长期的从实践到理论，再从理论到实践的反复探索过程中，形成了针对本国地质条件的隧道盾构设计理论、模拟试验方法和系统的经验数据，包括掘进机刀盘形式、刀具选型和布置、出土形式等；同时逐渐形成了安装和调试的系统技术，几乎能针对所有的施工隧道地质条件设计、制造适用的盾构。这些国家还在进一步研制适用范围更广、开挖深度更深、技术自由度更大的技术。尤其是日本，依赖于盾构技术的发展，除了目前能用盾构开发出各种异形空间外，还提出大深度开发地下空间的种种构想，包括建造地下城市，深度常常在地下百米以上。我国目前尚没有适合国情的适应性设计理论的指导，也没有系统的设计经验数据，系统的安装、调试技术也未完全成熟，所以国产盾构存在性能不稳定的现象，主要表现在：土层地质条件的适应能力差、地层扰动和地表沉降难以控制、可靠性低、自动化程度低。

9. 操作使用方面

盾构和 TBM 研究开发及使用人才的培养至关重要。一些发达国家的高等院校等设置有关盾构及 TBM 的专业课程，并进行研究生培养。国际上一些著名的学术团体也常与高等院校、咨询公司、生产厂家联合开办有关盾构及 TBM 人才培养方面的进修班或研讨班。我国在这方面差距较大，应采取有力措施迎头赶上，培养一批训练有素的人才队伍。

2.5.2 我国近期盾构技术的发展方向

1. 土压平衡式盾构系列化

土压平衡式盾构是一种先进实用的软土盾构，能适用于各种软土层，即使含有砾石、卵石、硬岩也能通过渣土改良和更换刀具等措施进行开挖掘进。结合各城市的不同工程地质水文条件，设计制造各种型号的土压平衡式盾构和对现有盾构机进行再制造，更符合我国的国情。目前，土压平衡式盾构在我国的应用比率占 80% 以上，其系列化研究是今后一段时期的主要目标。

2. 复合盾构全面推广应用

复合盾构通过采用不同的掘进模式及不同的刀具布置以适应不同地层。由于复合盾构的地质适应性非常广，在广州、成都、重庆、深圳、北京地区以及其他一些城市的部分地区具有广阔的应用前景。

3. 超大直径泥水加压盾构的开发与应用

世界盾构技术的超大断面化，使超大直径泥水加压盾构的应用将成为一种发展趋势，且超大直径泥水加压盾构对于我国沿海、沿江及许多城市的经济发展具有十分重要的战略意义。

4. 双模式土压平衡式盾构、泥水加压式盾构的开发与应用

开发双模式土压平衡式盾构、泥水加压式盾构，配置复合刀盘，实现既可在 TBM 模式下运行，又可在土压平衡模式或泥水加压式盾构模式下运行，使盾构技术与 TBM 技术相互渗透，这种新型混合式 TBM 极大地拓宽了设备的地质适应性。

总之，我国是全球最大的盾构及 TBM 生产国和最大的市场，需要进行不懈的开发、创新和积累，以形成我国独立的盾构设计制造、隧道设计和施工管理技术。

2.6 盾构技术的发展趋势

盾构掘进技术的发展一直围绕地层稳定和地面沉降控制、自动化掘进和提高掘进速度、衬砌和隧道质量三个要素进行改进和施工方法的革命。国际上盾构技术日趋完善，盾构的类型不断增多，适用范围不断扩大，断面尺寸向两极发展，所应用的地质条件也更为复杂。盾构技术未来发展趋势可以大致归纳为以下四个方面。

2.6.1　小型和超大型化

1998 年竣工的日本东京湾海底公路隧道采用了 8 台 ϕ14.14m 泥水盾构施工。2003 年竣工的德国易北河隧道采用了 1 台 ϕ14.2m 复合盾构施工。2006 年上海长江口越江隧道采用大直径泥水盾构 ϕ15.43m 施工。2011 年意大利 Sparvo 隧道采用 ϕ15.55m 土压平衡盾构施工。最大直径土压平衡盾构由日立造船株式会社制造，直径 ϕ17.45m，2013 年用于西雅图 SR99 项目，因施工过程中发生主轴承损坏事故，目前已拆除。德国海瑞克隧道机械有限公司设计制造的超大直径泥水盾构，直径 ϕ17.6m，用于香港屯门—赤鱲角海底公路隧道。

日本大成建设集团开发了适用于立体交叉工程的小型盾构，直径 200mm 的盾构已在工程中应用。

2.6.2　形式多样化

为适应不同工程条件和环境的需要，盾构的形式越来越多，目前，已生产了断面为圆形、矩形、双圆、三圆、球型等，如图 2-25 所示。盾构制造及使用成本趋于经济合理。

2.6.3　超长距离化、超大断面化、异形断面化、超大深度化

世界盾构技术正朝着工程的超长距离化、超大断面化、异形断面化、超大深度化方向发展。在高速铁路、高速公路、运输通道向城市地下空间发展，以及城市轨道交通建设为降低成本，标段划分长度越来越大的情况下，长隧道的应用就越来越多，因此适用于长距离隧道掘进盾构的需求正在增长。世界各国都在研究掘进长距离隧道的盾构，努力使其可靠性高、使用寿命长、空间定位准确及监控操作人性化。

2.6.4　高智能化、高适应性

目前，国际先进盾构已普遍采用类似机器人的技术：计算机控制技术、网络远程通信遥控技术、现代传感检测技术、激光导向技术、超前地质探测技术和网络远程通信遥控技术等。盾构的自动化程度越来越高，具有姿态管理、设备管理、施工数据采集、处理和实时远距离传输等功能，在盾构施工中实现智能化的操作模式，体现出盾构控制系统的多学科化，性能可靠更安全。

盾构技术与硬岩掘进机技术相互渗透、相互融合，使其适应地质条件的能力大大增强。由于地质环境的复杂性以及盾构技术自身的局限性，为满足工程的实际需要，越来越要求盾构自身具有一定的解决局部特殊地质情况能力。目前，盾构应用已从最初的第四系软土地层推广到更大范围的地质环境中。

图 2-25 盾构的形式

a）MMST 盾构 b）球体盾构 c）变形断面盾构 d）H&V 盾构

e）三圆盾构 f）双圆盾构 g）类矩形盾构 h）矩形盾构

第3章　盾构法概论

3.1　盾构法的基本概念

盾构法（Shield Method）就是用盾构修建隧道的方法，是隧道施工方法之一。盾构法是通过盾构外壳支承四周围岩，用切削刀盘切削开挖面土体，通过出渣设备运出洞外，推进油缸顶在后部拼装好的管片上向前推进，掘进一个行程后，在盾尾拼装预制混凝土管片和同步注浆，形成隧道结构的一种机械化施工方法。盾构法概貌图如图3-1所示。

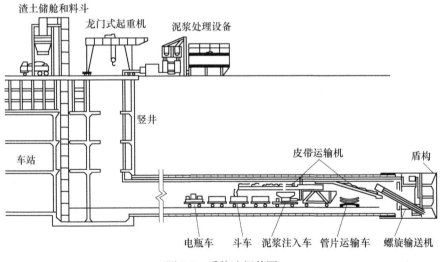

图3-1　盾构法概貌图

盾构法是由稳定开挖面、盾构挖掘和衬砌三大要素组成。闭胸式盾构是用泥土加压或泥水加压来抵抗开挖面的土压力和水压力以维持开挖面的稳定性；敞开式盾构是以开挖面自立为前提，否则需要采用辅助措施。目前非常盛行的泥水加压盾构和土压平衡式盾构的最大优点是在开挖功能中考虑了稳定开挖面的措施，将盾构法三大要素中的前两者融为一体，无须辅助施工措施就能适应地质情况变化较大的地层。

3.2 盾构法的主要技术特点

与其他隧道施工方法不同,盾构法主要使用构造较为复杂的盾构机,在两个竖井之间一次性施工而形成隧道,其主要特点如下:

1)盾构机是根据工程"量身定做"的。盾构机是根据每一个施工区段的地质条件、地下水条件、隧道断面大小、区间线路条件、周围建筑物环境等条件进行设计制作或改造的。所以,盾构机不是通用机械,而是针对某种条件的专用机械,一般很难将盾构机转用到设计隧道以外的工程中加以利用。所以盾构必须以工程为依托,与工程地质等紧密结合。

2)盾构机在地下的施工是不可后退的。因为管片内径小于盾构外径,所以当盾构机在地下开始掘进施工后,就很难对盾构机的结构组成进行修改,除刀头等部位可以通过特殊的设计更换以外,盾构刀盘、压力舱、排土装置、推进系统等很难在施工过程中进行修改。因此,盾构机的设计、制作从根本上决定了隧道施工的成功与否,是盾构法隧道施工最关键的环节。

3)对施工精度的要求高。相比于一般的土木工程,盾构施工对精度的要求非常高。管片的制作精度几乎近似机械制造的程度。由于断面不能随意调整,对隧道轴线的偏离、管片拼装精度、地面隆起和沉降等也有很高的要求。

3.3 盾构法的优缺点

盾构法相比于传统地铁隧道施工方法,具有地面作业少、对周围环境影响小、自动化程度高、施工速度快等优点。随着长距离、大直径、大埋深、复杂断面盾构施工技术的发展、成熟,盾构法越来越受到青睐,目前已成为地铁隧道的主要施工方法。

3.3.1 盾构法施工的主要优点

1)安全。在盾构支护下进行地下工程暗挖施工,不受地面交通、河道、航运、潮汐、季节、气候等条件的影响,能较经济合理地保证隧道安全施工。

2)快速高效。盾构的推进、出土、衬砌拼装等可实行自动化、智能化和施工远程控制信息化,掘进速度较快,施工劳动强度较低。

3)环保。地面人文自然景观受到良好的保护,周围环境不受盾构施工干扰,除竖井外需要从地面开挖,占用一定的施工场地以外,隧道沿线无须进行拆迁,对城市的商业、交通、居住等影响很小。可以在深部穿越地上建筑物、河流,开挖埋置深度较大的长距离、大直径隧道,具有经济、技术、安全等方面的优越性。

3.3.2　盾构法施工的缺点

1）盾构机械造价较昂贵；隧道的衬砌、运输、拼装、机械安装等工艺较复杂；在饱和含水的松软地层中施工，地表沉陷风险极大。

2）需要设备制造、气压设备供应、衬砌管片预制、衬砌结构防水及堵漏、施工测量、场地布置、盾构转移等施工技术的配合，系统工程协调难。

3）建造短于 750m 的隧道没有经济性；当隧道曲线半径过小或隧道埋深较浅时，施工难度大。

4）施工过程变化断面尺寸困难。

5）施工中存在的衬砌环的渗漏、裂纹、错台、破损、扭转，隧道曲线偏差，地表沉降与隆起等问题尚未得到很好的解决。

3.4　盾构法的适应范围

盾构法适用于各类软土地层和软岩地层，尤其适用于城市地铁、水底隧道、引排水隧道、公用管线隧道等的施工。对于复杂的地质条件或特殊地质条件，如岩溶、高应力挤压破损、膨胀岩、含坚硬大块石的土层、卵砾石层、高黏性土层等，应结合盾构性能进行细致认真分析和论证，选择合适的盾构形式。

在松软含水地层，可以采用盾构法施工。盾构法的适应范围如下：

1）线位上允许建造用于盾构进出洞和出渣进料的工作井。

2）隧道要有足够的埋深，最小覆土深度一般大于隧道直径，压气施工、泥水加压施工要注意地表的喷涌；最大覆土深度多取决于地下水压值。

3）相对均质的地质条件。近年来施工技术不断发展，盾构法对地质的适应性在不断增强。例如，复合式盾构和带护盾式 TBM 的开发与应用增强了盾构法对地质的适应性。

4）如果是单洞则要有足够的线间距，洞与洞及洞与其他建（构）筑物之间所夹土（岩）体加固处理的最小厚度为：水平方向取 1.0m，竖直方向取 1.5m。

5）从经济角度讲，连续的施工长度不小于 300m。

6）盾构法施工以圆形断面为标准，使用特殊盾构可以进行半圆形、椭圆形等断面形状作业。施工中，一般难以变化断面形状。

7）直径 10m 以上的大直径盾构多用于修建水底公路隧道、铁路隧道和暗埋地铁车站。在饱和含水松软地层中用盾构法修建地铁车站比用地下连续墙法费用高，所以只有在地面不得明挖的情况下才采用盾构法修建地铁车站。直径 6.3m 左右的中型盾构，适用于修建地下铁道的区间隧道。直径 3m 左右的小型盾构，多用于引水、排水、电缆、通信等市政综合管道的建设。

3.5 典型盾构法介绍

3.5.1 土压平衡式盾构法的基本原理及特点

1. 土压平衡式盾构的基本配置

土压平衡式盾构主要由盾壳、刀盘、刀盘驱动、刀盘支承、推进油缸、人舱、螺旋输送机、皮带输送机、管片拼装机、同步注浆系统、渣土改良系统、盾尾密封系统、数据采集系统、导向系统、后配套系统等组成，主机结构如图3-2所示。

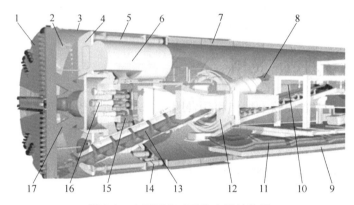

图3-2 土压平衡式盾构主机结构图

1—刀盘 2—土仓 3—盾壳 4—气闸 5—推进油缸 6—人舱 7—衬砌管片
8—螺旋输送机 9—管片运输机 10—皮带输送机 11—待拼装的管片 12—管片拼装机
13—螺旋输送器 14—铰接油缸 15—刀具驱动 16—减速器 17—刀盘支承

2. 土压平衡式盾构的工作原理

如图3-2所示，土压平衡式盾构刀盘旋转的盾体区域称为土仓2，它通过土仓壁隔板与常压下的盾体区域分开。刀盘旋转，带动刀具挖掘土壤，挖掘下来的土壤通过刀盘开口进入土仓，与土仓内已有的黏性土浆混合。通过推进油缸5的进给而使刀盘不断切削土体推进，同时开启同步注浆系统，填充工艺空隙防地面沉降；开启盾尾油脂压注系统，防止盾构外的泥水从盾尾密封刷与管片之间的缝隙侵入；开启集中润滑油脂压注系统，防止盾构外的泥水从刀盘支撑圈经密封缝隙侵入大轴承内以及提供所需的润滑油脂；开启冷却水系统防止某些部件过热；如果需要的话，开启加水、加泥、加泡沫系统，改良土体，降低刀盘旋转面摩擦力。

土仓内渣土通过螺旋输送机8输送出去。渣土输送量由螺旋输送机转速和其出闸门开度控制。螺旋输送机把渣土输送到第一段输送皮带上，再转运到反转皮带上，渣土被倾倒进入运输渣车中运出洞外。

在掘进过程中，司机必须密切注意各个传感器及仪表的参数，如土压、油压、推进力矩、千斤顶伸出长度、速度、刀盘及螺旋机的速度、盾构姿态、纠偏等。

当推进的长度达到管片的宽度并加上拼装空隙时，这一环的推进模式结束，司机将选择开关打到拼装模式，进入管片拼装。一环拼装完成后，砂浆经由盾尾上的注浆口或直接通过管片上的开口连续注入管片背面和围岩之间的空隙。开启刀盘驱动，开始一个循环。

3. 开挖面稳定机理

（1）土压平衡原理　土体由旋转刀盘上的刀具切割下来，然后通过刀盘开口挤入土仓，与土仓内已有的黏性土浆混合。推进油缸的压力通过仓壁传给土仓内的土体，当土仓内的土体不能再被土压力和水压力压紧时，就达到了土压平衡，这时开挖面的土压约等于土仓中土体的压力，即土仓压力等于地下水压力与土压力之和，从而保证开挖面的稳定。土压平衡原理图如图 3-3 所示。

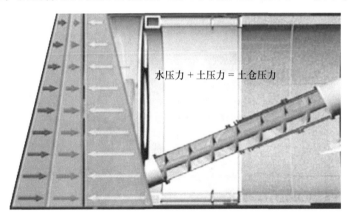

水压力 + 土压力 = 土仓压力

图 3-3　土压平衡原理图

土仓内的土压力应与地层压力和水压力相平衡。当土仓压力 P 大于水压力与土压力之和 F，地面将隆起。当土仓压力 P 小于水压力与土压力之和，地面将下陷。土仓压力对地表的影响如图 3-4 所示。图中 Q 为出渣量。

（2）土仓压力控制因素　为了保证在掘进过程中土压的稳定，土仓的压力应和刀盘前的土压一致，以防止刀盘前的土体下沉和土体的泄漏。在掘进过程中，土仓内压力是动态变化的，为达到压力平衡，保持开挖面的稳定，可通过调节不同的控制参数对仓内压力进行调节（图 3-5），具体如下：

1）控制螺旋输送机排土量（调节其转速）。增大或减少渣土排量，即调节

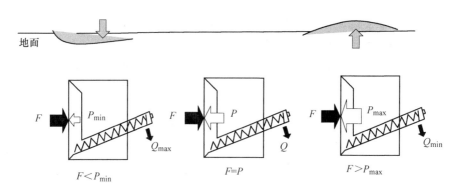

图 3-4 土仓压力对地表的影响

螺旋输送机排土量。在一定速度下进行掘进时，通常可以通过改变螺旋输送机的速度来控制土压力。当螺旋输送机转速较快时，泥土就会迅速被运出去，这时土压力就会降低，相反土压力就升高。但研究表明，对于黏性土来说，开挖面不破坏的排土量波动值必须控制在理论掘进体积的 2.8% 左右，这就需要测量精度在 1% 以内的切削土体积检测系统。

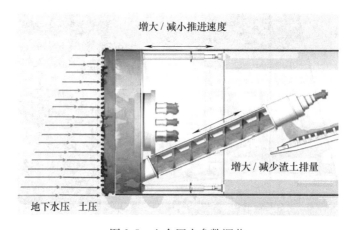

图 3-5 土仓压力参数调节

2）调节盾构千斤顶的推进速度和螺旋输送机转速，直接控制土仓内的土压力。一般情况下，不使开挖面产生影响的渣土压力 P 的波动范围如下：

主动土压力+地下水压力<P<被动土压力+地下水压力

3）土体改良所用添加剂的量。为适当保持泥土的流动性，可根据需要调节土体改良所用添加剂的注入量，同时可调节土仓压力。安装在土仓中不同位置上的土压传感器，可以将土仓中的土压力和支撑压力传给控制室并显示出来。

4）调节刀盘转速。在掘进过程中，刀盘的旋转速度是可以改变的，通过改变进入土仓的土体量来辅助调节土仓压力，同时还有助于土体的混合以及减少盾体的转动。土压平衡式盾构掘进控制程序如图 3-6 所示。

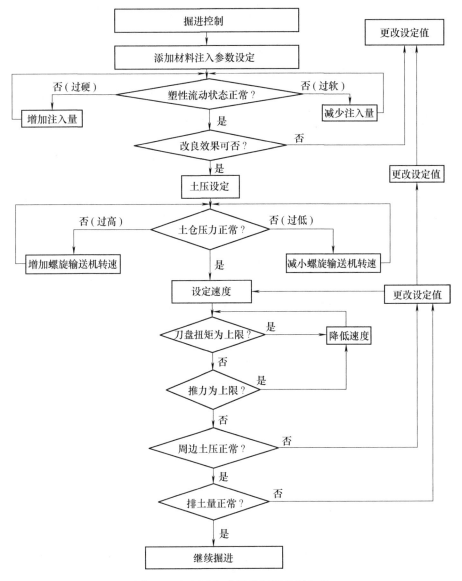

图 3-6 土压平衡式盾构掘进控制程序

4. 地质适应范围

土压平衡式盾构主要适用于粉土、粉质黏土、淤泥质粉土、粉砂层等黏稠土壤的施工。该类型土壤在螺旋输送机内压缩形成防水土塞，使土仓和螺旋输送机内部产生土压力来平衡掌子面的土压力和水压力。

土压平衡式盾构用开挖土料作为支撑开挖面稳定的介质，要求塑性变形良好、软稠度合适、内摩擦角小以及渗透率小。一般土壤不能完全满足这些特性，要进行改良，改良的方法通常为：加水、膨润土、黏土、CMC、聚合物和泡沫等，根据土质情况选用。

黏质粉土和粉砂是最适合使用土压平衡式盾构的土层，通过搅拌装置在土仓内的搅拌，即使十分黏着的土层也能变成塑性的泥土。

随着含砂率的增加，加水不能减小内摩擦角，对非黏透水性土层可以通过加泡沫进行改良处理。粒状结构中的气泡可以降低土浆密度，减小颗粒摩擦，使土浆混合物在较宽的形变范围内有最理想的弹性，以利于控制开挖面支撑压力。由于化学的和物理的黏着力的作用，加入适当泡沫的土料可以变得非常黏着，泡沫的90%都是空气，而空气在几天后就会全部逃逸，土料可以恢复原来的稠度。

加泡沫技术用于含水土层，还可抵抗较高的地下水压，它的发展可使土压平衡式盾构也可用在原先只适于泥水加压盾构的土层中。泡沫混合物在使用后几天之内化学物质就会完全生物分解，不存在环境污染的问题。

虽然通过土层处理，土压平衡式盾构的地质适应范围可以扩大到泥水压加盾构的应用领域，但不应将非黏性土层列在土压平衡式盾构的应用范围之内。在细砂含量少的非黏性土层中，使用泥水压加盾构比土压平衡式盾构有更大的优越性，应首选泥水加压盾构。

3.5.2 复合式土压平衡法的基本原理及特点

土压平衡式盾构自1974年在日本首次使用以来，以其独到的优势已广泛用于世界各地的隧道工程中。我国上海等软土地区已经广泛应用土压平衡式盾构建造地铁隧道和其他市政公用隧道。但是，在强度差别较大的土质以及盾构掘进断面土层不均匀等复杂地质施工中，常规的土压平衡式盾构已难以适应施工要求，而复合式土压平衡盾构正是在该形势下开发研制并成功应用于我国广州等复合地质中施工。2000年，上海隧道工程股份有限公司在我国首次应用由该公司开发研制的 φ6140 复合式土压平衡盾构，建成了广州地铁 2 号线"海珠广场—市二宫"和"市二宫—江南新村"区间隧道；2001年，上海隧道工程股份有限公司又采用复合式土压平衡盾构成功地穿越了风化岩和砾质黏土交错的复杂地层，建成了深圳地铁一期工程 2A 标。目前，复合式土压平衡盾构在我国地铁工程中应用非常广泛，我国的复合式土压平衡盾构掘进技术已达到国际先进水平。

1. 工作原理

复合式土压平衡盾构是在土压平衡盾构的基础上发展起来的一种适用于强度差别较大的土质以及盾构掘进断面土层不均匀等复杂地质条件中施工的新盾构，其施工方法是在刀盘上装有两种或两种以上的刀具，可切削软土、硬土、砂砾和软岩等不均匀地层，为了保持开挖面的稳定，在切削刀盘后的土仓内充填开挖下来的土体，通过螺旋输送机出土保持土压平衡的一种施工方法。

2. 掘进模式

在硬岩及软硬不均地层中，复合式土压平衡盾构的掘进模式分为敞开式、半敞开式（局部气压模式）或土压平衡模式掘进，且各种掘进模式能够进行快速转换。为保证开挖面稳定、有效控制地表沉降及确保地面建筑物安全并获得较高掘进效率，必须根据盾构机的类型、盾构隧道围岩的工程地质和水文地质条件、施工环境等因素，综合判断、选择不同的掘进模式。

（1）土压平衡模式（EPB）　开挖面稳定性不好或有较多的地下水的软质地层时，需采用土压平衡模式作业。盾构机刀盘旋转，刀具切削下来的渣土充满土仓，土仓内的渣土密度尽可能与开挖面的土壤密度接近，在推进油缸的作用下，土仓内充满的渣土形成一定的压力，土仓内的渣土压力与开挖面的水压、土压实现动态平衡，这样开挖面上的土壤就不会坍塌。

土仓内的压力可通过改变盾构的掘进速度或螺旋输送机的转速来调节，按盾构掘削土量（包括加泥材料量）对应的排渣量连续出土，保证使掘削土量与排渣量相对应，使土仓内的塑流性渣土的土压力始终与开挖面上的水土压力保持平衡，保持开挖面的稳定。压力大小根据安装在土仓壁上的压力传感器获得，螺旋输送机转速根据压力传感器获得的土压自动调节。

采用土压平衡模式时，以齿刀、切刀为主切削土层，以低转速、大扭矩推进。土仓内土压力值应略大于静水压力和地层土压力之和，在不同地质地段掘进时，根据需要添加泡沫剂、聚合物、膨润土等以改善渣土性能，也可在螺旋输送上安装止水保压装置，以使土仓内的压力稳定平衡。土压平衡模式示意图如图3-7所示。

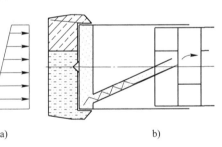

a)　　　　　　　　b)

图3-7　土压平衡模式示意图
a）土仓压力分布　b）Ⅰ、Ⅱ类围岩、
断层及其影响带、敏感建筑物

（2）半敞开模式　半敞开模式也称为局部气压模式。该掘进模式适用于具有一定自稳能力和地下水压力不太高的地层，或者施工断面上大部分围岩稳定，仅局部出现失压崩溃的地层和破碎带地层，其防止地下水渗入的效果主要取决于压缩空气的压力，在上软下硬地层施工时多用此模式。这种模式应增大推进速度以求得快速通过，土仓的下部充满2/3左右的渣土，向开挖面和土仓中注入压缩空气和适量的添加材料（膨润土、泥浆或添加剂），使土仓内渣土的密水性增加，同时也使添加材料在压力作用下渗进开挖面地层，在开挖面上产生一层致密的泥膜。通过气压和泥膜阻止开挖面涌水和坍塌，再控制螺旋输送机低速转动以保证在螺旋机中形成土塞。半敞开模式示意图如图 3-8 所示。

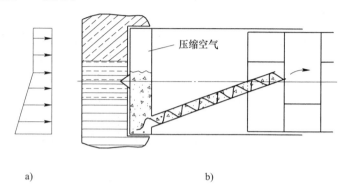

压缩空气

a)   b)

图 3-8　半敞开模式示意图

a）土仓压力分布　b）部分Ⅲ类围岩，重要建筑物

（3）敞开模式　当开挖面的土体的自稳性良好、地下水少时，可以采用敞开模式掘进，不用调节土仓压力。刀具切削下来的渣土进入土仓内即刻被螺旋输送机排出，土仓内仅有极少量的渣土，土仓基本处于清空状态，掘进中刀盘和螺旋输送机所受反扭矩较小。采用敞开模式掘进时，以滚刀破岩为主，采用高转速、低扭矩和适宜的螺旋输送机转速推进。同步注浆时，浆液可能渗流到盾壳与周围岩体间的空隙甚至刀盘处，为避免此现象发生，可采取适当增大浆液黏度、调整注浆压力、缩短浆液凝结时间、管片背后补充注浆等办法解决。敞开模式示意图如图 3-9 所示。

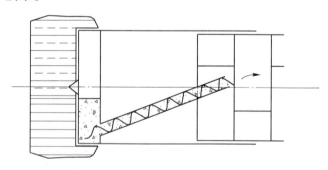

图 3-9　敞开模式示意图

3. 掘进模式的转换

（1）敞开模式与半敞开模式的相互转换　敞开模式向半敞开模式转换主要要确保土仓内能够保住气压，确保压缩空气不会通过渣土沿着螺旋输送机逃逸。土仓内的渣土高度应高出螺旋输送机进料口的上部 2~3m，即渣土高度应略低于

人舱密闭门的底部。掘进中需要不断地向土仓内补充压缩空气，以稳定土仓压力。

半敞开模式向敞开模式转换主要是要尽快地降低土仓内的压力，同时降低土仓内的渣土高度。因此，要加大螺旋输送机的转速，并将螺旋输送机出料口的开启度加大，以利于渣土的排出。即使是在敞开模式下掘进，也应在土仓内保留一些渣土，否则螺旋输送机的出渣效率极低，通常应保持土仓内的渣土高出螺旋输送机进料口约 1m 的高度。

（2）敞开模式与土压平衡模式的相互转换　敞开掘进模式向土压掘进模式转换的过程主要是要尽快建立所需的土压。一般先停止螺旋输送机出渣，使掘进切削下来的渣土尽快填充敞开模式掘进时土仓内的空间，并使土仓内的渣土受到挤压而形成土压支撑工作面，以保持工作面及地层的稳定。当土仓内的土压达到掘进设计土压值后，再开启螺旋输送机进行排土出渣，并使出渣速度与土压掘进模式的掘进速度所切削下来的渣土量相平衡，以保持土压的稳定。

土压平衡掘进模式向敞开掘进模式转换的关键是尽快降低土仓内的土压力，主要技术措施为加大螺旋输送机的转速，以加大出渣速度而降低土仓内的压力，同时有利于掘进切削下来的渣土能顺利地进入土仓。

（3）半敞开模式与土压平衡模式的相互转换　半敞开模式向土压平衡掘进模式转换的主要目的是防止地下水渗入土仓。在地层不稳定时，要提供足够的平衡压力，必须将土仓内压缩空气所占的空间用渣土替换。转换过程中，减小螺旋输送机的出渣速度，用增加的渣土来加大土仓内的压力，使土仓内的空气以逃逸的方式进入地层，从而建立土压平衡掘进模式。模式转换中如果发生喷涌现象，必须注意控制出料口的开启度，同时协调好螺旋输送机的转速，必要时可以停止螺旋输送机的转动。

土压平衡模式向半敞开模式转换主要是将压缩空气置换出土仓上部的渣土，一般是缓慢加大螺旋输送机的转速以加大出渣速度，从而降低土仓内渣土的高度。同时，向土仓内注入压缩空气，以使土仓内的最小压力不低于设计值，在空气与渣土的置换过程中，出渣速度要与掘进速度所切削下来的渣土量和注入压缩空气的量之和相匹配。

4. 不同掘进模式的掘进参数选择

根据不同地段的工程水文地质情况，确定掘进推力（$P_{推}$）、掘进扭矩（T）、刀盘转速（R）以及由此控制的掘进速度（V），确定满足掘进速度下的螺旋输送机的转速（r）、注浆速度（q）和注浆压力（$P_{注}$）等掘进参数。在施工期间，对掘进参数进行动态管理，结合地面监测反馈信息及时进行分析总结，再对掘进参数进行优化。

（1）稳定地层的盾构掘进参数　在稳定地层中盾构掘进可采用敞开模式掘

进。为控制因地下水的流失造成较大的地表沉降，有时要建立局部气压，这时则采用半敞开式模式掘进。

1）主要掘进参数的选择。推力的大小决定刀具的贯入度，推力越大，刀具的贯入度越大，刀刃间破裂的岩块就大。刀具的贯入度不宜大于 15mm，推力 800~1200tf（1tf = 9.806×10³N）。

对于脆性岩石（如花岗岩、砾质砂岩、大理石等）高转速破岩更为有利，刀盘转速一般为 3~5r/min，而对于韧性岩石（如页岩、粉质砂岩等）刀盘转速不宜太高，刀盘转速一般为 2~3r/min。在中等风化岩、微风化岩地层施工中，采用的刀盘转速为 1.8~2.6r/min，扭矩为 300~400tf·m 左右，掘进速度可达到 20~30mm/min。

在工作面能够自稳，但节理裂隙发育而地下水不丰富的不均质岩层中掘进，一般采用较低的转速和较大的贯入度。在泥质、粉质砂岩中，若节理裂隙较发育，掘进时刀盘转速宜控制在 1.0~1.5r/min，推力可达到 800~1000tf，掘进扭矩可维持在 400tf·m 左右，掘进速度可达到 30~40mm/min。

在节理裂隙发育的岩层中掘进，如果地下水比较丰富，此时应采用半敞开模式掘进或土压模式掘进。半敞开模式的掘进参数中，土仓内压力依据地下水压而确定。在隧道上覆岩土层厚度大于 9m、地下水位位于地表以下 1.0~2.0m 时，上部压力一般为 120~150kPa，推力调整为 1000~1300tf，其他掘进参数如扭矩、刀盘转速、排渣速度、注浆压力与此类地层中敞开式掘进一样。

2）螺旋输送机的转速。在敞开模式掘进中，螺旋输送机的转速的调节是依据掘进速度和土仓内压力传感器显示的压力进行调整的。

在半敞开模式掘进中，螺旋输送机的转速的调节也是依据掘进速度和土仓内压力传感器显示的压力进行调整的，主要是要达到与掘进速度相匹配的出渣速度，同时要保证螺旋输送机出料口处不发生喷涌现象。

3）同步注浆参数。同步注浆的主要作用是尽早充填管片与围岩间的间隙，确保管片环获得早期稳定，改善管片环的受力条件，防止管片局部破损，有利于盾构掘进方向的控制。在稳定岩层中，盾构施工同步注浆的注浆压力控制在 2.0~2.5kg/cm²。为了保证注浆的连续性，每环掘进前期的注浆压力宜稍低一点，后期注浆压力再提高到设计压力值。同步注浆的速度 q（L/min）应与盾构掘进速度相匹配。如若盾构开挖直径为 6.3m，管片环的外径为 6.0m，在稳定地层的每延米环形间隙注浆量为 3.5m³/m，由此可根据盾构掘进速度确定同步注浆的速度。

（2）不稳定地层的盾构掘进参数

1）主要掘进参数。在不稳定地层中掘进，必须采用土压平衡模式。该模式的掘进参数关键是土仓内土压力值的确定。掘进推力的确定主要取决于破岩方式以及为稳定地层所需的土压力。

不稳定地层掘进的扭矩约为 $320 \sim 412t \cdot m$，刀盘的转速为 $1.6 \sim 2.2r/min$，在实际施工过程中需要进行不断调整。在不稳定地层中盾构掘进的扭矩与转速的关系和在稳定地层中掘进一样，只能通过不断地调整刀盘转速达到使驱动扭矩满足掘进要求。

2）渣土改良。渣土管理是土压平衡掘进模式的关键管理要素。在掘进过程中，必须经常检查掘进速度与螺旋输送机出渣速度是否匹配。在土压平衡模式掘进中，渣土的性状（流动性和止水性）对盾构掘进影响很大，掘进中必须使用泡沫剂进行渣土改良，防止刀盘前方和土仓内形成泥饼。泡沫剂注入后渣土改良效果图如图 3-10 所示。每米掘进的泡沫剂平均消耗量约为 $24L/m$。其中，在中等风化岩、微风化岩地层掘进时泡沫剂的消耗量稍低，约为 $18L/m$；在残积土硬塑层、全风化岩、强风化岩地层的泡沫消耗量约为 $28L/m$。

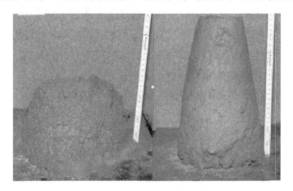

图 3-10　泡沫剂注入后渣土改良效果图

渣土稠度小于 8cm 时会形成泥饼。渣土稠度控制在 $12 \sim 20cm$ 时出渣效率较高，渣土稠度大于 25cm 时容易产生喷涌现象。

3）同步注浆。在不稳定地层中的掘进施工，壁后注浆的质量对盾构隧道的影响较大。施工中采用非惰性浆液同步注浆技术，浆液为水泥砂浆，并掺加了粉煤灰和稳定剂等材料。浆液初凝时间在 $4 \sim 8h$ 内可调，终凝强度大于 5MPa。为了防止过大的注浆压力造成管片局部错台和损坏，非惰性水泥系砂浆的同步注浆压力不宜大于 $5kg/cm^2$，注浆压力一般控制在 $2 \sim 3kg/cm^2$。在管片安装过程中，为保持注浆管路的畅通，可以适当地提高注浆压力，但注浆压力不得超过 $4kg/cm^2$，由此可以保证注浆量不低于理论量的 1.3 倍。施工经验证明，采用上述参数进行非惰性浆液同步注浆对抑制地层下沉有明显效果。

（3）软硬交错（互层）地层的盾构掘进参数　在软硬互层地层中施工掘进参数变化较大，必须控制转速、适时地调整掘进推力。为了防止刀盘振动和刀具受力的波动过大，一般宜采用较低的转速（1.0r/min 左右），且贯入度不宜超过 5mm。

5. 方向的控制与调整

（1）采用隧道自动导向系统和人工测量辅助进行盾构姿态监测　该系统配置了导向、自动定位、掘进程序软件和显示器等，能够适时显示盾构机当前位置与隧道设计轴线的偏差以及趋势。随着盾构推进，导向系统的测量仪器及后视基准点需要前移，必须通过人工测量来进行精确定位。为保证推进方向的准确可靠，每周进行两次人工测量，以校核自动导向系统的测量数据，并复核盾构机的位置、姿态，确保盾构掘进方向的正确。

（2）采用分区调整盾构推进油缸推力来控制盾构掘进方向　根据线路条件所做的分段轴线拟合控制计划、导向系统反映的盾构姿态信息，结合隧道地层情况，通过分区操作盾构机的推进油缸来控制掘进方向。但每环掘进时对盾构竖直和水平方向姿态的调整量不得超过6mm，以避免管片受力不均匀而产生错台。

在上坡段掘进时，适当加大盾构机下部油缸的推力；在下坡段掘进时，则适当加大上部油缸的推力；在左转弯曲线段掘进时，则适当加大右侧油缸推力；在右转弯曲线掘进时，则适当加大左侧油缸的推力；在直线平坡段掘进时，则应尽量使所有油缸的推力保持一致。

在均匀的地质条件时，保持所有油缸推力一致；在软硬不均的地层中掘进时，应根据不同地层在断面的具体分布情况，遵循硬地层一侧推进油缸的推力适当加大，软地层一侧油缸的推力适当减小的原则来操作。

6. 复合型土压平衡盾构法特点

1）具有切削软土、硬土、砂砾、岩石等不同强度的岩土功能。

2）根据土压变化调整出土和盾构推进速度，以达到工作面的稳定，减少地表变形。

3）对掘进土量和排土量能形成自动控制管理，机械自动化程度高、施工进度快。

4）施工安全性好，可在大深度、高水压下掘进工作。

5）在密闭舱中部装备有搅拌棒，力求土砂流动，以及为防止黏性较强的黏土形成"泥饼"，大大提高了盾构在复杂土层施工中的出土效率。

7. 适用范围

复合型土压平衡盾构不仅可用于软土、砂砾、软岩等不同地层，还能适应多种环境和地层的要求，可在强度差别较大的土质和断面土层不均匀等复杂地层，以及高黏度砾质黏土、风化岩等常规土压平衡式盾构无法适应的地层中使用。

3.5.3　泥水加压平衡盾构法的基本原理及特点

1. 泥水加压平衡盾构基本原理

泥水加压平衡盾构（Slurry Pressure Balance Shield），简称SPB盾构。泥水加压平衡盾构是在机械式盾构的前部设置隔板，与刀盘之间形成泥水仓。开挖面的稳定是将泥浆送入泥水仓内，在开挖面上用泥浆形成不透水的泥膜，通过该泥膜的张力保持水压力，以平衡作用于开挖面的土压力和水压力。开挖的土砂以泥浆形式输送到地面，通过泥水处理设备进行分离，分离后的泥水进行质量调整，再输送到开挖面，如此不断循环，完成掘削、排土、推进工作过程。因为是泥水压力使掘削面稳定平衡，故得名泥水加压平衡盾构，简称泥水盾构（图 3-11）。

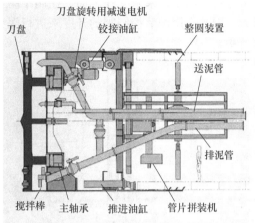

图 3-11　泥水加压平衡盾构

2. 泥水加压平衡盾构泥浆压力控制方式

根据泥水仓构造形式和对泥浆压力的控制方式的不同，泥水加压平衡盾构分为直接控制型和间接控制型两种体系。

（1）直接控制型泥水加压平衡盾构　泥水加压平衡盾构法概念图如图 3-12 所示。泥水系统流程为：进浆泵从地面泥浆池将新鲜泥浆输入盾构泥水仓，与开挖泥土进行混合，形成稠泥浆，然后由排浆泵输送到地面泥水分离处理站，经分

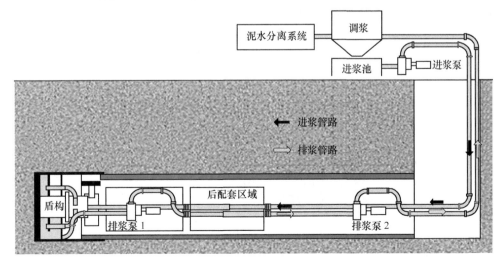

图 3-12　泥水加压平衡盾构法概念图

离后排除土渣，而稀泥浆流向调浆池，再对泥浆密度和浓度进行调整后，重新输入盾构循环使用。泥水仓中的泥浆压力可通过调节进浆泵转速或调节控制阀的开度来进行。由于进浆泵安在地面，控制距离长而产生延迟效应，不便于控制泥浆压力，因此常用调节控制阀的开度来进行泥浆压力调节。日本采用直接控制型泥水盾构。

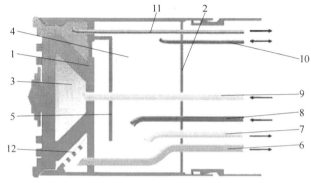

图 3-13　直接控制型泥水加压平衡盾构

1—分隔挡板　2—压力挡板　3—泥水仓　4—压力腔　5—连通管　6—排泥管　7—排浆管

8—输浆管　9—进浆管　10—气管　11—气管　12—格栅

（2）间接控制型　间接控制型泥水加压平衡盾构由泥浆和空气双重回路组成，也称为 D 模式或气压复合模式。如图 3-14 所示，在盾构泥水室内，装有一道半隔板，将泥水室分隔成两部分，在半隔板的前面充满压力泥浆，半隔板后面在盾构轴线以上部分加入压缩空气，形成气压缓冲层，气压作用在隔板后面的泥浆接触面上。由于在接触面上的气、液具有相同的压力，因此只要调节空气压

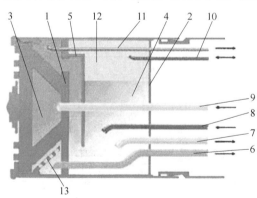

图 3-14　间接控制型泥水盾构

1—分隔挡板　2—压力挡板　3—泥水仓　4—压力腔　5— 连通管　6—排泥管　7—排浆管

8—输浆管　9—进浆管　10—气管　11—气管　12—压缩气垫　13—格栅

力，就可以确定开挖面上相应的支护压力。当盾构掘进时，由于泥浆的流失或盾构推进速度变化，进出泥浆量将会失去平衡，空气和泥浆接触面位置就会出现上下波动现象。可以根据液位传感器显示的液位的变化控制供泥泵的转速，使液位恢复到设定位置，以保持开挖面支护压力的稳定。当液位达到最高极限位置时，进浆泵可自动停止，当液位到达最低极限位置时，排浆泵可自动停止。由于空气缓冲层的弹性作用，当液位波动时，对支护泥浆压力变化无明显影响。德国采用间接控制型泥水盾构。

1）非均匀不稳定地层掘进。对不稳定的砂砾地层或混合地层，盾构以间接控制型模式掘进。如图 3-14 所示，在这种模式下，泥水仓内完全充满了悬浮液，而压力腔（4）则位于分隔挡板（1）后面，悬浮液由压缩气垫（12）和压力挡板（2）支撑。气压通过一个空气调节设备（10+11）自动控制，防止隧道掌子面发生浆液喷爆和渣土进仓。泥水仓（3）和分隔挡板后面调压腔内悬浮液之间的压力调节通过连通管（5）进行。进浆管（9）把新鲜悬浮液输送到泥水仓。而排泥管（6）则把格栅（13）后面泥水仓内的悬浮液输送出去。通过调压腔内的输浆管（8）和排浆管（7）连续冲刷连通管下方，以避免泥水渣土沉积。

2）稳定地层掘进。在稳定的地质状况中，如硬岩或密实的黏性地层中，盾构机以直接控制泥水模式工作，无须使用压缩空气支撑。把压缩空气供气管和排气管封闭住，并通过泥水仓把调压腔内的排气管、供气管和连通管中的空气排出去，这时，间接控制型盾构模式就转换为直接控制型泥水盾构模式。该转换工作同样可以在地下进行。转换之后，调压腔就仅处于常压下，因为连通管已被封闭。这时，对隧道掌子面的支撑就仅由泵入泵出循环管路的膨润土悬浮液来承担。

（3）两种控制模式性能比较　间接控制型与直接控制型泥水压力波动比较如图 3-15 所示。直接控制模式，是由泥浆液体直接支护开挖面并提供维持平衡压力的盾构；间接控制模式，是通过支护液体的压力插入空气缓冲层加以控制，即通过空气缓冲层的压力控制，间接控制开挖面的压力的盾构。

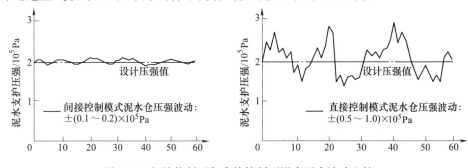

图 3-15　间接控制型与直接控制型泥水压力波动比较

间接控制型泥水盾构与直接控制型泥水盾构相比,操作控制更为简化,泥水压力的波动小,对开挖面土层支护更为稳定,对地表变形控制也更为有利。

3. 泥水盾构开挖面稳定机理

泥水盾构通过向密封的泥水仓内输送加压的泥水来获得开挖面的稳定,对于不透水性的黏土,泥浆压力适当大于围岩主动土压力,就可以保证隧道开挖面的稳定;对于透水性大的砂性土,泥浆会渗入到土层内一定深度,并在很短时间内,在土层表面形成不透水的泥膜,使泥浆压力在开挖面上产生与作业面上的土压、水压相抗衡的泥水压,以保持作业面的稳定。当泥水仓内的泥水压力大于地层压力和水压力时,地表将会隆起;当泥水仓内的泥水压力小于地层压力和水压力时,地表将会下沉。因此,泥水仓内的泥水压力应与地层土压力和水压力平衡。

(1)泥水压力与水压力及土压力平衡(图3-16)

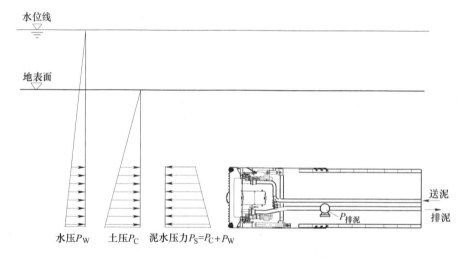

图3-16 泥水压力与水压力及土压力平衡

(2)泥水压力小于水压力及土压力之和(图3-17)

(3)泥水压力大于水压力及土压力之和(图3-18)

4. 泥水加压平衡盾构的基本配置

泥水加压平衡盾构主要由五大系统构成:

1)一边利用刀盘挖掘整个开挖面,一边推进的盾构掘进系统。

2)可调整泥浆物性并将其送至开挖面,保持开挖面稳定的泥水循环系统。

3)综合管理送、排泥状态、泥水压力及泥水处理设备运转状况的综合管理系统。

4)泥水分离处理系统。

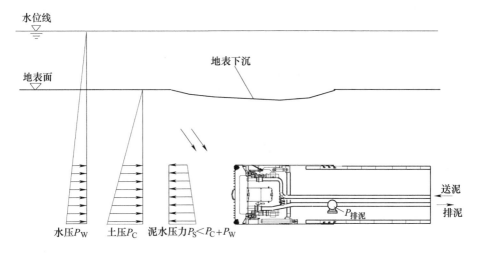

图 3-17　泥水压力小于水压力及土压力之和

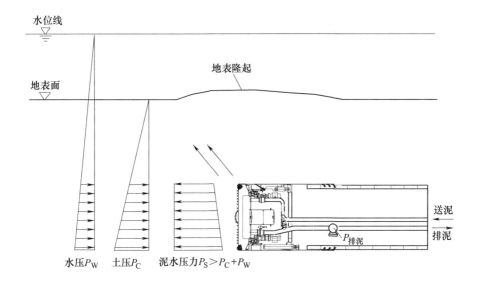

图 3-18　泥水压力大于水压力与土压力之和

5）壁后同步注浆系统。

（1）泥水系统作用与要求

1）泥水系统的作用。泥水系统的作用是及时向开挖面的泥水仓提供盾构掘进需求的泥浆（用优质膨润土配制的泥浆的比重、黏度等技术指标必须满足在开挖面形成泥膜和稳定开挖面的要求）；及时把切削下来的土砂形成的泥浆输送到地面进行分离和处理，再将回收的泥浆调整利用。

2）不同地层的泥膜形成机理。在泥水平衡理论中，泥膜的形成是至关重要的，当泥水压力大于地下水压力时，泥水渗入土壤，形成与土壤间隙成一定比例的悬浮颗粒，被捕获并集聚于泥水的接触表面，泥膜就此形成。随着时间的推移，泥膜的厚度不断增加，渗透抵抗力逐渐增强。当泥膜抵抗力远大于正面土压时，产生泥水平衡效果。图 3-19 所示是泥膜的三种类型及其机理图。

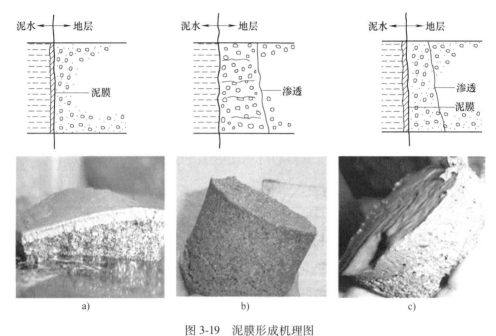

图 3-19　泥膜形成机理图

a）类型 1：泥皮型泥膜　b）类型 2：没有形成泥膜　c）类型 3：泥皮+渗透带型泥膜

类型 1：几乎不让泥水渗透，仅形成泥膜。

类型 2：地层土的间隙较大，仅让泥水渗透过去，没有形成泥膜。

类型 3：上述两种类型的中间状态，边让泥水渗透，边形成泥膜。

在盾构掘进中，盾构刀具不断地切削开挖面土体的过程，也是泥膜不断地被破坏和再建立的循环过程。不同的地质情况下泥浆配置不同，泥膜形成时间也各不相同。土层与泥浆要匹配良好，否则泥膜不会形成或效果很差，无法正常掘进。土层与泥浆的匹配如图 3-20 所示。

3）泥水配比设计。泥水主要由膨润土、CMS（缩甲基淀粉）、纯碱（碳酸钠）和水组成。膨润土的作用是提高泥水黏度、比例、悬浮性、触变性。CMS的作用是降低失水率、增加黏度。纯碱调节 pH 值、分散泥水颗粒。

4）泥水的技术指标。泥水比例：为使开挖面稳定，须将开挖面的变形控制在最低限度以内，希望泥水比例要相当高。但比例高的泥水使得进浆泵处于超负

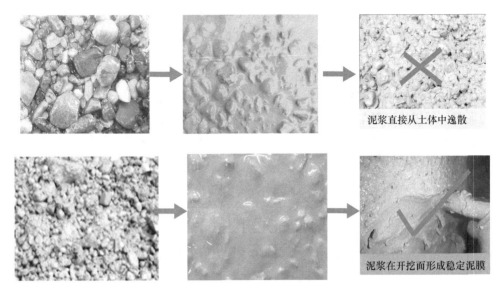

泥浆直接从土体中逸散

泥浆在开挖面形成稳定泥膜

图 3-20 土层与泥浆的匹配

荷状态，并将导致泥水处理的困难；而比例低的泥水虽具有减低泵的负荷等优点，但使逸泥量的增加、推迟泥膜的形成。一般适宜的泥水比例为 1.05~1.3。

泥水的黏度：可通过将泥水从漏斗容器流出的时间来判定泥水的黏性（在清水中 500ml 漏斗黏性是 19s），通常是采用 25~40s/500ml 左右值的泥水。

（2）泥水系统的组成　泥水加压平衡盾构的泥水系统由四大部分组成：造浆分系统、泥水输送分系统、泥水处理分系统、泥水监控分系统。

1）造浆分系统包括泥水拌制分系统和浆液调整分系统。盾构在掘进过程中，需要进行新旧泥浆交替补充到盾构开挖面，形成一定厚度的泥膜便于刀盘切削。当旧浆液浆量不足，需要及时补充新鲜浆液，造浆系统根据浆液的黏度、比重等技术指标进行调整，以便及时向盾构泥水仓补充浆液，使开挖面快速形成泥膜，便于开挖面稳定和盾构掘进顺利。拌制泥浆的主要材料是膨润土、CMS 等。

① 泥水拌制分系统：泥水拌制分系统由新浆槽、新浆泵、新浆搅拌器、新浆贮备槽、CMS 搅拌槽、CMS 搅拌器、CMS 泵、分配阀和加水设备组成。CMS 搅拌槽贮存化学浆糊，新浆槽贮存膨润土等材料，将搅拌后的 CMS 化学浆糊送入新浆槽进行混合搅拌制成新鲜浆液。

② 浆液调整分系统：浆液调整分系统具有新旧浆液搅拌调整功能，同时也起到贮存浆液的作用。回收的浆液经过盾构反复应用后，浆液的比重、黏度指标会不断发生变化，需要再次把切削土砂形成的混合泥浆通过新浆分系统分配的新浆重新进行浆液技术指标的调整。

浆液调整系统由调整槽、剩余槽、调整槽搅拌器、剩余槽搅拌器、调整泵、剩余泵、密度泵、送浆泵和加水设备等组成，调整槽对新旧浆液进行调整、剩余槽贮存新旧浆液，分别由搅拌器进行搅拌，由密度泵进行密度检测，而后由送浆泵将调整好的浆液送往盾构泥水仓。

2）泥水输送分系统如图 3-21 所示，泥水输送分系统将调整槽中的浆液通过送泥泵与送泥管输送至盾构泥水仓。刀盘切削下来的土砂和泥水仓中的泥水合成的泥浆，通过排泥泵与排泥管送往地面的泥水处理分系统进行分离。泥水输送分系统主要由送、排泥泵，阀，送、排泥管道及配套部件等组成，通过泥水监控分系统进行自动化操作。

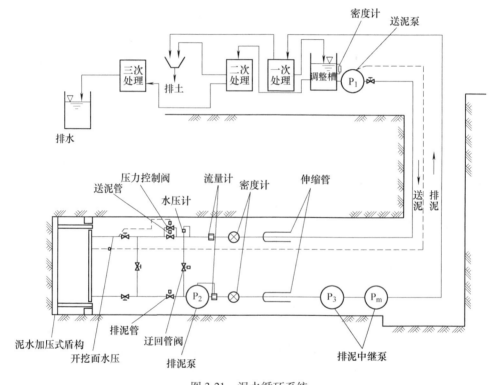

图 3-21　泥水循环系统

3）泥水处理分系统的功能是通过对排放的泥水做一系列的处理、调整，使之符合再利用标准及废弃物排放标准。该处理调整过程称为泥水处理。在排放的含有掘削土砂的泥水中，将混有砾石、砂、黏土、淤泥的结块等粒径较大的粗粒成分，大直径砾石和砂进行机械筛分，小颗粒粉砂土、黏土胶体用凝集剂使其形成团粒后，采取强制脱水等措施，具体又细分为一次处理、二次处理、三次处理。

① 一次处理：即携带掘削土砂的排泥中的砾、砂、淤泥及黏土结块等粒径

大于 74μm 的粗颗粒，从泥水中分离出去，并用运土车运走。

　　② 二次处理：使一次处理后的多余的泥水进一步进行土（细粒成分）、水分离（凝集脱水）。原则上 74μm 以下的小颗粒土砂（粉砂土、黏土、胶体），呈电化学结合。由于进行机械性分离困难，并且粒子小、沉降速度慢，所以自然沉淀需要很长时间，而且要有大规模的沉淀池。目前多数采用的方式是添加凝集剂，使其形成团粒（絮凝），成为便于处理的大颗粒后再强制脱水，处理成可以搬运的状态，然后运出。

　　③ 三次处理：把二次处理后产生的水和坑内排水等 pH 值高的水处理成达到排放标准的水，然后排放。如图 3-22 所示为现场泥水分离处理。

　　4）泥水系统的运行和操纵由泥水监控分系统来实现。泥水监控分系统由 PLC（可编程逻辑控制器）程序实现。通过泥水监控分系统的运用，随时为盾构施工提供可靠的信息和采集泥水系统的技术数据。泥水监控分系统以旁通模式、掘进模式、反循环模式、隔离模式和长时间停机模式控制五种不同的状态进行监控。

5. 泥水盾构地质适应范围

　　泥水加压盾构最初是在冲积黏土和洪积砂土交错出现的特殊地层中使用，由于泥水对开挖面的作用明显，因此在软弱的淤泥质土层、松动的砂土层、砂砾层、卵石层、砂砾和坚硬土的互层等地层中均适用。

图 3-22　现场泥水分离处理

　　目前泥水加压盾构法对地层的适用范围不断扩大，即使处于恶化的施工环境和存在地下水等的不良条件下，由于有相应的处理方法，因而几乎能适应所有的地层。

　　（1）黏性土层　黏土矿物经相互间电化学结合而形成的黏性土层，近似变质了的琼胶块状体，由泥水比例和加压带来的力容易形成对开挖面的稳定，不论黏性土层的软弱状态如何，都适合于用泥水加压平衡盾构施工。泥水盾构也适用于粉砂土地层施工。

（2）砂层　不含水的砂层由于漏浆，不能保持对开挖面的加压和稳定。通常，在含有某一数量的粉砂土、黏土的冲积层中，都有一定的含水量，全部都是细砂的地层是少见的，干燥的松弛砂也很少有，由于砂层内摩擦角多为28°左右，所以大部分可用泥水加压来保持开挖面的稳定。松弛的含水量多的砂层，在其他盾构法中很难保持土层稳定，可采用泥水加压平衡盾构并提高其泥水的比例、黏度和压力。

（3）砾石层　对于水分多、不含有作为黏合剂的粉砂土及黏土等的砾石层和有大直径的砾石层，可采用泥水加压平衡盾构施工，并在泥水仓内安装砾石破碎装置。

（4）贝壳层　贝壳层很难称为一种土层，但含有水存在于土体中的贝壳很多，同上述砾石层一样更加坚硬，开挖面很难稳定，但使用泥水加压平衡盾构并用刀盘挖土就可以解决上述问题。

泥水加压平衡盾构能适用于各类地质的土层，对开挖面难以稳定的土质特别有效，还能克服地面条件和其他地下条件所造成的种种困难，譬如上部是河或海等有水体的地方，有道路、建筑物的地方，适合于要减少沉降的地方等。在这些场所采用泥水加压平衡盾构，无论在工法上还是经济上都是有效的。

6. 泥水加压平衡盾构施工的特点

1）在易发生流砂的地层中能稳定开挖面，可在正常大气压下施工作业。

2）泥水传递速度快而且均匀，开挖面平衡土压力的控制精度高，对开挖面周边土体的干扰少，地面沉降量控制精度高。

3）盾构出土，减少了运输车辆，进度快。

4）刀盘、刀具磨损小，适合长距离施工。

5）刀盘所受扭矩小，更适合大直径隧道施工。

6）适用于软弱的淤泥质黏土层、松散的砂土层、砂砾层、卵石层和硬土的互层等地层。特别适用于地层含水量大、上方有水体的越江隧道和海底隧道。

3.6　盾构法的发展与应用

从19世纪末到20世纪中叶，盾构法相继传入美国、法国、德国、日本等，并有不同程度的发展。1892年，美国最先开发了封闭式盾构；同年法国使用混凝土管片在巴黎建造了下水道隧道；1896年—1899年，德国使用钢管片建造了柏林隧道；1913年，德国建造了断面为马蹄形的易北河隧道；1917年，日本采用盾构法建造铁路羽越本线，后因地质条件差而停止使用；1931 年，苏联用英制盾构建造了莫斯科地铁隧道，施工中使用了化学注浆和冻结工法；1939 年，日本采用手掘圆形盾构建造了 $\phi 7m$ 的关门隧道；1948 年，苏联建造了列宁格勒地铁隧道；1954 年，中国阜新建造 $\phi 2.6m$ 的圆形盾构疏水隧道；1957 年，中国在北京建造了 $\phi 2m$、$\phi 2.6m$ 的盾构下水道隧道；1957 年，日本采用封闭式盾构建造东京地铁隧道。在这五六十年的时间里，盾构法有了一定进步，并且在世界各国得以推广普及。

20 世纪 60 至 80 年代，盾构法继续发展完善，成绩显著。1960 年，英国伦敦开始使用滚筒式挖掘机；同年美国纽约最先使用油压千斤顶盾构；1964 年，日本埼玉隧道中最先使用泥水盾构；1969 年，日本在东京首次实施泥水加压盾构施工；1972 年，日本开发土压盾构成功；1975 年，日本推出泥土加压盾构成功；1978 年，日本开发高浓度泥水盾构成功；1981 年，日本开发气泡盾构成功；1982 年，日本开发 ECL 法成功；1988 年，日本开发泥水式双圆搭接盾构法成功；1989 年，日本开发 HV 工法、注浆盾构法成功。总之这一时期的特点是开发了多种新型盾构法，以泥水式、土压式盾构法为主。

1990 年至今，盾构法的技术进步极为显著，以大直径、大推力、大扭矩、高智能化、多样化为特色，归纳起来有以下几个特点：

1）盾构隧道长距离化、大直径化。首先是英法两国共同建造的英吉利海峡隧道（长 48km）采用 $\phi 8.8m$ 的土压盾构法，于 1993 年竣工；日本东京湾隧道（长 15.1km）采用泥水盾构（$\phi 14.14m$），于 1996 年竣工；丹麦斯多贝尔特海峡隧道（长 7.9km）采用 $\phi 8.5m$ 土压盾构法，于 1996 年竣工；德国易北河第 4 条隧道采用复合盾构（$\phi 14.2m$）于 2003 年竣工；荷兰格雷恩哈特隧道（$\phi 14.87m$、泥水式），于 2004 年竣工；第 2 条英吉利海峡隧道（$\phi 15m$、土压平衡盾构），于 2008 年竣工；意大利 Sparvo 隧道（$\phi 15.55m$、土压平衡盾构），于 2011 年开工；美国西雅图 SR99 项目（$\phi 17.45m$、土压平衡盾构），于 2013 开工；我国香港屯门—赤鱲角海底公路隧道（$\phi 17.6m$、泥水盾构），于 2015 年开工。

2）盾构多样化。在断面形状方面，出现了矩形、马蹄形、椭圆形、多圆搭接形（双圆搭接、三圆搭接）等多种异圆断面盾构；在功能上，出现了球体盾构、母子盾构、扩径盾构、变径盾构、分岔盾构、途中更换刀具（无须竖井）盾构、障碍物直接切除盾构等特种盾构；在盾构机的掘削方式上，出现了摇动、摆动掘削方式的盾构，打破了以往的传统的旋转掘削方式。

3）施工自动化。施工设备出现了管片供给、运送、组装自动化装置；盾构机掘进中的方向、姿态自动控制系统；施工信息化、自动化的管理系统及施工故障自诊断系统。

详细的国内外盾构法的发展与应用见表3-1。

表3-1 国内外盾构法的发展与应用

年代	国家及地区	盾构及辅助工法
1804	英国伦敦	L. Torevix 泰晤士河隧道准备停止
1818	英国伦敦	M. I. Brunel 提出盾构获得专利
1825	英国伦敦	M. I. Brunel 在泰晤士河底隧道中最先使用盾构（第二年因塌方工程中止）
1830	英国	T. L. Cochrane 发明气压支撑获得专利
1836	英国	在泰晤士河隧道中使用新型盾构再次开工
1843	英国伦敦	泰晤士河隧道工程竣工
1865	英国	铸铁管片
1869	英国伦敦	J. H. Greathead 最先在泰晤士河地铁隧道中使用铸铁管片气压和圆形盾构
1879	英国伦敦	J. Thomson 提出使用机械盾构
1887	英国伦敦	南伦敦铁道隧道
1891	美国巴尔的摩	使用矩形盾构
1892	美国巴尔的摩	最先使用封闭式盾构
1892	法国巴黎	混凝土管片
1896	美国	使用木制管片
1896	法国巴黎	使用矩形盾构（下水道隧道）
1896	英国伦敦	J. Price 设计接近现在盾构的机械盾构
1897	英国	首次使用铸铁管片，同时混凝土作衬
1896—1899	德国柏林	钢板管片
1909—1910	德国易北河	使用钢管片
1913	德国易北河	使用马蹄形盾构
1914	美国克利夫兰	使用钢筋混凝土管片成功
1915	英国	使用气压工法
1917	日本	铁路羽越本线折渡隧道中使用盾构法（由于地质条件差，施工技术不足中途中止使用）
1926	日本	丹那铁路水隧道中使用盾构法（由于地下水压高，硬岩中途放弃）
1931	苏联莫斯科	莫斯科地下铁工程中首次使用英制和苏制盾构施工，由于渗水采用了化学注浆、冻结法，在第五次工程中使用莫斯科盾构
1939	日本	铁路关门隧道中使用直径 7m 的手握式圆盾构
1948	苏联列宁格勒	地铁中使用机械盾构，同时开发列宁格勒到基辅的机械盾构
1953	日本	在关门道路隧道中采用半圆盾构

（续）

年代	国家及地区	盾构及辅助工法
1954	中国阜新	ϕ2.6m 圆形疏水道
1957	中国北京	ϕ2m、ϕ2.6m 下水道
1957	日本东京	地铁 4 号线永田工区采用半圆盾构
1960	英国伦敦	使用滚筒式掘削机
1960	美国纽约	Beach 首次使用油压千斤顶盾构
1960	日本名古屋	日本首次在地铁隧道中使用圆形断面盾构
1961	法国	提出水压封闭式盾构（与泥水加压盾构原理相同）
1962	日本东京	东京下水道局石神川下干线中采用圆形断面盾构（下水隧道中首次采用盾构）
1963	中国上海	网格挤压式
1963	日本大阪	大阪市大淀送水管工程中使用机械盾构
1964	日本埼玉	日本最早使用泥水盾构（荒川左岸下水道工程，直径 3m）
1965	中国上海	打浦路过江隧道（网格式盾构）
1965	日本东京	地铁 9 号线中使用挤压盾构
1969	日本东京	最先使用泥水加压盾构，直径 7.3m
1972	日本	开发土压盾构
1974	日本	梁—弹簧模型管环荷载计算法提出
1974	日本	开发卵石泥水盾构
1975	日本	开发泥土加压盾构
1977	日本	开发使用局部气压盾构
1978	日本东京	开发使用高浓度泥水盾构
1981	日本	开发气泡盾构（工程实验）
1982	日本东京	现场掘削同时做衬工法
1984	中国芙蓉江	土压平衡盾构
1985	中国上海	延安东路过江隧道（泥水盾构）
1988	日本东京	京桥隧道工程中使用 MF 盾构
1988	法国多哈海峡	一台盾构连续掘进 20km
1989	日本	H. V 盾构法（双圆断面扭转分岔）成功
1990	日本名古屋	名古屋地铁 ϕ10.48m 土压盾构
1992	日本东京	自由断面盾构功能证实实验成功
1992	法国里昂	索恩河过河隧道中 ϕ10.96m 土压盾构掘进成功
1993	日本东京	NOMST 工法成功

（续）

年代	国家及地区	盾构及辅助工法
1994	日本神奈河	球体盾构掘进成功
1994	中国上海	延安东路过江隧道复线工程 ϕ11.22m 泥水平衡盾构
1994	日本大阪	地铁站三圆盾构法成功（中间走车，两侧下客）
1994	日本东京	矩形盾构在东京问世
1996	日本	东京湾盾构隧道（ϕ14.14m）竣工
1996	日本	直角分岔盾构法问世
1996	日本	东京地铁 7 号线 ϕ14.18m 母子泥水盾构开发成功
1996	日本	三圆搭接站盾构工法（中间站台，两侧走车）
1997	日本	竖井与横向隧道连续一体化施工法成功
1997	日本	掘削轮廓隧道构筑法的提出
1997	日本	PC.ECL 法开发成功
1997	日本	DPLEX 盾构法开发成功（多轴圆形摇动）
1997	日本	纵双圆搭接盾构法开发成功
1997	日本	扩径盾构开发成功
1998	日本	ϕ14.18m 超大盾构市区掘进成功
1999	日本	ϕ11.52m 土压盾构机问世
1999	日本	封套式盾构法（外防水套型盾构法、高水压法）
2000	日本	可变断面法
2001	日本	插入扩径盾构法
2001	日本	可以再利用双重构造盾构机的开发
2002	日本	内舱引拔利用型盾构机开发成功
2002	日本	电蚀法盾构机直接出井工法
2002	日本	包缠盾构法
2003	德国	易北河隧道建成（ϕ14.2m 复合盾构）
2003	日本	摆动式矩形盾构机
2003	日本	地中分离母子盾构法
2003	英国、法国	第二条英吉利海峡隧道（ϕ15m，土压式）开工
2003	日本	双模盾构机的开发及实用化（可敞开、可封闭双模盾构机）
2004	荷兰	格雷恩哈特隧道（ϕ14.87m，泥水式）竣工
2004	中国上海	上海隧道股份公司研制的 ϕ6.34m 土压平衡盾构，用于上海地铁 2 号线西延伸工程
2004	中国上海	上中路越江隧道采用 ϕ14.87m 泥水盾构施工

（续）

年代	国家及地区	盾构及辅助工法
2005	中国成都	成都地铁 1 号线开工，土压平衡盾构施工
2006	中国上海	上海翔安路隧道采用 ϕ11.58m 泥水盾构施工
2006	中国沈阳	沈阳地铁 1 号线开工，盾构法施工
2006	中国武汉	长江第一条公路隧道采用两台 ϕ11.38m 泥水盾构施工
2006	中国上海	上海长江口越江隧道采用大直径泥水盾构 ϕ15.43m 施工
2007	中国广州	广深港客运专线狮子洋隧道采用四台 ϕ11.18m 泥水盾构施工
2007	中国西安	西安地铁 2 号线一期工程开工
2007	中国杭州	杭州地铁 1 号线开工，采用盾构法施工
2007	中国苏州	苏州地铁 1 号线开工，采用盾构法施工
2008	中国天津	中铁隧道集团研制 ϕ6.39m 复合式土压平衡盾构，用于天津地铁工程
2008	中国北京	北京铁路地下直径线采用 ϕ11.97m 泥水盾构施工
2008	中国上海	长江西路隧道采用 ϕ15.43m 泥水盾构施工
2011	意大利	Sparvo 隧道采用 ϕ15.55m 土压平衡盾构施工
2013	美国	西雅图 SR99 项目采用 ϕ17.45m 土压平衡盾构施工
2010 年竣工	中国上海	外滩隧道采用 ϕ14.27m 土压平衡盾构施工
2010 年竣工	中国南京	纬七路过江隧道采用 ϕ14.93m 泥水盾构施工
2011 年竣工	中国上海	迎宾三路隧道采用 ϕ14.27m 土压平衡盾构施工
2013 年竣工	中国杭州	钱江隧道采用 ϕ15.43m 泥水盾构施工
2015 年竣工	中国南京	纬三路过江隧道采用 ϕ14.93m 泥水盾构施工
2015 年竣工	中国扬州	瘦西湖隧道采用 ϕ14.93m 泥水盾构施工
2014 年开工	中国上海	虹梅南路隧道采用 ϕ14.93m 泥水盾构施工
2015 年开工	中国呼和浩特	呼和浩特地铁 1 号线、2 号线开工，采用盾构法施工
2015 年开工	中国香港	屯门—赤鱲角海底公路隧道采用 ϕ17.6m 泥水盾构
2015 年开工	中国武汉	武汉三阳路隧道采用 ϕ15.76m 泥水盾构施工
2016 年开工	中国广州	佛莞城际铁路新狮子洋隧道采用 ϕ13.5m 泥水盾构施工

第4章 | 盾构的构造

目前常用的盾构主要有土压平衡盾构和泥水平衡盾构，除了其出土（渣）的方式不同外，其基本的工作原理是一致的。

土压平衡盾构出土（渣）的工作原理是：刀盘旋转开挖工作面的土体，挖掘下来的土料作为稳定开挖面的介质，土料由螺旋输送机旋转运出，泥土室内土压可由刀盘旋转开挖速度和螺旋输料器出土量（旋转速度）调节。

泥水平衡盾构出土（渣）的工作原理是：利用泥水室的泥水压力来平衡切削面的土、水压力，切削下来的土体与泥水室内的泥水充分混合后，由泥水输送系统输送到泥水分离系统进行分离，废弃渣土、泥水经改良后，再次由管路输送回泥水室循环使用。

限于篇幅，本节主要以土压平衡盾构为对象，介绍其基本构造。

盾构主要由前部盾体、连接桥架、后配套台车三大部分组成。盾构实物结构如图4-1所示，土压平衡盾构组成结构线框示意图如图4-2所示。

图4-1 盾构实物结构

切削系统、推进系统、渣土输送系统、管片拼装系统、壁后注浆系统等均位于前部盾体部分。在结构组成上主要包括刀盘、前盾、中盾、尾盾、推进液压缸、人舱、管片拼装机及螺旋输送机等部件。土压平衡盾构前部盾体组成线框示意图如图4-3所示。

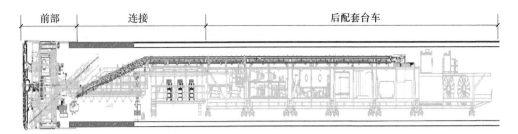

图 4-2　土压平衡盾构组成结构线框示意图

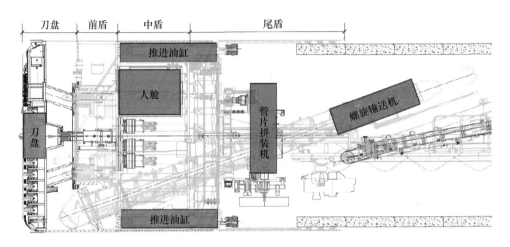

图 4-3　土压平衡盾构前部盾体组成线框示意图

4.1　切削系统

4.1.1　刀盘

刀盘是一个带有多个进料槽的切削盘体，位于盾构机的最前部，用于切削土体。由于盾构在施工过程中会遇到各种不同的地层，如淤泥、黏土、砂层、软岩、硬岩等，因此作为盾构关键部件之一的刀盘工作环境恶劣、受力复杂。刀盘的结构形式与工程地质情况密切相关，不同地层应采取不同的刀盘结构形式。刀盘的结构形式、强度和整体刚度都直接影响施工掘进的速度和成本，一旦出现故障维修处理困难。

1. 刀盘结构组成

刀盘主要由刀盘体、刀具、磨损检测器、搅拌棒、泡沫管路等零部件组成。刀盘体由钢结构焊接而成，刀具有滚刀（齿刀）、切刀、边缘刮刀、超挖刀、保径刀等。

2. 刀盘结构形式

（1）纵断面形状　刀盘的纵断面形状大致有垂直平面形、突心平面形、穹顶形、倾斜形、收缩形等几种形式，如图 4-4 所示。

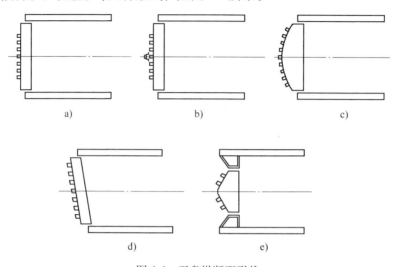

图 4-4　刀盘纵断面形状

a）垂直平面形　b）突心平面形　c）穹顶形　d）倾斜形　e）收缩形

（2）正面形状　刀盘的正面形状主要有面板式、辐条式以及介于两者之间的辐板式。

面板式刀盘组成结构如图 4-5 所示。这种结构的刀盘其优点是开口率较小，软土开口率一般在 45% 左右，复合地层开口率在 30% 左右，面板开口小，强度

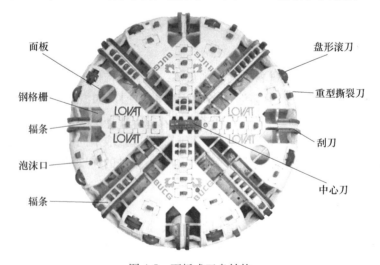

图 4-5　面板式刀盘结构

高，易于刀具布置，对正面土体支撑效果较好，土压波动小。面板直接支撑掘削面，有挡土功能，有利于掘削面稳定，且刀盘在中途换刀时安全可靠；缺点是掘削黏土层时，易发生黏土黏附面板表面，妨碍刀盘旋转，影响掘削质量，开挖土体进入土仓时易黏结、易堵塞，在刀盘上易形成泥饼，渣土进入土仓相对困难。此外，面板式刀盘结构的传感器对正面土体的压力反映也不够准确。

辐条式刀盘组成结构如图 4-6 所示。这种结构的刀盘其特点是开口率大，由于刀盘仅有几根辐条，辐条后设有搅拌叶片，土砂流动顺畅，渣土易进入土仓，不易形成泥饼，刀盘不易被堵，因此排土容易，正面土压能较准确地反映。同时掘削转矩小，土仓压力能有效作用于掘削面。缺点是正面土压波动较大，容易引起地表沉降，刀盘比较薄弱，不易满足复合地层刀具的布置和刀盘本身刚度的要求，对于地下水压大、易坍塌的土质，容易造成喷水、喷泥。

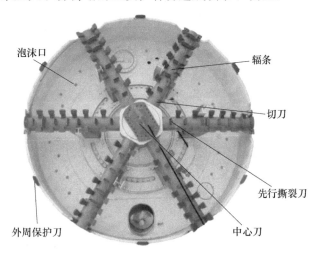

图 4-6　辐条式刀盘结构

图 4-7 所示为辐板式刀盘结构。辐板式结构的开口率在面板式和辐条式之间。

上述三种刀盘结构形式各有其优缺点，具体应用哪种形式的刀盘应根据施工条件及地质情况等因素决定。通常，土压平衡盾构根据地质条件可选用辐条式、面板式和辐板式，泥水平衡盾构一般采用面板式或辐板式。此外，辐条式刀盘对砂、土等单一软土地层的适应性比面板式刀盘强；但由于不能安装滚刀，在风化岩及软硬不均地层或硬岩地层，

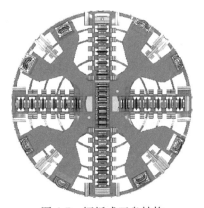

图 4-7　辐板式刀盘结构

宜采用面板式刀盘。

4.1.2　刀盘驱动

某工程区间隧道用盾构刀盘驱动装置由主轴承、液压马达（变频电动机）马达、减速器及主轴承密封组成。刀盘主驱动如图4-8所示，刀盘主轴承如图4-9所示。轴承外圈通过连接法兰用螺钉与前体固定，内（齿）圈用螺钉和刀盘连接，借助液压动力带动液压马达、减速器、轴承内齿圈，直接驱动刀盘旋转。主轴承设置有三道唇形外密封和两道唇形内密封，外密封前两道采用永久性失脂润滑来阻止土仓内的渣土和泥浆渗入，后一道密封是防止主轴承内的润滑油渗漏。内密封前一道阻止盾体内大气尘土的侵入，后一道防止主轴承内润滑油的外渗。

图4-8　刀盘主驱动　　　　　　　图4-9　刀盘主轴承

刀盘驱动由螺栓牢固地连接在前盾承压隔板的法兰上，它可以使刀盘在顺时针和逆时针两个方向上实现无级变速。刀盘驱动主要由传动副和主齿轮箱组成，每组传动副由一个斜轴式变量轴向柱塞马达和水冷式变速齿轮箱组成，其中一组传动副的变速齿轮箱中带有制动装置，用于制动刀盘。安装在前盾右侧承压隔板上的一台定量螺旋式液压泵驱动主齿轮箱中的齿轮油，用来润滑主齿轮箱，该油路中有一个水冷式的齿轮油冷却器用来冷却齿轮油。

4.1.3　刀具

1. 刀具分类

刀盘上的刀具是破岩的主要切削及掘进工具，可根据其运动方式、布置位置和方式及形状等进行分类。

按切削原理分类，盾构的刀具一般分为切削破岩刀具和滚压破岩刀具两种，其余形式的刀具为辅助刀具。切削破岩刀具又分为切刀和齿刀，如图4-10所示。

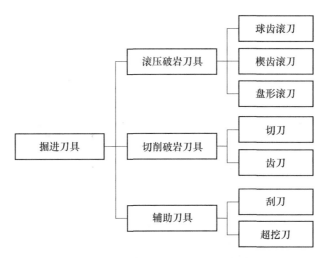

图 4-10　盾构刀具按切削原理分类

按运动方式分类，可分为固定式刀具和旋转（滚动）式刀具两种。

按安装方式分类，可分为螺栓式、插入式和焊接式三种类型。

表 4-1 所示为按设置位置对刀具进行的分类。

表 4-1　刀具按设置位置分类

种　类　名　称	用途	设置部位
掘削刀具（分固定、旋转式）	掘削开挖面	面板正面
超前刀具	超前掘削	面板正面
导向钻头	破碎地层	面板正面
外沿保护刀具	保护刀盘外沿	面板正面外沿
修边刀具	减小推进阻力	面板外沿
背面保护刀具	保护背面面板	面板背面
加泥嘴保护刀具	保护加泥嘴	加泥嘴部位
掘削障碍物刀具	掘削障碍物	面板正面外围

图 4-11～图 4-26 所示为各种盾构刀具实物图或结构图。

图 4-11　单刃滚刀　　　　　　　　　图 4-12　双刃滚刀

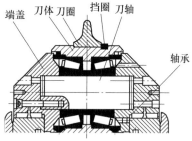

端盖　刀体 刀圈　挡圈 刀轴

轴承

图 4-13　三刃滚刀　　　　　　　图 4-14　盘形滚刀结构图

图 4-15　正面刮刀　　　　　　　图 4-16　不同类型的周边刮刀

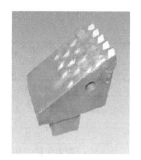

图 4-17　中心齿刀　　　　图 4-18　齿刀 1　　　　图 4-19　方柄齿刀

图 4-20　齿刀 2　　　　　　图 4-21　撕裂刀及重型撕裂刀

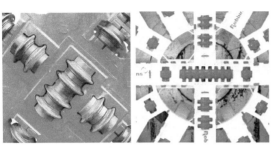
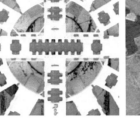

图 4-22　中心滚刀　　　　　　　　　图 4-23　中心鱼尾刀

图 4-24　超挖刀　　　　　　　　　　图 4-25　柱型超挖刀

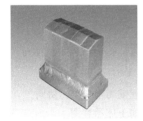

图 4-26　各种形式的超前刀

2. 刀具作用及切削机理

（1）切削刀　切削刀是盾构切削开挖面土体的主刀具，切削刀切削原理如图 4-27 所示，一般情况下，β（前角）与 α（后角）值随切削地层特征不同而变化，取值范围为 $5°\sim20°$，黏土地层稍大，砂卵石地层稍小。

切削刀为盾构开挖非岩质地层的基本刀具，其形状、布局对开挖效果有重要影响。切削刀切削土体的示意图如图 4-28 所示。软土地层或经滚刀破碎后的渣土将通过切刀和刮刀进行开挖。渣土随切刀、刮刀正面进入渣槽，因此切刀、刮刀既具有切削的功能又具有装载的功能。

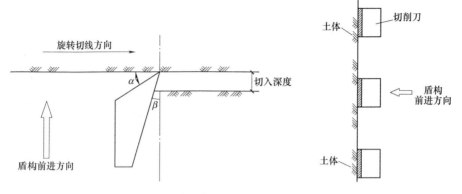

图 4-27 切削刀切削原理   图 4-28 切削刀切削土体示意图

（2）超前刀 超前刀也称先行刀，顾名思义，超前刀即为先行切削土体的刀具。超前刀在设计中主要考虑与切削刀组合协同工作。刀具切削土体时，超前刀在切削刀之前先行切削土体，将土体切割分块，为切削刀创造良好的切削条件。根据其作用与目的，超前刀断面一般比切削刀断面小。采用超前刀，一般可显著增加切削土体的流动性，大大降低切削刀的转矩，提高刀具切削效率，减少切削刀的损耗。在松散体地层，尤其是砂卵石地层使用效果十分明显。超前刀与切削刀协同切削土体示意图如图 4-29 所示。

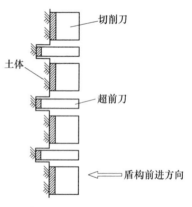

图 4-29 超前刀与切削刀协同
切削土体示意图

（3）盘圈贝形刀 盘圈贝形刀实质上是超前刀，盾构穿越砂卵石地层，特别是大粒径砂卵石地层时，若采用滚刀型刀具，因土体属松散体，在滚刀掘进挤压下会产生较大变形，大大降低滚刀的切削效果，有时甚至丧失切削破碎能力。采用盘圈贝形刀，将其布置在刀盘盘圈前端面，专用于切削砂卵石，可较好地解决盾构切削土体（砂卵石）的难题。图 4-30 所示为盘圈贝形刀及其结构示意图。

（4）鱼尾刀 采用大刀盘全断面切削土体，布置在刀盘不同位置的切削刀，从刀盘外周至中心，运动圆周逐渐减小，中心点理论上可以视为零，相应土体流动状态也越来越差，而且中心支撑部位（直径约 1.5m）不能布置切削刀，为改善中心部位土体的切削和搅拌效果，可考虑在中心部位设计一把尺寸较大的鱼尾刀，如图 4-31 所示。

根据经验，鱼尾刀的设计和布置可应用两个技巧：其一，让盾构分步切削土

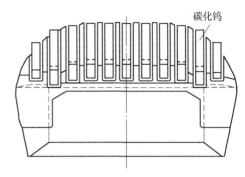

图 4-30 盘圈贝形刀及其结构示意图

体，利用鱼尾刀先切削中心部位小圆断面（直径约 1.5m）土体，而后扩大到全断面切削土体，即鱼尾刀设计与其他切削刀不在一个平面上，一般鱼尾刀超前 600mm 左右，保证鱼尾刀最先切削土体，鱼尾刀切削土体示意图如图 4-32 所示；其二，将鱼尾刀根部设计成锥形，使刀盘旋转时随鱼尾刀切削下来的土体在切向、径向运动的基础上增加一项翻转运动（犁地效应），这样可解决中心部分土体的切削问题，改善切削土体的流动性，还大大提高盾构整体掘进水平。

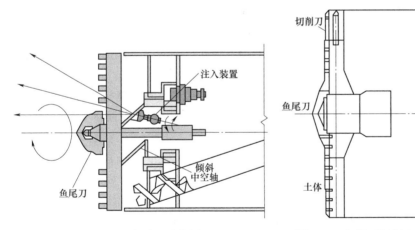

图 4-31 鱼尾刀示意图　　　　图 4-32 鱼尾刀切削土体示意图

　　（5）仿形刀　盾构一般设计两把仿形刀（一般备用），布置在辐条的两端。施工时，可以根据超挖量和超挖范围的要求，从辐条两端径向伸出和缩回仿形刀，达到仿形切削的目的。仿形刀伸出最大值一般为 80~130mm。盾构在曲线段推进、转弯或纠偏时，通过仿形超挖切削土体创造所需空间，保证盾构在超挖少、对周边土体干扰小的条件下，实现曲线推进和顺利转弯及纠偏。
　　（6）滚刀　根据我国广州及深圳地铁建设经验，随着城市轨道路网的延伸及建设力度的加大，盾构区间不仅需穿越常见的软弱地层，同时还需在部分硬岩地段中通过。因此，在刀具选择上既要考虑在软岩中开挖的需要，也要考虑在硬岩中的要求。一般认为刮刀适用于土层及部分软岩，盘形滚刀适用于硬岩，其中单刃滚刀能用在强度很高的岩石中，国外曾有在抗压强度超过 200MPa 的岩石中应用的工程记录。

安装在刀盘上的盘形滚刀在千斤顶的作用下紧压在岩面上，随着刀盘的旋转，盘形滚刀一方面绕刀盘中心轴公转，同时绕自身轴线自转。滚刀在刀盘的推力、转矩作用下，在掌子面上切出一系列的同心圆沟槽。当推力超过岩石的强度时，盘形滚刀刀尖下的岩石直接破碎，刀尖贯入岩石，形成压碎和放射状裂纹；进一步加压，当滚刀间距 S 满足一定条件时，相邻滚刀间的岩石内裂纹延伸并相互贯通，使岩石形成碎片而崩落，盘形滚刀完成一次破岩过程。

硬岩滚刀破岩主要分为以下几个步骤：

1）挤压阶段：滚刀在高推力作用下，切入岩石表面（切入深度 1~15mm，取决于岩体强度），同时岩面产生局部变形及很高的接触应力。在此应力作用下，切削刃与岩石接触部分的岩体产生粉碎区，即应力核心区。此核心区深度越深、范围越大，对提高破岩效率越明显。

2）起裂阶段：沿粉碎区周边应力大于岩体的抗拉强度或抗剪强度时，便产生张拉裂缝。该裂缝是滚刀能否破岩的先决条件。在应力核心区下层是应力过渡区，该区为应力衰减区，对岩体裂缝的产生不起控制性作用。在切削刃正下方分布有主裂缝，由于其方向与破岩方向一致，因此也不能显著地提高破岩效率，但能加大下个循环中压入阶段应力范围，如图 4-33a 所示。

3）破碎阶段：当相邻滚刀的间距使起裂阶段产生的裂缝相互连通时，表面部分岩体便被裂缝分割，形成碎片并脱离开挖面，如图 4-33b 所示。

影响裂缝能否形成的直接因素有以下几个：

1）岩石硬度。在刀具挤压阶段，必须保证刀具硬度高于岩石硬度，才能切入岩石表面，形成必需深度的应力核心区。

2）抗压强度。刀具切入岩石表面后，当应力大于岩石抗压强度（单向应力条件）或抗压强度与地层主应力组合值（三向应力条件）时才能形成粉碎区，以保证裂缝产生位置具有一定深度。

3）抗拉强度。抗拉强度是裂缝形成的力学原因。

影响破岩效率的因素有以下两个：

1）脆性/塑性。该指标是对抗压强度、抗拉强度的综合评价，适用于抗压强度较大（小），而抗拉强度较小（大）岩石。有关文献资料显示在同样条件下，脆性岩体在挤压阶段所需时间远远小于塑性岩体（约 1/8）。

2）耐磨性。该指标直接关系到盾构掘进效率，是承包商进行刀具寿命及备

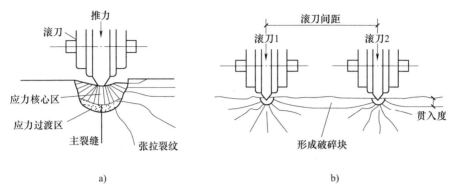

图 4-33　盘形滚刀切削破岩机理

a) 挤压/起裂阶段　b) 破碎阶段

品估算、工期筹划的主要依据。根据国外资料统计，在耐磨性小的岩石中，更换刀具时间占总停工时间的 3%，而在高耐磨性岩石中则高达 20%；以每掘进 1m 的时间计算，耐磨性小的岩石为 0.02 ~ 0.05h/m，而高耐磨性岩石则可达 0.2h/m。

（7）齿刀　在岩石较软的情况下掘进时，由于盘形滚刀与岩石掌子面之间不能产生一定的附着力，将导致滚刀不能滚动而产生弦磨（图 4-34），滚刀不能滚动将失去有效的破岩功能。因此，在较软的岩层中应将部分盘形滚刀更换成齿刀，利用齿刀进行破岩。由于齿刀上装有两个切削刃，因此刀盘正反转时齿刀都能进行破岩（图 4-35）。

图 4-34　产生弦磨的滚刀

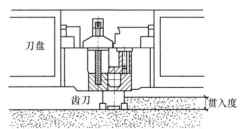

图 4-35　齿刀破岩机理

3. 刀具布置与配置

刀具布置与配置有以下两种方式：

第一种为刀具整体连续排列方式，因其切削阻力较大，盾构密封舱内土体流动性差，现已很少使用，仅偶尔在切削阻力小的淤泥质地层中采用。

第二种为刀具牙形交错连续排列方式，因其切削阻力小、切削效率高、密封舱内土体流动性好和易搅拌而被广泛采用。目前世界上基本均采用牙形交错连续排列方式。

盾构开挖性能主要通过刀具的选择和布置来保证。根据不同地质情况选用不同类型的刀具及刀具组合，实现刀具配置的灵活性，提高刀盘的开挖效率。

表4-2为西安地铁某盾构刀盘及刀具配置情况。

表4-2　西安地铁某盾构刀盘及刀具配置情况

序号	项目	A	B
1	刀盘支撑形式	中心支撑	中间支撑
2	刀盘形式	辐条加小面板形式	辐条形式
3	刀具配置		
	中心鱼尾刀	1 把（刀高 450mm）	1 把（刀高 400mm）
	切刀	64 把（刀高 110mm）+18 把（刀高 90mm）	62 把（刀高 110mm）
	超前刀	54 把（刀高 140mm）	41 把（刀高 145mm/160mm/220mm）
	保径刀	20 把	6 把
	横向保径刀	6 把	0 把
4	超挖刀	2 把	1 把
5	泡沫口数目	6 个（泡沫和膨润土共用）	3 个泡沫+2 个膨润土
6	开口率	66%	60%
7	A 项目优势分析	1. 刀盘采用中心支撑形式降低了密封的复杂性，且降低了 HBW 的消耗 2. 采用刀盘加小面板的形式在提高刀盘强度的同时，使得线速度较大的外周能够布置更多的刀具，以保证刀盘的长距离掘进适应性，且提高了切削效率 3. 采用了横向保径刀能够有效提升刮刀的使用寿命 4. 采用双超挖刀设计，降低超挖时间，提高效率 5. 切削刀具总数和分项数目均大于 B 项目，有效地提高了刀盘的切削能力 6. 6 个泡沫和膨润土共用的泡沫口更能契合不同地质对于渣土改良的需求	

4.1.4　双室气闸

双室气闸装在前盾上，包括前室和主室两部分，当掘进过程中刀具磨损工作人员进入到泥土仓检查及更换刀具时，就要使用双室气闸。

在进入泥土仓时，为了避免开挖面的坍塌，要在泥土仓中建立并保持与该地层深度土压力与水压力相适应的气压，这样工作人员要进出泥土仓时，就存在一个适应泥土仓中压力的问题，通过调整气闸前室和主室的压力，就可以使工作人员可以适应常压和开挖舱压力之间的变化。但要注意，只有通过高压空气检查和受过相应培训的有资质的人员，才可以通过气闸进出有压力的泥土仓。

现以工作人员从常压的操作环境下进入有压力的泥土仓为例，来说明双室气闸的作用。工作人员甲先从前室进入主室，关闭前室和主室之间的隔离门，按照规定程序给主室加压，直到主室的压力和泥土仓的压力相同时，打开主室和泥土仓之间的闸阀，使两者之间压力平衡，这时打开主室和泥土仓之间的隔离门，工作人员甲进入泥土仓。如果这时工作人员乙也需要进入泥土仓工作，乙就可以先进入前室，然后关闭前室和常压操作环境之间的隔离门，给前室加压至和主室及泥土仓中的压力相同，打开前室和主室之间的闸阀，使两者之间的压力平衡，打开主室和前室之间的隔离门，工作人员乙进入主室和泥土仓中。

4.2 推进系统

盾构的推进系统提供盾构向前推进的动力。推进系统主要由推进液压缸组成，均位于中盾内侧的周边位置，包括推进液压缸和推进液压泵站。某工程区间隧道用盾构推进液压缸共 32 个，在如图 4-36 所示，在圆周上的区域分为四组，顶部三对液压缸一组，左侧四对液压缸一组，右侧四对液压缸一组，底部五对液压缸一组。液压缸的后端顶在管片上，以提供盾构前进的反力。每一组液压缸均可独立控制压力进行操纵而不会引起管片移位或产生引起损坏的压力过载。在控制

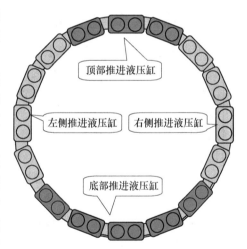

图 4-36 推进系统的四个压力区

室里，司机可以看到数字显示的每组液压缸的行程及压力。液压缸的布置避开了管片接缝，所有的液压缸撑靴均为球形铰接式，以避开管片裂缝或损坏。推进液压缸顶在压力舱板后部。

液压缸缸体尾部由一个塑胶轴承支撑，这样液压缸就可以不受侧向力的作用由管片向压力舱板自由伸展。推进液压缸两个为一组，每组液压缸均有独立的撑靴，撑靴顶在后面已安装好的管片上，通过控制液压缸杆向后伸出，可以提供给

盾构向前的掘进力。在推进时，每组液压缸各自独立进行压力调节。总的推进速度由总流量控制阀来调节。掘进过程中，在操作室中可单独控制每一组液压缸的压力，通过调节四个区域千斤顶的油压来控制盾构前进的方向，从而使盾构实现左转、右转、抬头、低头或直行，最终使得掘进中盾构的轴线尽量拟合隧道设计轴线。推进系统是盾构前进的唯一动力。另外，推进系统还具有纠偏和爬坡的功能。

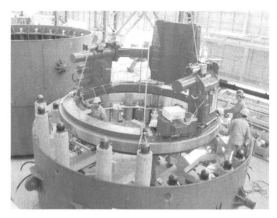

图 4-37 所示为推进系统实物结构。

图 4-37　推进系统实物结构

4.3　出渣系统

4.3.1　土压平衡式盾构的出渣系统

土压平衡式盾构的出渣系统主要包括螺旋输送机和皮带输送机；前部盾体内的螺旋输送机是盾构中的排土机构的主要组成要素，由斜盘式变量轴向柱塞马达驱动。作为土压平衡式盾构的排土装置，螺旋输送机由伸缩筒、出渣筒、液压马达、螺旋轴、出渣闸门组成（图 4-38）。螺旋输送机主要有以下三个功能：

1）将盾构土仓内的土体向外连续排出，土体在螺旋输送机内向外排出的过程中形成密封土塞，阻止土体中的水分散失，保持土仓内土压的稳定。

2）将盾构土仓内的土压值自动与设定土压值进行比较，随时调整向外排土的速度，控制盾构土仓内实现连续的动态土压平衡过程。

3）确保盾构连续正常向前掘进。

渣土由螺旋输送机从泥土仓中运输到后续的皮带输送机上。螺旋输送机有前后两个闸门，前者关闭可以使泥土仓和螺旋输送机隔断，后者可以在停止掘进或维修时关闭，在整个盾构断电的紧急情况下，此闸门也可由蓄能器贮存的能量自动关闭，以防止开挖舱中的水及渣土在压力作用下进入盾构。

皮带输送机用于将螺旋输送机输出的渣土传送到盾构后配套的渣车里。皮带输送机的驱动方式采用电动驱动或液压驱动，皮带输送机由皮带输送机支架、前从动轮、后主动轮、上下托轮、皮带、皮带张紧装置、皮带刮泥装置和带减速器的驱动电动机等组成，安装在后配套连接桥和拖车的上面。为安全起见，其上设

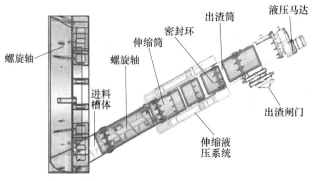

图 4-38　螺旋输送机

有三处急停开关。图 4-39 所示为皮带输送机。

图 4-39　皮带输送机

4.3.2　泥水加压平衡式盾构的出渣系统

泥水加压平衡式盾构靠泥浆循环系统出渣，见图 3-12。

泥水盾构的泥水系统由造浆系统、输送系统、处理系统和泥水监控系统组成。其中完成出渣功能的主要是输送系统，它的主要功能如下：

1）将调整浆通过进浆泵与进浆管道输送至盾构泥水仓。

2）刀盘切削下来的土砂和泥水仓中合成的泥浆，通过排浆泵与排浆管道送往地面的泥水处理系统进行分离。

泥水输送系统主要由进、排浆泵，阀，进、排浆管道及配套部件等组成，通过泥水监控系统进行自动化操作。泥水输送系统原理图如图 4-40 所示。

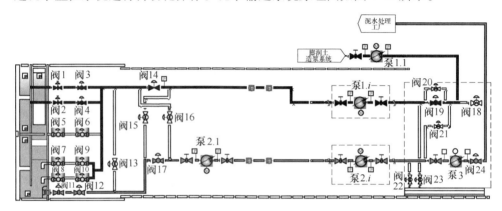

图 4-40　泥水输送系统原理图

4.4　管片拼装系统

管片拼装系统的主要结构部件是管片拼装机，其位于中盾部分的位置。管片拼装机（图 4-41），又称举重臂，是一种设置在中盾部位、可以迅速把管片拼装

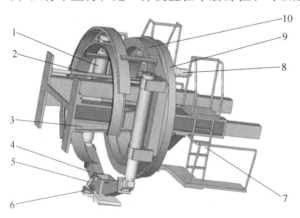

图 4-41　盾构管片拼装机

1—升降油缸　2—平移油缸　3—行走梁　4—提升横梁　5—俯仰液压缸
6—偏转油缸　7—脚手架　8—液压马达　9—移动盘体　10—旋转盘体

成确定形式的起重机械。开挖后的隧道需要用洞外预制好的钢筋混凝土管片进行永久性支护，管片拼装机的作用就是将管片快速准确地安装到刚开挖的隧道表面，以支护隧道表面、防止地下水土的渗透和地表沉降，管片承担着盾构前进的推进反力。

4.4.1　管片拼装机的结构

管片拼装机通常的形式有盘式和中心环式。盘式拼装机一般以挡拖轮定位，中心环式一般以回转支撑定位。由于中心环式具有定位精度高、结构相对简单等特点，主要用于中大型隧道断面管片安装，是目前主要的结构形式。

中心环式管片拼装机主要由升降液压缸、平移液压缸、俯仰液压缸、偏转液压缸、行走梁、提升横梁、移动盘体、旋转盘体、液压马达及脚手架等组成。

4.4.2　管片拼装机的工作原理

管片拼装机的工作原理是：将自动输片装置输送来的管片夹持锁紧，升降液压缸提升管片，平移机构将提起的管片移到拼装的横断面位置，回转机构将该管片旋转到管片安装的径向位置，完成管片在隧道中的初步定位；再用偏转液压缸、仰俯液压缸和升降液压缸的不同步伸缩微调定位，使待装管片的螺栓孔与前一环、前一片管片的螺栓孔同时对齐，当一环管片（一环管片衬砌通常由 6～11 块管片按一定顺序拼砌而成）安装完成后，用螺栓将环向轴向相邻的管片按一定的力矩进行连接，完成管片的拼装，整个过程完全自动化。管片拼装机在空间内能完成六个自由度的无干涉运动：纵向直线运动（沿隧道轴线）、径向直线运动（隧道断面方向）、圆周方向回转运动（绕隧道轴线）及绕坐标系的三个姿态微调转动（图 4-42），六个自由度分别由电液比例多路阀通过液压马达和液压缸来实现。在实际施工中，管片拼装机一般按以下顺序拼装管片：供给管片→夹持锁紧管片→提升管片→初定位管片→微调管片→螺栓连接。

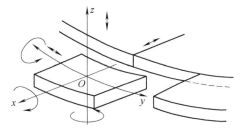

图 4-42　管片拼装机 6 自由度示意图

拼装手可以使用有线的或遥控的控制器操作管片拼装机，用来拼装管片。某些地铁隧道采用的是 1.2m 长的通用管片，一环管片由六块管片组成，它们是三个标准块、两块邻接块和一块封顶块。封顶块可以有 10 个不同的位置，代表十种不同类型的管环，通过选择不同类型的管环就可以使成型后的隧道轴线与设计的隧道轴线拟合。隧道成型后，管环之间及管环的管片之间都装有密封，用以防水。管片之间及管环之间都由高强度的螺栓连接。

4.5 壁后注浆系统

4.5.1 注浆的作用

1）防止和减少地面沉降。

2）改善衬砌受力状态。

3）提高衬砌防水抗渗能力。

4.5.2 壁后注浆的主要材料及浆液选择

壁后注浆的主要材料包括：水泥、石灰膏、黏土、粉煤灰、黄沙、水玻璃等。

浆液选择考虑的因素主要是土质条件、工法的种类、施工条件及价格等。应在掌握浆液特性的基础上，按实际条件选用最合适的浆液材料。常用的浆液类型主要有以下两种：

1）双液型浆液。根据施工经验，在地层不稳定、易塌方的砂砾层和砂层中，同步注浆，60%使用双液型浆液（瞬凝型浆液）；淤泥层、黏土层中使用双液型浆液的小于50%；砂层、淤泥层，使用砂浆中添加纸浆纤维的浆液比例占10%（速凝）。

2）单液型浆液。土体稳定，无须壁后注浆与掘进同时进行。对于砂砾层地下水含量大的地层来说，应选择不易被水稀释的浆液。

4.5.3 注入时期和注入方法

壁后注浆的最佳注入时期应在盾构推进的同时进行注入或者推进后立即注入，注入的宗旨是必须完全填充空隙。

地层的土质条件是确定注入工法的先决条件。对易坍塌的均粒系数小的砂质土和含黏性土少的砂、砂砾及软黏土，必须在尾隙产生的同时，对其进行壁后注浆。当地层土质坚固、尾隙的维持时间较长时，则不一定在产生尾隙的同时进行壁后注浆。

4.5.4 充填盾尾的注浆方法

充填盾尾的注浆方法主要有以下两种：

1）同步注浆。在盾构尾部外壳上设2~6根同步注浆管，在盾构推进的同时进行注浆充填空隙。

2）壁后注浆。在管片上留有注浆孔，随时可进行壁后注浆。注入时往往是自下而上，左右对称进行，同时应避免单孔超压注浆。图 4-43 所示为壁后注浆及盾尾密封示意图。

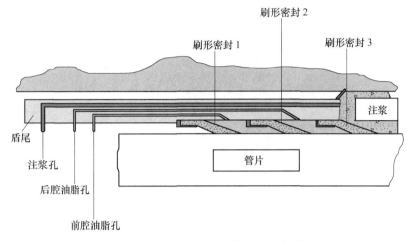

图 4-43　壁后注浆及盾尾密封示意图

4.5.5　注入量和注入压力

壁后注入量的影响因素主要有：渗漏损失、压力大小、土层性质、超挖、壁后注浆的种类等，这些因素的影响程度目前尚不明确。施工中如果发现注入量持续增多，必须检查超挖、渗漏损失等因素。而注入量低于预定注入量时，可能是注入浆液的配比、注入时期、注入地点、注入机械不当或出现故障所致，必须认真检查并采取相应的措施。

壁后注浆压力大致等于地层阻力强度加上 0.1～0.2MPa，一般为 0.2～0.4MPa。二次注浆的压力要比先期一次注入的压力大 0.05～0.1MPa，并以此作为压力管理的标准。

地层阻力强度是地层的固有值，它是浆液可以注入地层的压力最小值。地层阻力强度因土层条件及掘削条件的不同而不同，通常在 0.1MPa 以下，但也有高到 0.4MPa 的情形。

4.5.6　二次注浆

需要进行二次注入的情形主要有：一次注入后未充填到部位的完全充填；一次注入浆液的体积缩减部分的补充注入；为了提高抗渗透等施工效果而进行的注入。

4.5.7　注浆设备

壁后注浆设备包括：材料储存设备、计量设备、搅拌机、贮浆槽（料斗、搅拌器)、注浆泵(压送泵、注入泵)、注入输浆管、注入控制装置、记录装置等。随注入方式的不同其构成也有所不同,压浆可用往复活塞泵、单轴螺杆泵等;注浆泵、储浆泵等均放在盾构后车架上。盾构后车架上的注浆设备如图 4-44 所示。

图 4-44　盾构后车架上的注浆设备

4.6　密封系统

盾尾密封系统的主要功能是为在各道盾尾密封刷之间的空腔内充填盾尾密封油脂,防止盾尾外部的水和泥浆进入盾构内部。盾尾密封系统采用气动油脂泵,通过各分路阀将盾尾密封油脂注入各个分路,其控制方式有手动控制和自动控制两种(图 4-43)。

4.7　后配套系统

后配套系统的主要设备是后配套台车。它主要由以下几部分组成：管片运输设备、五节及以上后配套台车及其连接，且每节台车上分别配备相关装置（如盾构操作所需的操作室、电气部件、液压部件、注浆设备、泡沫设备、膨润土设备、循环水设备及通风设备等），以提供前部盾体动力源。土压平衡式盾构后配套台车线框示意图如图 4-45 所示。

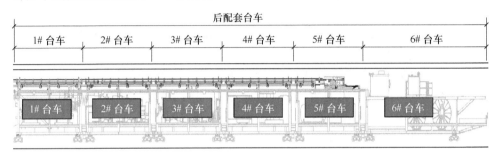

图 4-45　土压平衡式盾构后配套台车线框示意图

4.7.1　管片运输设备

管片运输设备包括管片运送小车、运送管片的电动葫芦及其连接桥轨道。

管片由龙门式起重机从地面下至竖井的管片车上，由电瓶车牵引管片车至 1# 台车前的电动葫芦一侧，由电动葫芦吊起管片向前运送到管片小车上，由管片车再向前运送，供给管片拼装机使用。

4.7.2　1#台车及其上设备

1#台车上装有盾构的操作室及注浆设备。

盾构操作室中有盾构操作控制台、控制计算机、盾构 PLC 自动控制系统、VMT（虚拟制造技术）隧道掘进激光导向系统计算机及螺旋输送机后部排土口监视器。

4.7.3　2#台车及其上设备

2#台车上有包含液压油箱在内的液压泵站、膨润土箱、膨润土泵、盾尾密封油脂泵及润滑油脂泵。液压油箱及液压泵站为刀盘驱动、推进液压缸、铰接液压缸、管片拼装机、管片运输小车、螺旋输送机、注浆泵等液压设备提供压力油。泵站上装有液压油过滤及冷却回路，液压油冷却器是水冷式。

盾尾密封油脂泵在盾构掘进时将盾尾密封油脂由 12 条管路压送到三排盾尾密封刷与管片之间形成的两个腔室中，以防止注射到管片背后的浆液进入盾体。

润滑油脂泵将油脂送到盾体中的小油脂桶中，盾构掘进时，4kW 电动机驱动的小油脂泵将油脂送到主驱动齿轮箱、螺旋输送机齿轮箱及刀盘回转接头中。这些油脂起到两个作用，是被注入到上述三个组件中唇形密封件之间的空间，起到润滑唇形密封件工作区域及帮助阻止脏物进入被密封区域内部的作用；对于螺旋输送机齿轮箱，还有另外一个作用，就是润滑齿轮箱的球面轴承。

4.7.4　3#台车及其上设备

3#台车上装有动力主油箱及管片拼装机泵装置，包括两台打气泵、一个 1m³ 贮气罐、一组配电柜及一台二次风机。

打气泵可提供 8bar（1bar＝10^5Pa）的压缩空气，并将压缩空气贮存在贮气罐中，压缩空气可以用来驱动盾尾油脂泵、密封油脂泵和气动污水泵，用来给人舱、开挖舱加压，用来操作膨润土、盾尾油脂泵的气动开关，用来与泡沫剂、水混合形成改良土壤的泡沫等。

二次风机由 11kW 的电动机驱动，将由中间井输送至 4#台车位置处的新鲜空气继续向前送至盾体附近，以给盾构提供良好的通风。

4.7.5　4#、5#、6#台车及其上设备

4#台车上的主要设备包括变压器及电气柜、电缆卷筒、水管卷筒、风管盒等装置。

敷设在隧道中的两条内径为 100mm 的水管作为盾构的进、回水管，将竖井地面的蓄水池与水管卷筒上的水管连接起来，与蓄水池连接的一台高压水泵驱动盾构用水在蓄水池和盾构之间循环。通常情况下，进入盾构水管卷筒水管的水压控制在 5bar 左右。正常掘进时，进入盾构水循环系统的水有以下用途：对液压油、主驱动齿轮油、空压机、配电柜中的电气部件及刀盘驱动副变速箱具有冷却功能，为泡沫剂的合成提供用水，提供给盾构及隧道清洁用水。蓄水池中的水用冷却塔进行循环冷却。风管盒中装有折叠式的风管，风管与竖井地面上的风机连接，向隧道中的盾构里提供新鲜空气。新鲜空气通过风管被送至 4#台车的位置。

5#台车的主要结构为：出渣口装置、膨润土系统。

6#台车的主要结构为：内、外循环水系统。

4.8　渣土改良系统

渣土改良系统主要包括泡沫系统和膨润土添加系统，是盾构掘进的调节媒

介。采用该系统，对于不同的地质条件，通过添加塑流化改性材，改善盾构土仓内切削土体的塑流性，既可实现平衡开挖面水土压力，又能向外顺畅排土，拓宽了土压平衡盾构的适应范围。常用的渣土改良添加材料主要有：泡沫剂、分散剂、聚合物、膨润土浆液等。图 4-46 所示为渣土改良系统示意图。

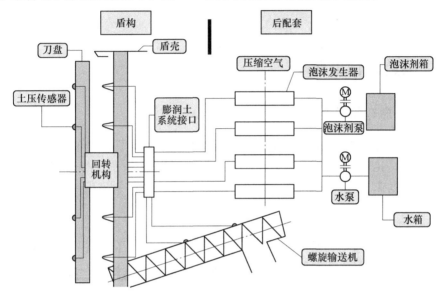

图 4-46　渣土改良系统示意图

4.9　检测与导向系统

盾构安装了一套自动导向系统。该系统能够对盾构在掘进过程中的各种姿态以及盾构的线路和位置关系进行精确的测量和显示。操作人员可以及时地根据导向系统提供的信息，快速、实时地对盾构的掘进方向及姿态进行调整，保证盾构掘进方向的正确。

检测（监控）模块：通过工地上的光缆或电话线可对盾构推进的状态进行实时了解和管理，实现地面对地下的管理和控制。主要功能包括：全面姿态显示（多达十几个姿态参数的数字和图像显示），使信息更直观；不同的权限管理，防止人为误差；基于现场的软件界面设计和操作流程；强大的设计数据计算功能；智能化的纠错能力和系统管理能力；全面的数据管理和历史数据查询分析功能；人工测量计算功能的备选。

自动导向系统的特点是：真正的无线缆作业模式，先进的设计理念；先进的硬件基础；全面的信息显示。

第5章 盾构施工辅助设施

5.1 隧道运输电瓶车

5.1.1 电瓶车结构组成

某地铁工程用盾构配套设备电瓶车结构组成包括 2 节管片车、1 节浆液车、5 节土斗车、电瓶车（内含 3 节电池）组成，如图 5-1 所示。图 5-2 所示为电瓶车实物结构。

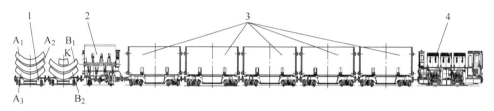

图 5-1 隧道运输电瓶车及结构组成

1—2 节管片车 2—1 节浆液车 3—5 节土斗车 4—电瓶车（内含 3 节电池）

2 节管片车分别载运 3 个标准块（A1、A2、A3）、2 个邻接块（B1、B2）和 1 块封顶块（K）；

1 节浆液车的主要作用为：运输地面浆液站的浆液至盾构，以满足盾构掘进时同步注浆的要求。

5 节土斗车的主要作用为运输盾构掘进渣土出隧道。

3 节电瓶电池主要为该电瓶车运输提供动力。

图 5-2 隧道运输电瓶车

5.1.2 电瓶车制动能力计算及防滑措施

为了使电瓶车运行满足安全要求，防止电瓶车在大坡度轨道上停靠时由于负荷的变化等原因而出现溜车伤人、损坏机械的事故，确保盾构施工生产的顺利进行,电瓶车应具备良好的制动能力及防溜车措施。

1. 电瓶车制动能力计算

根据窄轨列车制动的相关技术资料,电瓶车制动列车重量可通过下式计算。

$$Q = \frac{1000\mu P_{\mathrm{Z}}}{1100\alpha_{\mathrm{Z}} + 10i_{\mathrm{Z}} - W_{\mathrm{Z}}} - P_{\mathrm{Z}} \tag{5-1}$$

式中　Q——机车单机制动重量(t);

　　　μ——粘着系数;

　　　P_{Z}——机车自重(t);

　　　α_{Z}——机车制动减速度,$\alpha_{\mathrm{Z}} = \dfrac{v_{\mathrm{d}}^2}{2L_{\mathrm{Z}}} = 0.06\mathrm{m/s^2}$;

　　　v_{d}——机车持续速度,$7.8\mathrm{km/h} = 2.17\mathrm{m/s}$;

　　　L_{Z}——机车制动距离,40m;

　　　i_{Z}——最大下坡坡度;

　　　W_{Z}——重车运行阻力(N)。

以国内某地铁隧道施工单位为例,取 $P_{\mathrm{Z}} = 25\mathrm{t}$、$\mu = 0.26$;机车持续速度 v_{d} 为

$7.8\mathrm{km/h} = 2.17\mathrm{m/s}$,机车制动距离 L_{Z} 为 40m,$\alpha_{\mathrm{Z}} = \dfrac{v_{\mathrm{d}}^2}{2L_{\mathrm{Z}}} = 0.06\mathrm{m/s^2}$;$i_{\mathrm{Z}} = 22\%$;$W_{\mathrm{Z}}$

$= 875\mathrm{N}$(车自重每 3t 取 105N)。

通常,不同施工单位的电瓶车编组略有不同,图 5-3 所示为某地铁隧道施工单位的电瓶车编组情况。

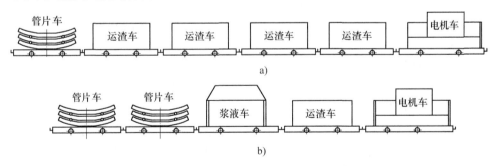

图 5-3　某地铁隧道施工单位的电瓶车编组情况

a)1 号列车编组情况　b)2 号列车编组情况

某地铁隧道盾构施工电瓶车每节车厢自身质量和满载质量见表 5-1。

1 号列车质量(电机车除外):$22.8\mathrm{t} \times 4 + 14.418\mathrm{t} = 105.618\mathrm{t} < 152\mathrm{t}$

2 号列车质量(电机车除外):$22.8\mathrm{t} + 17\mathrm{t} + 14.418\mathrm{t} \times 2 = 68.636\mathrm{t} < 152\mathrm{t}$

因此,在运行过程中,两列电瓶车均能制动。

表 5-1　某地铁隧道盾构施工电瓶车每节车厢自身质量及满载质量

名称	自身质量	最大载质量	总质量
电机车	25t		25t
运渣车	8.8t	10m³（14t）	22.8t
浆液车	6t	8m³（11t）	17t
管片车	2.418t	12t	14.418t

2. 静止状态下的防滑能力计算

由于静止状态下的制动主要靠车轮和轨道之间的静摩擦力，因此只要计算列车的最大静摩擦力与下滑分力之间的关系即可，1 号列车和 2 号列车分别进行计算，计算过程如下（单节列车受力分析图如图 5-4 所示）：

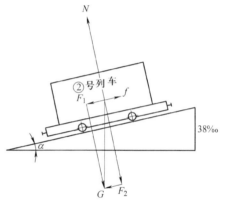

图 5-4　单节列车受力分析图

总重 $G = mg = (68.636 + 25) \times 10^3 \text{kg} \times 10\text{N/kg} = 936.36\text{kN}$

下滑分力 $F = G \times \sin(\arctan 0.022) = 936.36\text{kN} \times 0.022 \approx 20.6\text{kN}$

由图 5-4 可知，最大静摩擦力 $f = \mu G \times \cos(\arctan 0.022) = 187.22\text{kN} > F$

式中　μ——钢对铸铁（干摩擦）系数，取 0.16~0.35，本计算取 0.2。

同理，1 号列车最大静摩擦力 $f = 261.048\text{kN} > F = 49.595\text{kN}$

综上所述，在静止状态下，电瓶车不会下滑，满足制动要求。

3. 防滑措施

根据国内外相关项目的施工经验和电瓶车厂家提供的技术资料，对电瓶车可采取如下的防滑措施：

（1）自身制动系统　电瓶车自身配备了气制动系统和手动制动系统。正常情况下，电瓶车起动气制动系统进行制动；当电瓶车出现故障时，就会自动起动气制动系统来制动，防止事故发生；当电瓶车停靠时，除了其自身的气制动外，还须立即采取手动制动措施，以确保其不发生由于制动不够而溜车的现象。

（2）设置限位器　当电瓶车停靠时，在电瓶车的前后部位可设置限位器，以防止电瓶车由于负荷的变化而发生溜车事故。在盾构后配套台车部分的轨道上设置多道限位器，万一出现溜车，可以避免车辆冲入盾构机头伤人、损坏设备等事故的发生。

（3）对轨道进行处理　为了保证电瓶车有良好的制动，电瓶车轨道上要做到没有油和泥，轨道上的油和泥要及时用水进行清洗，并且在大坡度路段还要撒沙，以增大摩擦力，达到良好的制动效果。

5.2　垂直运输系统

5.2.1　垂直运输系统的组成

垂直运输系统包括提升龙门式起重机（含大、小龙门式起重机）、反转倒渣装置、龙门式起重机轨道、地面渣仓等装置。其中最关键的设备是提升龙门式起重机。如图 5-5 和图 5-6 所示。某些地铁隧道施工中也采用履带式起重机作为垂直运输系统。在盾构施工中，除盾构外，龙门式起重机是使用频率最高的设备，是盾构配套设备中最重要的设备之一，施工中所有的垂直运输均由龙门式起重机完成。

图 5-5　垂直运输系统龙门式起重机

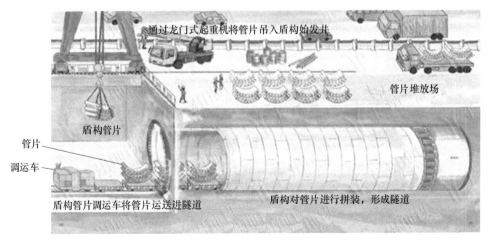

图 5-6　龙门式起重机吊运管片

5.2.2 垂直运输系统的工作流程

1. 履带式起重机吊装工作流程

图5-7所示为某型履带式起重机吊装盾构主机的工作流程。

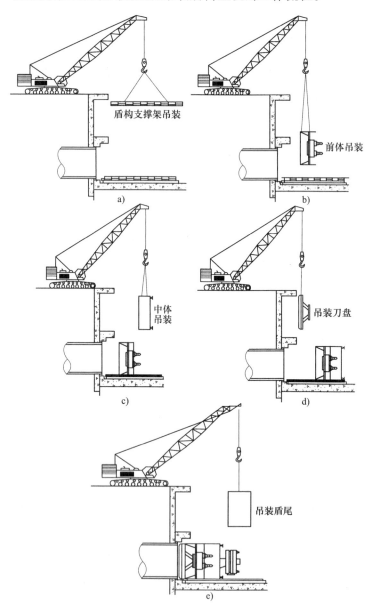

图 5-7 履带式起重机吊装盾构主机流程

a) 始发基础组装 b) 吊装前盾 c) 吊装前体和中体 d) 吊装刀盘 e) 吊装管片拼装机和盾尾

2. 龙门式起重机运输系统循环工作过程

如图 5-8 所示，编组列车进入隧道时，管片运输车、砂浆运输车为重车，将管片、砂浆和其他材料运进，运渣车为空车。驶出隧道时管片运输车、砂浆运输车为轻车，运渣车为重车，将渣土水平运出。列车到达洞口的出渣井后，提升龙门式起重机把渣车车厢吊离渣车底盘到达地面相应的高度后，车厢随吊小车横移到渣仓纵方向位置，再随龙门式起重机大车移动到渣仓横向位置，利用设置在门吊上的翻转机构，随着吊钩的下落，车厢及渣土利用重心与转轴的不平衡而翻转卸渣。

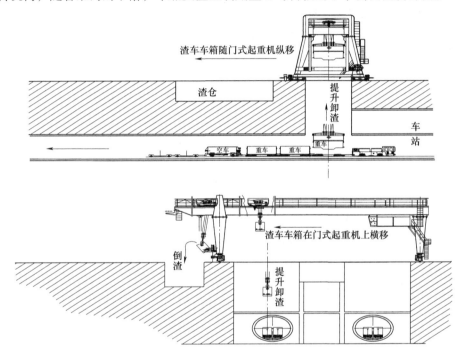

图 5-8　龙门式起重机运输系统工作流程

卸渣的总体布置与场地布置有很大的关系，根据出渣井与渣坑各自的位置，龙门式起重机的行走方向有的顺着出渣井，有的横着出渣井。有的翻渣装置在龙门式起重机上随龙门式起重机移动，有的固定在渣坑上。基本上取决于场地。所以在确定方案之前，首先要完成场地布置，才能确定龙门式起重机的主体结构和翻渣装置结构。

5.2.3　龙门式起重机选择应满足的要求

龙门式起重机的选择应满足以下要求：

1）满足满载吊运的最大重量，即渣斗自重和满载渣土重量或电瓶车整机自重。有时龙门式起重机还用于吊装刀盘、前盾、中盾及盾尾和管片拼装机，因此也要求龙门式起重机的吊运能力应能满足上述设备的重量要求。

2）根据施工场地条件限制，龙门式起重机布置一般有两种方式，即平行于盾构掘进方向和垂直于盾构掘进方向，设计跨距应结合施工场地的条件并考虑通用性进行设计。由于工作井尺寸基本固定，龙门式起重机布置形式是跨双井或单井平行布置，或垂直布置，其跨距均不同，为提高设备适用性，龙门式起重机一般应按 10～26m 跨距进行可变跨径设计，并应考虑采用可拆卸式的双悬臂结构。

3）净高一般设计为 10m 以上，以保证翻渣结构必需的正常高度（其高度应考虑以下因素：渣土池地面以上高度 3～4m，渣土车高度 2.5m，必要的安全操作空间 0.5～1m，如果小龙门式起重机需从大门式起重机下通过，还需考虑小门式起重机结构高度 2～2.5m）。

4）翻渣结构分为两种，即龙门式起重机中央翻渣和侧面翻渣两种形式，选用时应符合施工场地条件的限制。

5）为保证大车行走平稳，大车行走机构一般采用变频设计，最大行走速度应适宜。

6）为节省垂直运输的时间和吊运时的稳定性，主起升结构一般采用变频设计，双制动，最大速度应在 10m/min（重载）左右，空载最大速度可适当加大。

7）起吊扁担采用自动平衡装置，吊具可拆卸，摘挂方便灵活。

8）龙门式起重机的附属功能还应包括声光报警、防雷、防潮、手动夹轨装置、起升高度限位装置、起升重量限位装置、大小车行走限位装置、起升高度显示仪、重量显示仪、避雷针、风速仪、蜂鸣器等。

5.2.4 龙门式起重机的选型计算

1. 主龙门式起重机的选型计算

根据施工安排，通常是每个井口安装一台龙门式起重机，用于吊装电瓶列车入井、吊出渣车卸渣，有时也要吊运盾构主机下井。下面以电瓶车各配套车辆的技术参数为依据确定或计算龙门式起重机的技术参数（注意，不同吊运对象的重量和体积可能略有不同，应视具体情况而定）。

（1）单件最大重量比较　渣及渣车重量：

$$\rho_{渣} V_{斗} + M_{渣车} = (1.7 \times 15 + 6)t = 31.5t$$

35t 电瓶车重量：35t。

（2）龙门式起重机吨位的确定　从步骤 1 可以得出，龙门式起重机吨位应大于 35t。

结合对龙门式起重机厂家的调查，国标门式起重机配置为 25/5t，32/5（10）t，50/10t，非标的有 38/10t 和 45/10t 两种型号，由于起重设备主要配件设计都靠上不靠下，38t、45t、50t 的价格相差不大，故取起重量为 45t 的 U 型双梁龙门式起重机（标准配置），安全性能满足施工需要。

2. 副龙门式起重机选型计算

副龙门式起重机应考虑具备管片下井和始发阶段小斗出土的条件。

吊装最大重量考虑一节管片车和三片管片，每片管片最大 4.5t，故设计起重量为 3×4.5t = 13.5t。选取起重量为 16t 的 U 型双梁龙门式起重机（标准配置），安全性能满足施工需要。

3. 大龙门式起重机卸渣计算

取本标段最大垂直提高高度 $H = 25m$（地下 15m，地上 10m，其中 15m 为地面到起重面的距离，而非端头井的深度）。

当然，如果龙门式起重机须吊装盾构主机下井，则其起重能力还需考虑盾构主机的重量及体积，从而最终确定龙门式起重机的相关选项参数。

5.3　搅拌装置

砂浆搅拌设备的配置视不同的施工场地的具体条件而定，通常可采用搅拌机和配料机组合的方案。如图 5-9 和图 5-10 所示为 JS1000 双卧轴搅拌机和 PLD1600 配料机，具体的型号选择根据砂浆需要量的不同而不同。

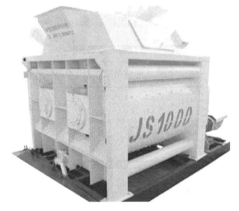

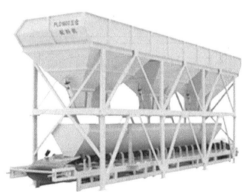

图 5-9　JS1000 双卧轴搅拌机　　　　　图 5-10　PLD1600 配料机

配料机有多个料斗，能自动称量砂及粉煤灰，然后通过梭槽进入搅拌机搅拌舱内。较新式的配料机均采用了先进的控制方式，能实现自动计量控制，袋装水泥和膨润土则可直接加进搅拌舱内。

搅拌站的生产能力视盾构施工效率、搅拌装置的采购及运营成本以及占地空间的具体要求而定。通常，搅拌装置应靠近盾构井设置，尽量不影响龙门式起重机运行。如是两台盾构掘进时，还应考虑公用方便。搅拌机上料口应高出地面约20cm，以便于上料，并可防水。储浆罐可设置在中板，易于放料。

以生产能力为 $30m^3/h$、每循环需要砂浆量为 $6m^3$ 的工况为例，则生产 $6m^3$ 砂浆所需时间 $T = 6m^3 \div 30m^3/h \times 60min = 12min$，可在渣车卸渣的同时进行砂浆的搅拌制作，保证盾构掘进所需的砂浆生产。当双线同时掘进时，一般采用在正常掘进时，在搅拌站下设有一台砂浆储浆罐，以保证两条线砂浆的拌制供应。

5.4 通风系统

地铁施工过程中由于压缩空气的高速喷射，会在工作面产生严重的粉尘污染，同时隧道内的电焊机、车辆也会产生污染气体，这些污染源的存在使隧道内特别是掌子面处的空气环境极端恶化。所以，地铁施工隧道通风的首要任务就是及时将这些污染物排出隧道。

5.4.1 三种通风方式的比较

在地铁隧道施工中，施工通风主要可以采用压入式（图5-11）、抽出式和混合式三种形式。压入式通风的新鲜空气由通风机吸入经通风管送到工作面，污染空气由隧道内排出洞外；抽出式通风的新鲜空气由隧道内流入工作面，污染空气由通风机吸入经通风管排出洞外；混合式通风由两台通风机组成，一台向工作面压新鲜空气，另一台把污染空气抽出洞外。三种通风方式特性比较见表5-2。

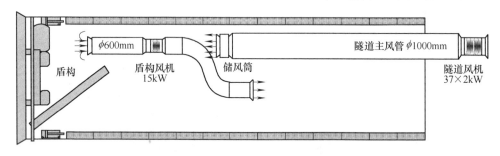

图5-11 压入式通风系统示意图

表5-2 三种通风方式特性比较

通风方式	应用特点	优缺点	示意图
压入式	把隧道外的新鲜空气用通风机通过风管向隧道内送入	新鲜空气可一直送到掌子面； 风管延长容易； 若隧道全长被污染，则中途作业环境恶化	

（续）

通风方式	应用特点	优缺点	示意图
抽出式	把隧道内的污染空气用通风机通过风管强制地排出隧道外	污染空气通过风管直接排出，不会在隧道全长上扩散；隧道内存在噪声污染；移动风机、延长风管费事	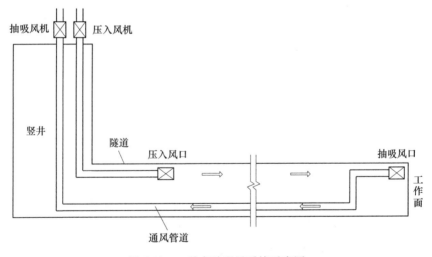
双软管混合式	把送风、排风的通风设备在隧道内组合布置，进行通风	可集中压入式和抽出式优点；设备增加，管理难度增大	

　　在混合式通风方式中，抽出式（在柔性风管系统中做压出式布置）风机的功率通常较大，是主风机。压入式风机是辅助风机，它的作用是利用有效射程长的特点，把炮烟搅均匀并排离工作面，然后由抽出式（压出式）风机吸走。这种方式综合了前两种方式的优点，适合于大断面长距离隧道通风，在机械化作业时更为有利。采用喷锚支护的隧道，喷浆地点的粉尘浓度很高，采用混合式通风，降尘效果十分明显。图 5-12 所示为一种实验用混合式通风系统示意图。

图 5-12　一种实验通风系统示意图

　　混合式通风集中了压入式和抽出式通风的优点，但所需的通风设备增加。压入式串联风机与混合式通风比较，混合式通风的每台通风机单独运转，管理起来要比串联时容易得多；通风距离的相对缩短，增大了有效风量，利于开挖面污风的迅速排出；抽风机将污风抽出洞外，避免污风对全隧道的污染，可以极大地改善洞内作业环境。另一种进一步改善通风质量的方法是将采用串联风机的压入式通风变为双软管混合式通风，其通风效果理论上将更加合理。

5.4.2　通风设备

地铁隧道通风方案的关键在于通风系统的设计是否合理、风机与通风管的能力能否互相匹配。如果片面追求高效率、大风量的风机，而风管的直径小，阻风系数高，漏风严重，则不会取得好的通风效果；另一方面，若风管直径较大，而风机风量小，风压太低，也难以保证通风取得良好效果。

1. 通风机

目前的通风机有子午加速式轴流通风机、对旋式轴流通风机、变特性隧道轴流风机等。由于变特性隧道轴流风机价格较高，目前采用较少。从很多隧道施工的实践效果看，对旋式轴流通风机不失为一个好的选择。如图 5-13 所示为某型两级对旋式轴流式风机。图 5-14 所示为子午加速式轴流风机。

图 5-13　某型两级对旋式轴流式风机　　　　图 5-14　子午加速式轴流风机

2. 风管

对风管的主要要求是：风阻系数低，漏风率低，合适的直径。通常风管可分为维尼龙胶布风管、镀锌薄钢板风管、玻璃钢风管等。由于玻璃钢风管、铝合金板风管造价昂贵，运输和存放困难，加工、接长不便等，因此较少采用，除在排风式（或吸出式）通风情况下必须采用刚性风管外，一般送风式（或压入式）通风全部采用维尼龙胶布风管，它具有运输、存放容易和方便、接长简单（用拉链即可连接），其他施工作业时可方便地挪移等优点。

5.4.3　施工通风设计的相关考虑因素

1. 地铁隧道施工通风的影响因素

地铁隧道施工通风的影响因素主要有以下几点：

1）洞内同时工作的最多人数所需要的新鲜空气。

2）把同时爆破且使用最多炸药量所产生的有害气体稀释到允许的浓度下所需的风量。

3）坑道内的风速不得小于规定的最小风速，且不得大于规定的最大风速。

4）冲淡内燃机械作业排出废气所需的风量。

2. 通风机位置的设置

通风机应设于洞内不影响施工又不受施工影响的地段，除开挖面外，检底、欠挖等污染源应位于压风机的影响范围之外，以保证进风的空气质量。压风和抽风风机的水平距离要在 50m 以上，避免因扩散而引起污风被压风机吸入的状况。风机上下平行布置时要把抽风机放置在高处，压风机放置在低处。

3. 通风管路的漏风

新鲜空气通过压风的管路送到开挖面，压风管路的漏风对隧道内的污风有稀释作用，因而可视为有效漏风，对压风管路的漏风率要求比抽风管路的低。抽风管路内流动的是污风，管路的漏风会漏到隧道内，进而污染进洞空气，造成进洞空气质量的下降，因此抽风管路的漏风危害严重，必须严格按设计要求加以控制，确保管路漏风在设计要求的范围内。

4. 管路排水孔的设置

由于洞内外的空气温度、湿度相差大，管路内会产生大量的水分，尤其是洞外温度低时的抽风管路。有的通风管本身有排水装置，可以充分利用。对于没有排水装置的通风管，在管路安装完成运行一段时间后，管路内会出现水分的聚集，此时选择易于把水排净的位置安装排水装置，排水装置可选择轮胎用的气门桩。

5.5　水循环系统

盾构在正常掘进时，机内液压系统、主驱动部分及配电柜内电器部件等往往会产生大量的热，使电动机、泵等设备及隧道内的环境温度升高。一旦温度过高，会造成设备损坏和人员危险，所以必须采取措施使其及时冷却，尤其是温度和湿度较高的南方城市。为此，盾构采用了循环冷却水系统来达到上述目的。

5.5.1　工业水循环系统流程

盾构循环冷却水系统包括一套开式水循环系统和一套闭式循环冷却系统，某型盾构工业水循环系统原理如图 5-15 所示。开式水循环系统主要是向盾构各拖车及主机用水部位提供日常运行用水（皮带输送机清洗、水箱补水、盾构内部清洗用水等）及作为闭式系统的冷却媒介，通过热交换器冷却闭式循环系统。另外，因盾构配套的液压系统通常配有大尺寸油箱，可自然通风散热，不一定需要持续强制水冷，而且考虑到油温有下限要求，所以这里将液压系统的冷却也划归在外循环部分。闭式冷却循环系统主要冷却主驱动（包括电动机及主驱动内外周密封夹套等）、轴承、电气部件及刀盘驱动副变速箱、水冷式空压机以及配电柜的冷却器等内部发热需冷却设备的冷却器供水。

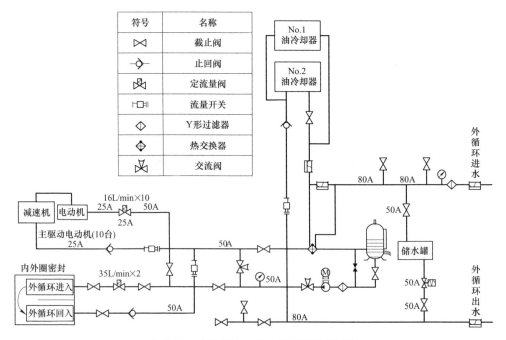

图5-15 某型盾构工业水循环系统原理图

开式系统（外循环）由外供水源、外供水泵、安全阀、压力表、板式热交换器及相关管路组成。水源、水泵等通常由施工方提供，其参数随隧道施工环境等的变化而变化，因此图5-15中未予以标出。开式系统介质为河水或地下水等天然水。

闭式系统（内循环）由储水器、内循环水泵、阀门、压力表、定流量阀、单向阀及相关管路组成，闭式系统介质通常为冷却液或软水。冷却水量的保持依靠恒定流量阀来实现。

从经济适用和现场实际工况考虑，大多数系统设备选型以内循环用软水、外循环用河水的方案来予以配置。

5.5.2 内循环相关设备

1. 内循环水泵

根据输送介质及适用工况，系统选用的水泵通常多为离心泵，选择立式还是卧式可根据实际安装条件来确定。闭式循环系统中水泵的作用是输送内循环水，使闭式循环中的水流动起来，同时因管路、设备等安装固定，输送距离恒定，可选用大流量低扬程的单级立式离心泵。离心泵的主要性能参数包括水泵的流量、扬程、压力等。为确保离心泵能在优先工作区内运行，在离心泵出口通常安装分流支路及节流阀，以便对泵的出口流量进行适度调节，使泵可以以稳定的状态高效率地运行。

2. 储水罐

冷却系统中通常设置膨胀罐，这是为了收集因水加热体积膨胀而增加的水容积，防止系统损坏，同时利于排除水系统中的空气，稳定系统中的压力。目前常见的膨胀罐有普通型和气囊型，但从经济耐用的角度考虑，多数系统选择普通型膨胀罐。

内循环系统中设置的储水罐与常用的膨胀罐的作用又略有不同，内循环系统储水罐的主要作用包括以下三个方面：

1) 向密闭式循环水系统提供稳定的压力。

2) 作为系统补水的指示，由储水罐液位控制发出报警信号确认系统是否补水。

3) 作为内循环水泵的入口容器，避免水泵在实际运行中因管路泄漏或其他原因而造成吸空和气蚀现象。

储水罐的有效容积可根据水膨胀体积及管路输送特点计算，并留有足够余量，在一定范围内储水罐越大越好。

3. 换热器

对系统内的冷却介质进行热交换通常选用传热效率高、体积小、重量轻、便于拆装的人字形波纹板式换热器。介质在板式换热器中的换热过程很复杂，由于介质进出口温度存在误差，因此在换热器内部的不同位置，换热情况都有所不同。在计算选型过程中，一般认为介质在换热器中处于理想状态，根据系统具体的参数和使用要求，板式换热器的选型热工计算方法也各有不同，但通常可用对数平均温差法及准则方程进行计算。

在具体的选型计算中，均需设计计算和校核计算。设计计算应从工况出发，首先，根据给定的进出口温度、进口水流量等参数，计算热负荷、对数平均温差及冷却水流量等；然后，根据工况条件，如承压、压降、流量、温度等要求，初步选择一个换热器型号，通过计算管间流速，并根据准则方程计算冷热介质的雷诺数、普朗特数和努塞尔数；最终，根据冷热介质的相关参数计算出总换热系数。

如换热系数过小，可通过提高板间流速进行重新计算。确定换热系数后，计算换热面积，将理论换热面积和预计值比较。若二者误差在5%以内，则计算结果正确；若超过该范围，则需对板型或流程组合做重新计算，直到理论值与预计值接近为止。

确定相关换热参数后计算冷热介质的欧拉数，并计算压降，当实际压降超过允许值时应改变板型或流量组合，重新计算传热及压降，以符合工况要求。

5.5.3 外循环相关设备

1. 循环管路

通过内循环相关参数计算结果，可得出外循环的大致水量，因外循环水还须供给前方用水，并且避免沿路泄漏损失，因此需要留一定余量。循环水量确定后，水温在一定范围内越低越好。目前实际施工现场出现的问题通常都是水温过高，而不是水温过低。由于液压油和润滑油有下限温度，而且外循环水泵是在与内循环水热交换后才供给油冷却器，因此外循环供水水温通常要求在 25℃ 以下。

根据外循环水量及管路压损可知，DN80~DN125 管路最适合输送外循环。从经济及隧道通常长度计算，外循环管路通常选用 DN80 或 DN100 冷拔无缝钢管。

2. 冷却塔（或制冷机）

因外循环供水通常根据现场环境就地取水，水的温度并不稳定。如果水温高于 25℃，必要时需要冷却塔或制冷机等相关设备对其进行冷却，冷却至 25℃ 才能供盾构使用。该问题需要在具体施工过程中根据现场使用情况做出判断并进行解决。

限于篇幅，外循环其他相关设备（如安全阀、压力表、水泵等）此处不再赘述。

5.5.4 水质要求

水质是盾构工业水循环系统的重要组成部分，对盾构的正常使用有着极其重要的意义。

1. 内循环水

内循环水在管中流动，除换热设备的物料泄漏及部分钢管腐蚀外，没有其他因素会改变循环水的水质。为防止在换热设备中造成盐垢，冷却水通常选用凝结水和除盐水，为了防止换热设备被腐蚀，应经常加入缓蚀剂。

2. 外循环水

外循环水为开式系统，水与大气接触，灰尘、微生物等进入循环水，管路通常选用的钢管容易生锈，这些都会改变循环水的水质。虽然管路内设置了水过滤器，但水过滤器通常只能过滤直径较大的杂质，而其他杂质和水垢等容易堵塞冷却器内部的水道，致使冷却器不能正常冷却。为确保循环水水质满足要求，减少管道内的结垢和控制管道的腐蚀，通常会在循环水系统中投入水质稳定的药剂和杀菌剂等水处理药剂，对外循环水还需要做其他处理，如沉积物控制（沉淀池）等。通常盾构设计厂家会对水质有一定的要求。

第6章 盾构选型

6.1 盾构选型的基本原则

盾构的性能及其与地质条件、工程条件的适应性是盾构隧道施工成败的关键。所以，采用盾构法施工就必须选择最佳的盾构施工方法和最适宜的盾构。一般来说，用盾构法施工的地层都是复杂多变的，因此对于复杂的地层选定较为经济的盾构是当前的一个难题。

实际上，在选定盾构时，不仅要考虑地质情况，还要考虑盾构的外径、隧道的长度、工程的施工程序、劳动力情况等，而且还要综合研究工程施工环境、基地面积、施工对环境的影响程度等。选择盾构的种类一般要求掌握不同盾构的特征，还要逐个研究以下几个项目：

1）开挖面有无障碍物。

2）气压施工时开挖面能否自立稳定。

3）气压施工并用其他辅助施工法后开挖面能否稳定。

4）挤压推进、切削土加压推进中，开挖面能否自立稳定。

5）开挖面在加入水压、泥压、泥水压作用下，能否自立稳定。

6）经济性。

通过对国内外盾构施工技术的调差分析，针对我国多个城市地铁隧道盾构法施工案例，认为盾构选型时应遵循以下几项基本原则：

1）盾构技术水平先进可靠，并适当超前，符合我国国情。

2）所选盾构应满足所在城市地铁规划各条隧道所穿越地层不同地质与水文条件的施工需要，特别是要满足竣工期限要求必须完成的隧道工程施工的需要。

3）能够满足浅埋或超浅埋地铁隧道施工以及穿越大量建筑物之下施工的需要，即要求盾构对控制地表沉降配备足够的功能和具有良好的操作性能。

4）盾构能够适应当地所在城市地下构筑物众多的特点，必要时可实现隧道（盾构）内清除或撤换障碍物的施工。

5）盾构在设计方面应考虑所在城市地铁隧道施工需要多次拆卸、多次组装和可能应用于多项隧道工程的实际特点。

6.2 盾构选型的依据

盾构选型依据按其重要性排列如下：

1）土质条件、岩性（抗压、抗拉、粒径、成层等各参数）。

2）开挖面稳定（自立性能）。

3）隧道埋深、地下水位。

4）设计隧道的断面。

5）环境条件、沿线场地（附近管线和建筑物及其结构特性）。

6）衬砌类型。

7）工期。

8）造价。

9）拟用的辅助工法。

10）设计路线、线形、坡度。

11）电气等其他设备条件。

制定和优化盾构施工方案的关键在于针对地质和环境条件，选择经济合理的盾构开挖面装置和盾尾后压浆工艺，使之既能适应基本的地质条件、环境要求和技术要求，又能在复杂困难地段具有应变能力。优化开挖面装置设计是盾构选型中最重要的问题，其主要要求是合理提出开挖面的开挖及支撑方法以及开挖面土压力的平衡方法。为合理选型，需查清和分析以下资料：

（1）地质纵剖面图　根据足够数量的可靠地质柱状图绘制地质纵剖面图（图 6-1），可以最大限度地了解盾构穿越的有代表性的地质条件和最困难部分的土层工程特性和各种障碍。需要了解的要点如下：

1）隧道沿线地面下各土层的分类，各土层在垂直方向及水平方向的分布，以及各类土的工程特性和土层含沼气状况。

2）盾构穿越地层的地下水位高度，穿越透水层和含水砂砾透镜体的水压力、土壤渗透系数，以及土壤在动水压力作用下的流动性。

3）盾构开挖可能碰到的各种障碍物的里程位置，以及盾构穿越的各种地下管线和地上、地下建筑物。

4）盾构穿越河道时的覆土层厚度。

（2）土壤参数　用于盾构选型的土壤参数有以下几种：

1）表示土的固有特性的参数：颗粒级配、最大土粒粒径、d_{50}（小于 d_{50} 粒径

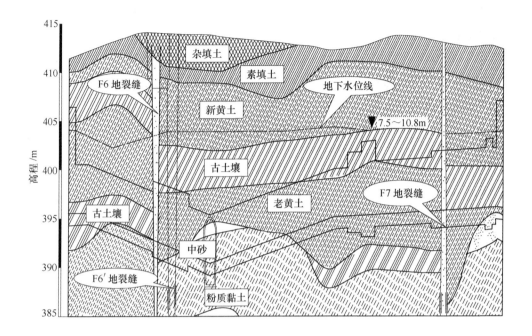

图 6-1　西安地铁二号线区间地质纵剖面图

的土重占土总重的 50%）、d_{10}（小于 d_{10} 粒径的土重占土总重的 10%）、不均匀系数 μ、液限 ω_L、塑限 ω_P、塑性指数 $I_P(I_P = \omega_L - \omega_P)$。

2）表示土的状态的参数：含水率 ω、饱和度 S_r、液性指数 $I_L(I_L = (\omega - \omega_P)/I_P)$、孔隙比 e、渗透系数 K、湿土重度 γ_e。

3）表示土的强度和变形特性的参数：不排水抗剪强度 S_u、黏结力 c、内摩擦角 φ、标准贯入度 N、灵敏度 S_t、压缩系数 α、压缩模量 E_s。

4）对于岩层则有：无侧限抗压强度 σ_c、RQD 等。

另外，在地层中地下水作用在开挖面上各层土的水压力，以及隧道覆土厚度都是影响开挖面土体工程特性的重要参数，应与上述土壤参数相结合，用于盾构选型。

结合上述土壤参数，分析土层工程特性，进行盾构选型时，应注意以下问题：

1）颗粒级配、d_{50}、d_{10}、μ、ω_L、ω_P、I_P 等参数，可用于鉴别土层属于哪类土以及土的基本性质。

2）d_{10}、K 等参数是估计土壤的渗透性和黏结性以及预计用气压及降水疏干土层效应的重要参数，它对于在含水土层中选定盾构正面装置形式以及控制地下水的技术方案具有重要意义。

3）在砂性土层中，孔隙比和渗透系数越大，不均匀系数越小，土壤越易液化。对易发生严重流砂的地层，宜采用泥水平衡式盾构或在盾构正面加高密度泥浆的土压平衡式盾构。

4）ω_L、ω_P、I_P、I_L、ω、N 等参数，用于分析黏性土的稠度状态，然后根据黏性土的软硬程度，考虑盾构正面支撑和开挖装置的选型设计。

5）γ_e、S_u、C、φ 等参数用于了解黏性土开挖面土体稳定系数 N_t。

6）当 $N_t \geq 6$ 时，正面土体流动性较大，需采用机械式闭胸盾构（泥水平衡式、局部气压式盾构、土压平衡式盾构）。

闭胸式盾构适用的地层特性如下：

1）颗粒组成：含砂 20% 以下，含粉土 20% 以上，含黏土 20% 以上。

2）土的粒径：有效粒径 d_{10} 为 0.001mm 以下，60% 粒径 d_{60} 为 0.03mm 以下。

3）天然含水率 ω 为 40%~60%。

4）天然含水率/液限（ω/ω_L）为 0.1 以上。

5）内摩擦角（三轴）φ 为 12° 以下。

6）内聚力（三轴）c 为 20kPa 以下。

7）无侧限抗压强度 q_u 为 60kPa 以下。

土粒大小是选择盾构排土方式的一个重要依据。

（3）水文地质资料　在饱和含水软土层中，特别在含水砂层或复杂困难的地层中，应妥善处理开挖面的地下水问题，因此盾构选型时要充分掌握水文地质资料，具体如下：

1）地层中透水层分布及层相。

2）以连续性的勘探查清透镜体。

3）查明地下水位及各层土的水压力。

4）渗透系数的变化。

5）观测查明地下水的流动速度。

表 6-1 所示为与土质相适合的机种选定表，表中给出了日本土木学会主编的《隧道标准规范（盾构篇）及解说》中的各机种的评价，以及与土质的匹配情况及注意事项。

表 6-1　机种选定一览表

地质分类	土质	N值	开放式 手掘式 适用性	手掘式 注意事项	半机械式 适用性	半机械式 注意事项	机械方式 适用性	机械方式 注意事项	密封式 土压式 土压 适用性	土压 注意事项	泥土压 适用性	泥土压 注意事项	泥水式 适用性	泥水式 注意事项
冲积黏性土	腐殖土	0	○	地基变形	×	地基变形	×		×		△	地基变形	△	
	淤泥黏土	0~2	△	地基变形	×	地基变形	×		○		○		○	
	砂质淤泥及砂质黏土	0~5	○	地基变形	×	地基变形	×	地基变形	○		○		○	
	壤土及黏土	5~10	△	—	△	—	△	地基变形	△	土砂的堵塞	○	土砂的堵塞	○	
洪积黏性土	砂质壤土及砂质黏土	10~20	○	开挖机械	○	地下水压力	△	土砂的堵塞	△	土砂的堵塞	○	土砂的堵塞	○	
	黏土	15~25	△	地下水压力	○	地下水压力	○	地下水压力	○	土砂的堵塞	○	土砂的堵塞	○	
	黏土	25以上	△	地下水压力	○	地下水压力	○	地下水压力	○	土砂的堵塞	○		○	
软岩	硬黏土及泥岩	50以上	×	地下水压力	△	地下水压力	△	地下水压力	△	土砂的堵塞	△	刀具的磨损	△	刀具的磨损
砂质土	淤泥黏土混砂	10~15	△	地下水压力	△	地下水压力	○	地下水压力	△	细颗粒含量	○	细颗粒含量	○	
	松散砂土	10~30	△	地下水压力	×	地下水压力	△	地下水压力	△	细颗粒含量	○	细颗粒含量	○	
	密实砂土	30以上	△	地下水压力	△	地下水压力	△	地下水压力	△	细颗粒含量	○	细颗粒含量	○	
砂砾及卵石	松散砂砾	10~40	△	地下水压力	△	地下水压力、超挖量	△	刀具及面板的磨损、地下水压力	△	地下水压力	△	地下水压力	△	
	固结砂砾	40以上	△	开挖作业的安全性、地下水压力	△	地下水压力、超挖量	△	刀具及面板的磨损、地下水压力	○	螺旋输送机标准、刀具面板、刀具标准	△	刀具标准、螺旋输送机标准	○	刀具标准、送泥对策
	混有卵的砂砾	—	△		△		×						○	
	巨砾及卵石	—	△	砾石的破碎、地下水压力	△				△		△		△	砾石的破碎、送泥对策

注：
1. 适用性符号如下所示：○—原则上适用的土质条件；△—应用时要研究辅助工法及辅助机构等；×—原则上不适用的土质条件。
2. 开放式盾构多半都并用气压工法，但是适用与否应进行充分研究。
3. 挤压式盾构在冲积黏土中应用有一定限制，另外它还跟踪地基变形，最近已不用，从对象中删除。
4. N值是给出各土质的标贯值。
5. 注意事项中只给出了△的地基及变形式中最主要的项目，有关其他注意事项表中已省略。

6.3 盾构选型的一般程序

综合盾构的特性与选型的依据，盾构选型的一般程序为：首先要看该盾构是否有利于开挖面的稳定，其次考虑环境、工期、造价等限制因素，还必须将宜用的辅助工法加以考虑。如图 6-2 所示盾构的选型程序。

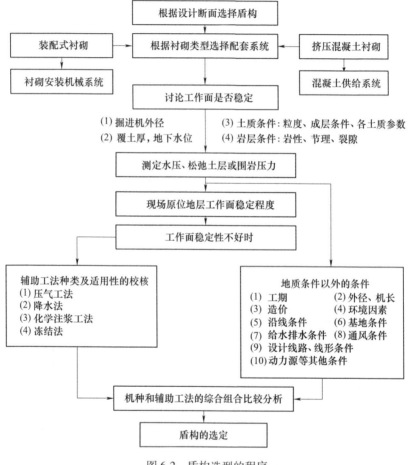

图 6-2　盾构选型的程序

1. 根据地质条件选择盾构类型

1）砂质土类等自立性能较差的地层，应尽量使用密闭型的盾构施工。

2）若为地下水较丰富且透水性较好的砂质土，则应优先考虑使用泥水加压平衡盾构。

3）对黏性土，则可首先考虑土压平衡盾构。

4）砂砾和软岩等强度较高的地层自立性能较好，应考虑半机械式或敞口机械式盾构施工。

5）根据地下水压进行选择。若其压力值较高（大于 0.1MPa），就应优先考虑使用密封型的盾构，以保证工程的安全。当水压大于 0.3MPa 时，宜采用泥水盾构。如果采用土压平衡式盾构，螺旋输送机难以形成有效的土塞效应，在螺旋输送机排土闸门处易发生渣土喷涌现象，引起土仓中土压力下降，导致开挖面坍塌。当水压大于 0.3MPa 时，若需采用土压平衡式盾构，则需要增大螺旋输送机的长度或采用二级螺旋输送机，或采用保压泵；若条件许可也可采用降水或气压等辅助方法。

6）对于粒径较小的地层，可以考虑各种盾构的使用。若粒径较大，除自立性能较好的地层可考虑采用手掘式或半机械式盾构外，一般应使用土压平衡盾构，若需采用泥水平衡盾构的话，须增加一个鳄式碎石机，在输出泥浆前，先将大石块粉碎；图 6-3 所示为岩土颗粒与盾构选型的关系。

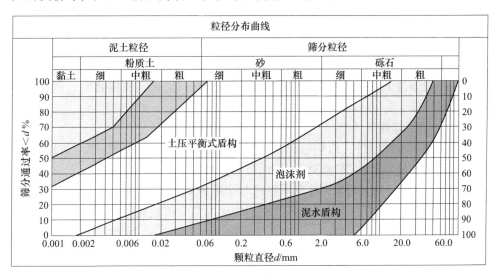

图 6-3　岩土颗粒与盾构选型的关系

7）考虑地层的渗透系数。地下水在土层中的渗透作用会产生渗透力，导致土体中产生应力、应变，可能引起流土或管涌等渗透变形，因此地下水渗透作用是影响工作面稳定的主要因素。透水性的指标是渗透系数。根据国内外盾构施工经验，当地层的渗透系数小于 10^{-7} m/s 时，可以选用土压平衡式盾构；当地层的渗透系数为 $10^{-7}\sim10^{-4}$ m/s 时，既可以选用土压平衡式盾构，也可以选用泥水盾构；当地层的渗透系数大于 10^{-4} m/s 时，宜选用泥水盾构。地层的渗透性与盾构机选型的关系如图 6-4 所示。

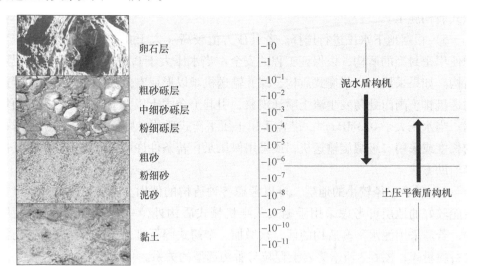

图 6-4   地层的渗透性与盾构选型的关系

不同类型盾构的地质适应性见表 6-1。

在相同条件下，盾构复杂，操作困难，造价高；反之，盾构简单，制造使用方便，造价低。

2. 选型的其他条件

除了地质条件以外，盾构选型的制约条件有很多，如工期条件、造价因素、环境因素、场地条件、设计路线、平面竖向曲线等。

（1）工期条件的制约   因为手掘式与半机械式盾构使用人工较多，机械化程度低，所以施工进度慢，其余各类型盾构因为都是机械化掘进和运输，平均掘进速度比前者快。

（2）造价因素的制约   一般敞开式盾构的造价比密闭式盾构低，主要原因是敞开式盾构不像密闭式盾构那样有复杂的后配套系统。在地质条件允许的情况下，从降低造价方面考虑，优先选用敞开式盾构。

（3）环境因素的制约   敞开式盾构引起的地表沉降大于网格式盾构，更大于密闭式的盾构。

（4）场地条件的制约   如前述，泥水平衡式盾构必须配套大型的泥浆处理和循环系统，因此若需要使用泥水平衡式盾构就必须有较大的地面空间。

（5）设计路线、平面竖向曲线的制约   若隧道转弯率半径太小，就需要考虑使用中间铰接的盾构，例如直径为 6m 的盾构，其长度为 6~7m，如将其分为前后铰接的两段，可增加施工中转弯的灵活性。

3. 辅助工法的使用

盾构施工隧道的辅助工法一般有：压气法、降水法、冻结法、注浆法等。压气法、降水法、冻结法属于物理方法，注浆法属于化学方法。这些方法主要用于保证隧道开挖面的稳定，注浆法还能减少盾构开挖过程中引起的地表沉降。一般密闭式盾构使用最多的是注浆法。盾尾注浆用以填补建筑间隙，以减少地面沉降。在地层自立性能差的情况下，若采用手掘式、半机械式或网格式掘进机施工，就需要采用压气法辅助施工，以高气压保证开挖面的稳定，但在这一辅助工法下，施工人员易患气压职业病。当盾构在砂质土或砂砾层中施工时，可考虑使用降水的方法改变地层的物理力学指标，增加其自立性能，确保开挖面的稳定，冻结法的施工成本较高，一般情况下不采用，而在长距离隧道的盾构对接中使用。

6.4　盾构形式的选择

在选择盾构形式时，最重要的是要以保持开挖面稳定为前提进行选择。为了选择合适的盾构形式，除对土质条件、地下水进行调查外，还要对用地环境、竖井周围环境、安全性、经济性进行充分考虑。

下面就对各种不同的盾构形式分别进行分析说明。

1. 土压平衡式盾构

土压平衡盾构主要适用于粉土、粉质黏土、淤泥质粉土、粉砂层等黏稠土壤的施工。在黏性土层中掘进时，由刀盘切削下来的土体进入土仓后由螺旋输送机输出，在螺旋输送机内形成压力梯降，保持土仓压力稳定，使开挖面土层处于稳定。盾构向前推进的同时，螺旋输送机排土，使排土量等于开挖量，即可使开挖面的地层始终保持稳定。排土量通过调节螺旋输送机的转速和出土闸门的开度予以控制。

当含砂量超过某一限度时，泥土的塑流性明显变差，土仓内土体因固结作用而被压密，导致渣土难以排送，需向土体内注入水、泡沫、泥浆等材料，以改善土体塑流性。在砂性土层中施工时，由于砂性土流动性差、砂土摩擦性大、渗透系数高、地下水丰富等原因，土仓内压力不易稳定，须进行渣土改良。

根据以上的原理，土压平衡盾构主要分为两种：一种是适用于含水量和粒度组成比较适中，开挖面土砂可直接流入土仓及螺旋输送机内，从而维持开挖面稳定的土压式盾构；另一种对应于砂砾含量较多而不具有流动性的土质，需要添加水、泡沫、泥浆等添加材料，使泥土压力很好地传递到开挖面的加泥式土压平衡盾构。

土压平衡盾构根据压力的状况进行开挖和推进，通过检查土仓压力不但可以控制开挖面的稳定性，还可以减少对周围地基的影响。土压平衡盾构一般不需要实施辅助方法。

2. 泥水盾构

泥水盾构通过施加略高于开挖面水土压力的泥浆压力来维持开挖面的稳定。除泥浆压力外，合理的选择泥浆的状态也可增加开挖面的稳定性。泥水盾构比较适合于河底、江底等高水压条件下的隧道施工。

泥水盾构使用送、排泥泵，通过管道从地面直接向开挖面进行送、排泥，开挖面完全封闭，具有高安全性和良好的施工环境，既不对围岩产生过大的压力，也不会受到围岩压力的反压，对周围地基影响较小，一般不需要辅助施工。特别是在开挖面较大时，泥水盾构抗拒地表沉降方面优于土压平衡盾构。

泥水盾构适用于冲积形成的砂砾、砂、粉砂、黏土层以及含水率高、开挖面不稳定的地层，洪积形成的砂砾、砂、粉砂、黏土层，以及含水率很高、固结松散、易于发生涌水破坏的地层。但是，对于难以维持开挖面稳定性的高透水地层、砾石地层，有时也要考虑采用辅助工法。

3. 其他盾构

除土压平衡盾构和泥水盾构外，还有手掘式盾构、半机械式盾构、机械式盾构以及挤压式盾构等类型。这些类型由于含有各种不同的缺陷，如半机械式盾构仅适用于开挖面可以自稳的围岩条件，对于软弱的冲积层是不适合的，目前基本被淘汰。

6.5 刀盘结构形式的选择

盾构刀盘的主要功能包括以下几种：

1）开挖功能。刀盘旋转时，刀具切削隧道掌子面的土体，对掌子面的地层进行开挖，开挖后的渣土通过刀盘的开口进入土仓。

2）稳定功能。支撑掌子面，具有稳定掌子面的功能。

3）搅拌功能。对于土压平衡盾构，刀盘对土仓内的渣土进行搅拌，使渣土具有一定的塑性，然后通过螺旋搅拌机将渣土排出；对于泥水盾构，通过刀盘的旋转搅拌作用，将切削下来的渣土与膨润土泥浆充分混合，优化了泥水压力的控制，改善了泥浆的均匀性，然后通过排泥管道将开挖渣土以流体的形式泵送到设在地面上的泥水分离站。

如前述，刀盘的结构形式主要有面板式、辐条式和辐板式三种。面板式刀盘主要用于风化岩及软弱不均地层的施工中，因此泥水盾构一般都采用面板式刀盘，土压平衡盾构则根据土质条件不同可采用面板式或辐条式。

对于土压平衡盾构，面板式刀盘的优点是可以通过刀盘的开口来限制进入土仓的卵石粒径；缺点是由于受刀盘面板的影响，开挖面土压不等于测量土压，使得土压管理困难；由于受面板开口率的影响，渣土进入土仓不顺畅、易黏结和易堵塞，且刀具负荷大，使用寿命短。

辐条式刀盘仅有几根辐条，土、砂流动顺畅，有利于防止黏土附着，不易黏结和堵塞；由于没有面板的阻挡，渣土从开挖面进入土仓时没有土压力的衰减，开挖面土压等于测量土压，因而能对土压进行有效的管理，能有效地控制地面沉降；刀具负荷小，寿命长。

此外，由于辐条式刀盘只有几根辐条，切削下来的土体直接进入土仓，没有压力损失，同时在辐条后没有搅拌叶片，土、砂流动顺畅，土压平衡容易控制，因此辐条式刀盘对砂、土等单一软土地层的适应性比面板式刀盘强，辐条式刀盘也能安装滚刀，图 6-5 所示为有滚刀和无滚刀的两种辐条式刀盘结构。在风化岩及软弱不均地层或硬岩地层掘进时，也可采用辐条式刀盘。辐条式刀盘上的滚刀一般设计成与超前刀可互换式，可根据地质的需要将滚刀换装成超前刀。同时，辐条式刀盘也可换成面板式刀盘，在辐条之间安装可拆卸的面板，即可变为面板式刀盘。

a)   b)

图 6-5　两种辐条式刀盘结构

a）有滚刀的辐条式刀盘　b）无滚刀的辐条式刀盘

综上所述，辐条式刀盘的施工适应性优于面板式刀盘。

6.6　刀具的选择与配置

6.6.1　盾构刀具的选型

1. 首先考虑地层的多样性

刀具的选用是否适用于该项目的地层条件是影响使用效果的关键因素之一，因此选用刀具时首先要考虑该项目的具体地址条件。施工中各工程遇到的地层条件是千变万化的，但不管其怎样变化，其主要地址状况不外乎土层和岩石两大类或两类地层的不同组合形式。

就土层而言，是以各种砂土、黏土、胶结泥等形式或者以它们的不同组合呈现在掌子面，它们的硬度都比较低，强度特性较弱，比较容易被撬动和剥落，一般抗压强度在 30MPa 以下，用刮削类刀具即可完成掘进施工。

就岩层而言，是岩石以各种不同的强度和固体形状或以它们的不同组合形式呈现在工作面，它们的强度特性较高，（常以单轴抗压强度来表达）抗压强度一般在 30MPa 以上，必须用滚切刀具或用滚刀和切刀的组合来完成掘进施工。常见的岩石单轴抗压强度见表 6-2。

表 6-2 常见的岩石单轴抗压强度

岩石种类	抗压强度/MPa	岩石种类	抗压强度/MPa
花岗岩	98～245	石灰岩	29～245
石英片岩	69～178	闪长岩	177～294
玄武岩	147～294	大理岩	98～245
片麻岩	49～196	云母片岩	59～127
砂岩	19.6～196	板岩	98～196
泥灰岩	12～98	页岩	9.8～98

从上述岩性对比可以看出，在不同的地层进行施工适用的刀具是不同的，但所有的刀具也都是围绕怎样切割、剥落各种岩层和土层来进行施工的。刀具的研发也是如此，经世界各国多年的研究和施工实践，目前所使用的盾构刀具主要还是刮削类刀具和滚切类刀具。对于不同地层的掘进施工，应采用不同形式的刀具。在确定刀具形式之前，必须对施工地层进行勘察取样与试验，制定出详细的地质报告，一般地层都是以组合地层条件出现的，也有单一地层的情况，然后根据地层的分布特性和岩石抗压强度选择刀具。

2. 选择刀具应遵循的原则

（1）根据经济性选择刀具

1）掘进速度快、效率高。

2）单位进尺刀具消耗费用少。

3）尽可能适应多种地层掘进要求；种类少，备件费用低。

4）掘进单位进尺动力消耗少，综合费用低。

（2）根据地层条件选择刀具 对于软土层来说，刀具是比较好选择的，只要耐磨性好、排渣好的刮削刀具一般就能满足需要；对于岩石地层，则主要考虑岩石的如下特性：

1）岩石的强度。岩石的单轴抗压强度是影响掘进效率的关键因素之一。一般盾构最适合掘进的抗压强度为 30～150MPa 的中软岩地层。刀具的费用部分地取决于岩石的强度。在较软岩石中，抗压强度是一种较可靠的衡量标准。但在中硬岩石中，岩石的抗压强度与实际可破性往往不成正比。这是由于某些中等抗压强度的岩石有弹性或韧性。在掘进过程中，它对掘进的阻力大于岩石抗压强度所表示的阻力。弹性表现为岩石的韧性，当刀具压入时，岩石变形而不碎成岩渣。在这类岩石中掘进，其困难程度大于抗压强度虽然大但脆而易碎的岩石。

世界各地都在研究、寻求能表示岩石可破性的可靠指标。地层往往是复杂的，刀具的选择一定要考虑其复杂性。

2）岩石的耐磨性。选择刀具必须考虑的第二个因素是岩石的耐磨性。岩石的硬度和耐磨性高，刀具消耗和施工成本就高，造成停机换刀次数增加，影响掘进速度，在相对不耐磨的岩石中即使抗压强度很高，采用盘形滚刀或契齿滚刀往往效果很好。反之，在耐磨性大、抗压强度小的岩石中往往要用硬合金球齿滚刀，以免频繁换刀造成停工。

3）岩体的结构面发育程度。岩体的结构面发育程度即岩体裂隙化程度，与掘进效率有很大的关系。抗压强度、硬度、耐磨性相同或相近的岩体，若结构面发育程度不同，掘进机的掘进速度的差异明显。

由于各种刀具的结构形式、破岩机理和破岩部位地质条件的不同，每一种刀具只能适应于一定的掘进地层。表 6-3 是美国瑞德公司推荐的几种刀具的使用范围。表 6-4 是各类刀具的破岩机理。

表 6-3　几种刀具的使用范围

分类	抗压强度/MPa	典型岩石	刀具形式
软土层软岩	<30	页岩、黏土、泥岩	刮刀、齿刀、楔齿滚刀
中软岩	30~85	石灰岩、砂岩、大理石、火山岩、凝灰岩	盘形滚刀、楔齿滚刀
中硬岩	85~180	白云石、片麻岩、花岗岩、片岩、长石	硬质合金楔齿滚刀、盘形滚刀、盘形球齿滚刀

表 6-4　各类刀具的破岩机理

刀具类型		刮刀	球齿滚刀	盘形滚刀
主要破岩机理	刮削	★		
	剪切			★
	挤压	★	★	
	研磨		★	★
	龟裂			★
运动形式		滑动	滚动+微滑	滚动
刀齿形状		刨刀状	球面状	楔状

4）复合地层刀具的选择。对于地层条件不一致的复合地层，如砂卵石地层、土层、胶泥层以及岩石层等层叠分布的地层，施工和选择刀具都是有一定困难的，这时一定要综合考虑各种地质特性，选用部分要能适合土层、胶泥层掘进的刮刀，也要选用一部分能对付岩石层的滚刀，并交错布置刀具，互相能够补偿，充分发挥其应有的潜能。在制造刀具时，也要采取相应的措施，如在刮刀制造时充分考虑其耐磨性，在刀具的结构形式上既要有利于刮削，又要有利于帮助滚刀清理岩渣和胶泥团；在制造滚刀时，既要考虑破岩的需要，有足够的强度和硬度，又要考虑砂卵石地层对滚刀的磨损，在刀体外表面和刀座外表面堆焊耐磨材料或应用其他耐磨措施，防止其过早磨损失效，还要控制滚刀的启动扭矩不要过大，以免滚刀在通过砂卵石层和土层时不能自转，产生弦磨破坏失效。

综上，对于不同地层（图6-6）的开挖，盾构的刀具通常采用不同形式：开挖地层为硬岩时，采用盘形滚刀；地层为较软岩石时，采用齿刀；地层为软土或破碎软岩时，可采用切刀（或刮刀）。

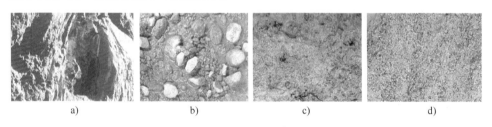

a)　　　　　　　b)　　　　　　　c)　　　　　　　d)

图6-6　各类地层成分

a）卵石层　b）砂砾卵石　c）洪积土（砂质土）　d）冲击黏土

6.6.2　盾构刀具的配置

不同的工程地质条件应采用不同的刀盘结构形式、布刀方式及刀具组合类型。布刀是否合理将直接影响施工效果和项目效益。在设计刀盘时，刀具配置应考虑以下几方面因素。

1. 按施工技术特点布刀

为保证施工操作安全可靠，首先应考虑以下几点：

1）使刀盘受力均衡、振动小、运转平稳。

2）刀具覆盖整个断面。

3）不得引起巷道偏斜。

4）方便排除渣土。

5）便于装拆和检查修理。

2. 按刀盘各区工作特点布刀

根据刀盘上三个性质不同的区域（中心区、正面区及边缘区）的工作特性，布刀时一定要充分考虑其分布特点。盾构刀具的配置如图 6-7 所示。

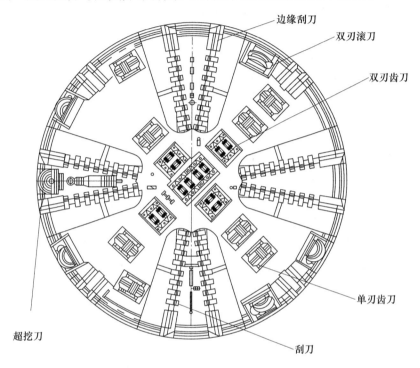

图 6-7　盾构刀具的配置

（1）中心区刀具受力和使用特点　该区是刀盘的中心，特点是位置小，滚刀安装在刀盘的回转中心处，施工过程中滚刀公转半径很小，而曲率很大。根据运动学原理，滚刀在施工中要受到刀盘的推力、刀盘扭矩对滚刀产生的滚切力以及刀盘旋转使滚刀产生的向心力。而向心力的大小在滚刀推力不变的情况下与滚刀的向心加速度成正比，而从公式 $a_n = v^2/\rho$ 可以看出，当刀盘做匀速回转时，向心加速度大小与曲率半径 ρ 成反比，靠近刀盘中心的向心加速度可以是无穷大，它表明滚刀速度方向的变化率非常大，几近沿半径方向滑动，所以中心滚刀除承载刀盘推力和滚动阻力外，还要承受很大的向心力，中心滚刀受力以扭转和沿刀盘径向滑动磨损为主，这一点在滚刀配置时要充分考虑。目前，在竖井刀盘上常安装单支点中心刀以减少中心刀的滑动磨损，而在盾构刀盘的中心刀承受刀盘推力较大，常用同规格的双刃盘形滚刀，内部安装四列承载轴向力较大轴承来满足其受力需要。

（2）正面区刀具受力和使用特点　该区处于中心区和边缘区之间，工作时刀具正对着掌子面，其受力情况与中心刀基本相同，不同的是远离刀盘回转中心，有较大的转弯半径，即曲率半径 ρ 较大，所受向心力较小，大部分滚刀是以纯滚动工作为主，切向速度与边滚刀相比也较低，又有足够的布置空间，所以该区布刀容易。一般常把滚刀和刮刀配合布置，刀具使用寿命也长。在硬岩中掘进时，正面区布刀应尽量使各刀具磨损均匀，尽量使滚刀纯滚动，这时无论是轴承寿命还是刀圈寿命都比较高。

（3）边缘区刀具受力和使用特点　该区刀具位于刀盘的边沿，其刀具的安装要从正对掌子面逐渐过渡到切削隧道内壁。刀盘边缘区刀具安装示意图如图6-8所示。可以看出，边滚刀的受力从全部受正压力到逐渐加大轴向受力，当安装倾角大于45°时，以受轴向力为主，所以边滚刀安装角不宜大于45°。每把边滚刀受力都不一样，除受上述分析的三向力之外，还有沉积到底部没有排出的岩渣产生的挤压力，刀具受力非常复杂。同时边滚刀的自转速度和公转线速度也较高，根据动力学原理，可把滚刀作为一个质点，则它的动量 mv（m 为滚刀质量，v 为滚刀线速度）就比较大，当遇到大块岩石撞击时，会产生很大的冲量，会对边滚刀造成致命的损坏。边滚刀除要承担大量的破岩外，还要保证开挖直径，所以边缘区布刀是刀盘布刀的关键，布刀量常常比较多，有些公司还对刀圈形状和刀体进行特殊设计，并制成专用边滚刀，以满足施工需要。

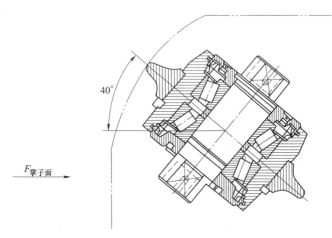

图 6-8　刀盘边缘区刀具安装示意

3. 刀具的排列方式

除了上述按刀具受力特点进行功能分区布刀外，各类刀具布置时在排列方式上也有讲究，目前常用的刀具排列方式有两种：

1）刀具整体连续排列方式，因其切削阻力较大，盾构密封舱内土体流动性差，现已很少使用，仅偶尔在切削阻力小的淤泥质地层中采用。

2）刀具牙形交错连续排列方式，因其切削阻力小、切削效率高、密封舱内土体流动性好和易搅拌而被广泛使用，目前世界上基本均采用牙形交错连续排列方式。

6.7　刀盘驱动方式的选择

刀盘的驱动方式有变频电动机驱动、液压驱动、定速电动机驱动三种。由于定速电动机驱动的刀盘转速不能调节，目前一般不采用。刀盘驱动方式对比表见表 6-5。

表 6-5　刀盘驱动方式对比表

序号	项目	驱动方式		备　注
		①变频驱动	②液压驱动	
1	驱动结构尺寸	大	小	①：②=（1.5~2）：1
2	后续设备	少	多	液压驱动需要液压泵、油箱、冷却装置
3	效率	95%	65%	
4	起动电流	小	小	
5	起动力矩	大	小	起动力矩可达额定力矩的120%
6	起动冲击	小	较小	
7	转速控制与调整	好	好	
8	噪声	小	大	
9	隧道内温度（产生热量）	低	高	
10	维护保养	容易	较困难	液压系统维修保养要求高，保养复杂

液压驱动具有调速灵活，控制简单、液压电动机体积小、安装方便等特点，但液压驱动效率低、发热量大。

变频驱动具有发热量小、效率高、控制精确等优点，现已得到广泛应用。

目前，中小型盾构的刀盘驱动较常采用液压驱动，大直径盾构较常采用变频驱动。但是由于变频驱动效率高，从节能方向及发展趋势来看，变频驱动方式是刀盘驱动今后的发展方向。

6.8　主要技术参数的计算

1. 盾构外径

盾构外径取决于管片外径、保证管片安装的富余量、盾构结构形式、盾尾壳体厚度及修正蛇形时的最小余量等。

盾尾外径的计算公式为

$$D = D_s + 2(\delta + t) \tag{6-1}$$

式中 D_s——管片外径；

t——盾尾壳体厚度；

δ——盾尾间隙。

盾尾间隙 δ 主要考虑保证管片安装和修正蛇形时的最小富余量。盾尾间隙要求在施工时既可以满足管片安装，又可以满足修正蛇形的需要，同时应考虑盾构施工中一些不可预见的因素。盾尾间隙一般为 25~40mm。

2. 刀盘开挖直径

刀盘开挖直径应考虑刀盘外圈防磨板磨损后仍能保证正确的开挖直径。在软土地层施工时，刀盘开挖直径一般大于前盾外径 0~10mm；在砂卵石地层或硬岩地层施工时，刀盘的磨损较严重，刀盘开挖直径一般大于前盾外径 30mm。

3. 盾壳长度

盾壳长度 L 由前盾（切口环）、中盾（支承环）、盾尾三部分组成。盾尾长度主要取决于地质条件、隧道的平面形状、开挖方式、运转操作、衬砌形式及封顶块的插入方式。

$$L = \xi D \tag{6-2}$$

式中 ξ——盾构灵敏度；

D——盾构外径。

根据国外盾构设计经验，一般在盾构直径确定后，盾构灵敏度值 ξ 的参考值如下：

1) 小型盾构（$D \leqslant 3.5\text{m}$），$\xi = 1.2 \sim 1.5$。

2) 中型盾构（$3.5\text{m} < D \leqslant 9\text{m}$），$\xi = 0.8 \sim 1.2$。

3) 大型盾构（$D > 9\text{m}$），$\xi = 0.7 \sim 0.8$。

4. 盾构重量

盾构的重量是盾壳、刀盘、推进油缸、铰接油缸、管片安装机、人舱、螺旋输送机（泥水盾构为碎石机及送排泥泵及管路）等安装在盾壳内的所有设备的重量的总和。

一般地，盾构重量 W 与盾构直径 D 的关系如下：

1) 对于手掘式盾构或半机械式盾构：$W = (25 \sim 40)D^2$

2) 对于机械式盾构：$W = (45 \sim 55)D^2$

3) 对于泥水盾构：$W = (45 \sim 65)D^2$

4) 对于土压平衡盾构：$W = (55 \sim 70)D^2$

式中 D——盾构外径（m）；

W——盾构主机重量（kN）。

5. 盾构推力

在设计盾构推进装置时，必须考虑的主要阻力有：盾构推进时的盾壳与周围地层的阻力 F_1；刀盘面板的推进阻力 F_2；管片与盾尾间的摩擦阻力 F_3；切口环贯入地层的贯入阻力 F_4；转向阻力（曲线施工和纠偏）F_5；牵引后配套拖车的牵引阻力 F_6。

推力必须留有足够的余量，总推力一般为总阻力的 1.5~2 倍，即

$$F_e = AF_d \tag{6-3}$$

式中　　F_e——盾构装备总推力（kN）；

　　　　A——安全储备系数，一般取 1.5~2；

　　　　F_d——盾构推进总阻力，$F_d = F_1 + F_2 + F_3 + F_4 + F_5 + F_6$，有时也可按下式估算

$$F_d = 0.25\pi D^2 P_J \tag{6-4}$$

式中　　D——定外径；

　　　　P_J——单位切削面上的经验推力，也称为比推力，一般比推力装备的标准为敞开式盾构为 700~1100kN/m²，闭胸式盾构为 1000~1500kN/m²。

（1）盾构推进时的周边反力　对砂质土而言

$$F_1 = 0.25\pi DL(2P_e + 2KP_e + K\gamma D)\mu_1 + W\mu_1 \tag{6-5}$$

式中　　F_1——盾构推进时的周边反力（kN）；

　　　　D——盾构外径（m）；

　　　　L——盾构总长度（m）；

　　　　P_e——作用在盾构上顶部的竖直土压强度（kPa）；

　　　　K——开挖面上土体的静止土压系数；

　　　　γ——开挖面上土体的浮重度（kN/m³）；

　　　　μ_1——地层与地壳的摩擦系数，通常取 $\mu_1 = 0.5/\tan\varphi$，φ 为土体的内摩擦角；

　　　　W——盾构主机的重量（kN）。

对黏性土而言

$$F_1 = \pi DLC \tag{6-6}$$

式中　　C——开挖面土体的黏聚力（kPa）。

（2）刀盘面板的推进阻力　手掘式、半机械式盾构上，为开挖面支护反力；机械式盾构上，为作用于刀盘上的推进阻力；闭胸式盾构上为土仓内压力。

$$F_2 = 0.25\pi D^2 P_f \tag{6-7}$$

式中　　F_2——刀盘上的推进阻力（kN）；

　　　　D——盾构外径（m）；

　　　　P_f——开挖面前方的压力；泥水盾构为土仓内的设计泥水压力，土压平

衡盾构为土仓内的设计土压力（kPa）。

（3）管片与盾尾间的摩擦阻力

$$F_3 = n_1 W_s u_2 + \pi D_s b P_T n_2 \mu_2 \tag{6-8}$$

式中　F_3——管片与盾尾间的摩擦阻力（kN）；

　　　n_1——盾尾内管片的环数；

　　　W_s——一片环管片的重量（kN）；

　　　μ_2——盾尾刷与管片的摩擦系数，通常为 0.3~0.5；

　　　b——每道盾尾刷与管片的接触长度（m）；

　　　P_T——盾尾刷内的油脂压力（kPa）；

　　　n_2——盾尾刷的层数。

（4）切口环贯入地层的贯入阻力　对砂质土而言

$$F_4 = \pi (D^2 - D_i^2) P_3 + \pi D t K_P P_m \tag{6-9}$$

式中　D——前盾外径（m）；

　　　D_i——前盾内径（m）；

　　　P_3——切口环插入处的地层平均土压（kPa）；

　　　t——切口环插入地层的深度（m）；

　　　K_P——被动土压系数；

　　　P_m——作用在盾构上的平均土压力（kPa）。

对黏性土而言

$$F_4 = \pi (D^2 - D_i^2) P_3 + \pi D t C \tag{6-10}$$

式中　C——开挖面上土体的黏聚力（kPa）。

（5）转向阻力

$$F_5 = RS \tag{6-11}$$

式中　R——抗力土压（被动土压力）（kPa）；

　　　S——抗力板在掘进方向上的投影面积（m²）。

转向阻力仅在曲线施工中或者盾构推进中出现蛇形时才存在，由于抗力板在掘进方向上的投影面积的计算复杂，因此一般不计算转向阻力，在确定总推力时考虑盾构施工中的上坡、曲线施工、蛇形及纠偏等因素，留出必要的富余量即可。

（6）牵引后配套拖车的牵引阻力

$$F_6 = \mu_3 W_b \tag{6-12}$$

式中　μ_3——后配套拖车与运行轨道间的摩擦系数；

　　　W_b——后配套拖车及拖车上设备的总重量（kN）。

6. 主驱动功率

$$W_0 = A_W T \omega / \eta \tag{6-13}$$

式中　W_0——主驱动系统功率（kW）；

　　　A_W——功率储备系数，一般为 1.2~1.5；

　　　T——刀盘额定扭矩（kN·m）；

　　　ω——刀盘角速度；

　　　η——主驱动系统的效率。

7. 推进系统功率

$$W_f = A_W Fv/\eta_w \tag{6-14}$$

式中　W_f——推进系统功率（kW）；

　　　A_W——功率储备系数，一般为 1.2~1.5；

　　　F——最大推力（kN）；

　　　v——最大推进速度（m/h）；

　　　η_w——推进系统效率。

第7章 盾构施工准备

7.1 施工前准备

7.1.1 方案准备

方案准备有如下几点：

1）盾构选型或保养维修方案。

2）施工组织设计。

3）临电布置方案。

4）端头、换刀点、联络通道及泵房加固方案。

5）龙门式起重机安装拆除方案。

6）测量监测方案。

7）安全专项施工方案。

8）盾构的运输方案。

9）盾构吊装、拆除方案。

10）盾构调试方案。

11）洞门凿除方案。

12）盾构始发方案。

13）盾构100m试验段方案。

14）盾构掘进方案。

15）盾构接收方案。

16）联络通道及泵房施工方案。

17）洞门施工方案。

18）盾构开舱专项方案。

19）孤石处理专项方案、软基础处理专项方案、溶洞处理专项方案。

20）盾构穿越河流、建构筑物专项方案。

7.1.2 现场准备

基坑底板始发段完成施工，始发井处中板完成施工，端头加固已完成28天以上，具备盾构吊装下井始发施工（最基本条件）；现场布置，龙门式起重机安装调试、土坑浇筑完成（土压机，一台机的土坑要存放 15 环左右）、搅拌站安装调试，这些基础设施既可以同时施工，也可以流水施工，主要根据现场的条件和始发时间是否许可来考虑。

1. 盾构选型及旧盾构维修改造

盾构选型及旧盾构机维修改造应注意以下几点：

1）拟用工程的地质适应性。

2）盾构现状描述：上一个工程的使用情况，相应各部件照片。油样检测、液压系统元件和管路、刀盘驱动系统、螺旋机、刀具使用情况。

3）盾构本身存在问题的描述。

4）拟维修和改造内容：主要维修项目、改造项目、新购置项目、维修改造后设备状况检测。

5）维修改造计划、维修改造人员和组织、维修改造时间安排、维修改造地点、重要的检测项目内容（如油样化验、液压设备检测维修、电动机检测、液压设备及管路检测等）。

2. 补充地质勘查

补充地质勘查应注意以下问题：

1）补勘孔位设定是否合理，具体包括以下几点：

① 易发生事故的地点，如联络通道、洞门附近。

② 特殊地段，在详勘报告中仍不能完全反映的，如花岗岩残积层、断裂带、溶洞、过江段。

③ 对原有地质报告存在怀疑的地方，如左右线同里程位置差异很大的地方，又如原地质报告部分孔位过疏的地方。

④ 地层突变较大的地方。

2）补勘单位选择是否合理，具体包括以下几点：

① 勘察的主要内容及其报告主要内容是否合理。

② 勘察设备选择是否合理、取芯率能否达到要求。

3）勘察的主要内容及其报告主要内容是否合理。包括提交的报告是否满足工程需求；特别注意芯样图片的提交，有可能的话，做芯样颗粒分析，包括黏粒含量、石英含量、粉粒含量等。特殊地层还需要进行物探查明。

4）勘察设备选择是否合理、取芯率能否达到要求。要求取芯率 90% 以上。注意要求承包商封好孔并做好封孔记录。

5）补充地质勘查费用的支付。

3. 建筑物管线调查

建筑物管线调查应弄清如下问题：

1) 调查范围如何界定？调查范围是否合理？线路影响范围内的建筑物和管线是否均列入了调查区？注意一些有怀疑的地方必须摸查清楚。

2) 调查计划如何安排？应尽可能早地完成调查，以便尽早实施建筑物保护、托换或迁移。

3) 调查人员和设备如何安排？人员能否满足调查进度需求，相关仪器设备是否到位？

4) 调查报告是否满足要求？调查报告内容包括建筑物基础调查表、建筑物管线现状调查表、建筑物调查汇总表、裂缝调查表、相关图片、房屋鉴定等。

7.1.3 盾构吊装前的注意事项

盾构吊装前的注意事项包括以下几点：

1) 始发基座的安装、轨道安装完成；底板的测量放线；洞门复核；始发架的高度复核；根据实际测量情况进行 CAD 模拟；现场吊装始发基座，基座固定后进行测量。

2) 盾构的吊装顺序、吊装角度。根据现场的实际情况来确定吊装顺序和吊装角度。

3) 盾构各台车、盾体、刀盘管线、设备、刀具需要扎帮、安装牢固。

4) 起重机站位位置需要加固处理已提前完成，并满足承载力要求。

7.1.4 盾构调试安装阶段的主要工作内容

盾构调试安装阶段的主要工作内容如下：

1) 管、线连接（水管、浆管、油管、污水管、照明线、高压线及控制线）。

2) 各系统调节，包括推进系统、注浆系统、二次注浆系统、拼装系统、测量系统、液压系统、电气系统、渣土改良系统、螺旋机皮带系统、人闸气密性测试等。

3) 反力架的安装、始发顺接的安装。

4) 根据调试情况确定洞门凿除进度。

7.1.5 盾构始发 100m 主要工作

盾构始发 100m 主要工作如下：

1) 摸索该地层盾构掘进的各项掘进参数（参数的选择与盾构和地层密切相关），主要参数包含推力、扭矩（在扭矩较大时关注渣土问题）、土压力（土压盾构，泥水盾构中称为切口水压）、灌入度（土压盾构，泥水盾构中称为渗透率）、泡沫发泡率、注浆情况、渣土出土量等。

2）摸索该台设备的机械性能。

3）盾构施工时流水施工，各相关环节的衔接配合情况是否符合要求。

4）100m 施工总结验收。进入正式掘进施工管理。

7.1.6　重要分包商的选定

1. 设计分包商的选定

在进行设计分包商选定时，非常重要的设计图提交计划一定要提前明确。特别是管片结构图和配筋，包含特殊管片图样，为管片模具制造提供依据，为管片厂选定提供依据。

2. 管片分包商的选定

管片分包商的选定应根据以下条件进行：

1）信誉和经验。

2）生产计划。

3）提供模具情况。

4）厂房既有生产状况及场地状况。特别是模具供应、堆场、养护池、养护场地能否满足需求。

5）管片分包的造价及合同签订。

3. 钢管片分包商的选定

钢管片分包商的选定应考虑其生产周期，及早确定。

7.1.7　施工方案审查

1. 审核方法

（1）符合性审查

1）符合当前国家基本建设方针与政策，突出"质量第一、安全第一"的原则，同时还要符合现行工程建设强制性标准条文的有关要求。

2）造价、工期、质量、安全控制目标应符合施工合同和设计的要求。

3）审批签字齐全，应有承包商编制人签名，项目经理或总工审核，企业技术负责人签字批准，并加盖单位或项目公章。

4）项目主要管理人员和施工机械要符合投标和合同规定的要求。

5）申报手续齐全，必须附规定的审批表。

（2）全面性审查

1）编制依据和工程概况。

2）施工方法及施工控制要点。

3）施工准备工作。

4）质量保证措施。

5）进度计划。

6）材料、设备投入计划。

7）施工组织构架，组织构架包括管理组织网络和各岗位人员、人员投入计划。

8）安全文明施工、环保措施。

（3）针对性审查

1）应结合现场的实际情况，编制有针对性的施工控制措施。

2）施工工艺和措施应该详细、具体，并具有可操作性，要有针对工程重难点的分析和认识，并有针对性措施。

3）施工平面的布置与现场地貌环境、建筑平面协调一致，并符合紧凑、合理、文明、安全、节约、方便的原则。

4）优先选用目前先进成熟的施工技术，而新技术的使用应对本工程的质量、安全与造价有利。

5）审核网络图的合理性和均衡性，并审核其能否满足总进度计划需求，能否做到均衡连续施工。

6）施工机械的选用、配备应经济合理，满足工期与质量等要求。

2. 工程总体筹划的审核

（1）施工场地总平面布置方案

1）场地布置是否顺畅，互相干扰最小。

2）一些主要设施布置是否合理和齐全，包括渣坑、管片堆场、龙门式起重机系统、砂浆拌和站、排水系统、冷却塔、通风机、充电间、机修车间、钢构件加工厂、小型机具堆放场、洗车槽、防洪措施、沉淀池等。

3）最好能包含井下场地布置，如轨线布置、循环水池布置、井下沉淀池布置、油脂、泡沫堆场等。

（2）工程总进度计划编制

1）关键节点的确定。盾构进场、盾构始发、盾构到达、盾构过站、附属结构施工、工程验收。

2）几个需要注意的问题如下：掘进完成和竣工验收之间需要有1个月以上的时间，联络通道施工时间与盾构掘进施工时间的冲突，洞门施工时间与隧道掘进时间的冲突，端头加固时间的确定；掘进过程：始发、到达段与正常段掘进速度不同，长距离后掘进速度不同，不同地层掘进速度不同，换刀等异常时间的考虑；管片生产的开始时间是否满足盾构掘进速度要求；盾构机制造、管模制造、龙门式起重机制造安装、联络通道管片制造安装等是否预留了足够时间。

3. 其他专项方案审查要点

1）管片生产施工组织，包括管片排版；管片生产计划；管片厂场地布置；

管片生产工艺流程；管片生产质量保证措施；管片生产组织结构；管片运输及进出场检查验收程序。

2）盾构始发、到达端头加固方案，包括加固方法选择是否合理；加固工艺流程是否合理；加固设备选择是否合理；检测手段是否合理；质量保证措施。

3）盾构运输、吊装、吊出方案，包括运输线路；吊装设备及人员；吊装顺序与方法；吊装场地布置与现场的适应性；拆机顺序与方法；计划安排。

4）盾构始发（到达）方案，包括始发架和接收架、反力架设置；始发姿态控制；防滚动措施是否到位、曲线始发方向、始发测量方案；负环管片安装位置是否正确；始发掘进参数的控制；密封环板选择；管片防松弛措施；洞门凿除：凿除计划、凿除方法、顺序、凿除人员安排、安全措施。

4. 接口协调工作

（1）始发场地的协调

1）端头加固的场地及水电协调。

① 移交的时间：根据工程进度计划和加固的原则确定加固时间，宜早不宜迟。部分场地困难的，可以分批分期进行。

② 移交内容：移交范围的施工场地、道路、场地内的地下管线、场地内的监测点、临时设施、水电接入点等。

③ 移交的要求：满足进行端头加固的场地和施工条件，拆除移交范围的临时设施，清运因施工产生的建筑垃圾的责任义务，遵照"谁产生谁负责"的原则，移交场地必须整洁有序。

④ 端头加固进场施工的原则是：

A. 加固期间，做好场地内的安全文明施工，尤其是泥浆的处理，场内必须服从车站承包商的统一管理。

B. 盾构承包商的加固所需的水、电可由车站承包商提供接入点，单独安装水表、电表，按时将水电费交付给车站承包商。

2）地面施工场地的移交。

① 移交内容：移交范围的场地、场地内的地下管线、场地内的监测点、水电接入点、场地内的临时建筑、临时道路、场地范围的地面主体结构及地表其他构造物等。

② 移交的一般要求：拆除场地范围的临时设施，清运因施工产生的建筑垃圾的责任义务，遵照"谁产生谁负责"的原则，移交场地必须整洁有序，场地内的垃圾和材料全部清理完毕。

③ 注意事项：对于周边需要保护的建筑物，在盾构掘进期间可能受影响的，如果没有第三方监测，必须对监测数据移交，并与对方明确发生损失后的赔偿

原则。

3）地下施工场地移交。

① 移交内容：场地范围内的主体结构、围护结构及支撑、场地范围内的预埋件（接地引出线、防杂散电流端子、测量导线点、水准点、站台板预埋插筋、风道预埋插筋等）、预留孔洞、预埋注浆管及其他预埋件。

② 尽量减少在主体结构上打钻，若必要时，需在主体结构上打孔，须征得车站承包商和工点设计的同意。

③ 车站集水井若未封闭，需要明确集水井的临时抽水工作应由谁负责，费用如何分担。

（2）盾构到达、过站、调头场地协调

1）盾构到达、过站对车站的要求。

2）盾构承包商运输方案（包括运输路线）、吊入吊出、组装解体方案，尤其是盾构的起吊、运输的荷载，必须符合车站的地面超载要求，方案必须征得车站设计的同意。

3）盾构承包商需利用车站中板堆放材料和设备时，需有荷载检算资料，符合车站荷载的要求，并征得车站工点设计的同意。

（3）盾构预埋件安装协调

1）盾构预埋件主要包括：洞门环板，吊装所需的钢板或吊环、后配套设备底座、测量监测点、盾构始发、过站及到达所需的预埋件等。

2）预埋件的施工的原则："盾构工点负责制作运输，车站工点负责安装埋设，安装过程盾构承包商指导施工，双方共同验收，双方要多沟通、早沟通"。

预埋件设计、车站主体结构预埋件审查、预埋件加工、预埋件质量验收、预埋件安装和预埋件安装验收盾构承包商负责，监理审查业主项目经理组织，四方参加盾构承包商、监理洞门钢环四方确认，其余盾构车站承包商施工，盾构指导，监理、业主测量队复测、检查四方共同参加预埋件安装验收。

① 洞门中心定位的测量工作，由车站方、盾构方、业主方、测量队依次完成；注意车站施工单位要尽可能早地放样，以免脚手架干扰。

② 洞门环板验收接收后（提前 10 天以上），安装定位，定位后四方验收确认，再浇注混凝土（特别注意螺栓孔封堵）。

③ 浇注混凝土完毕，四方再次确认钢环安装精度。

④ 其他预埋件提前 2~3 天通知盾构承包商。

（4）监测资料的移交

1）车站和盾构共同影响范围内的建（构）筑物的监测基准值由双方承包商

和监理共同测量确定。

2）移交时，对建（构）筑物外观和墙体等实物，双方现场进行确定。由于车站施工引起变形较大、双方有争执的建（构）筑物，由车站承包商请第三方鉴定所鉴定后移交。

3）对建（构）筑物的移交资料必须包括整个车站施工期间的监测资料和业主的协调处理资料。

7.2　技术准备

1）在接到施工图后，认真组织技术人员熟悉图样，编制详细的实施性施工组织设计和分项工程实施性方案，对特殊过程、重点部位制定具体的施工方案，待方案批准后，组织对各工种施工人员进行技术交底。

2）组织有关人员学习图样及各种规范、技术要求。

3）组织技术及管理人员对施工现场范围内的建筑物、地下管线进行调查，做到心中有数，并针对性地制定保护和预防措施。

4）编制质量目标设计，配备齐全有效的施工规范、规程、验收标准，制定技术资料管理目标，建立健全资料管理体系。

5）组织技术及测量人员检查验收控制桩，并做好控制桩保护工作。

6）根据图样编制材料总计划和月、季、年度计划。

7）开工前做好施工组织、方案技术交底，做好钢筋及模板加工图样的交底。

8）对参与施工人员进行入场教育和岗位培训工作，各项教育及培训在进场前 15 天内完成。

9）及时编制各种材料计划，配齐各种试验设备，提前进行调试，经检测合格后及时按要求的项目进行各项试验，指导工程的正常进行。

10）建立健全实验室各种规章制度和各种台账，以确保数据的真实和完整性。

7.2.1　生产准备

1）对施工现场进行调查，确定进入现场的水、电接入口，办理有关手续，布置场内临电、临水走向。

2）根据施工进度计划，及时协调做好劳动力、物资、设备的准备工作，制定现场管理、消防保卫和环境卫生管理措施。

3）了解现场地上、地下障碍情况，向业主及监理提交拆迁报告和地下障碍的保护方案。

4）调查联系渣土消纳场地，并办理渣土消纳手续。

5）开工前完成现场临时占地手续，并按标准做好临时设施的搭建。

7.2.2 质量工作准备

1）根据施工承包合同和具体要求确定工程的最终质量等级，制定工程的质量目标，建立工程质量保证体系和质量管理体系。

2）对施工图、技术资料认真复核，对操作人员进行技术培训和安全、质量教育，施工中做好试验、检验，工程检测和监控量测工作，工班交接实行"三检"制度，使每个环节都处于受控状态，确保工程质量。

3）项目经理部设专职质检工程师 3 名，各作业队设质检工程师 1 名，各班组设质检员 1 名。质检员要求持证上岗，并制定岗位责任制。

4）制定工序质量评定标准，并组织进行学习。

7.3 设备材料准备

7.3.1 现场准备

1）根据现场平面布置，在开工前做好物资材料堆放的临时摆设工作。

2）与业主签订供货协议，明确双方材料供货范围及责任。

3）开工前落实各项施工用料的计划，按照标准程序要求选定合格厂家和产品，签订供货合同，并分期分批组织进场。

4）根据主要机具需用量计划，及时组织机械设备的进场、安装、调试，保证使用。

5）为了减少周转料租赁费用，原则上不准将周转材料堆放在现场，因此对各种材料的入场时间、数量等要提前做好计划，设专人负责，分阶段陆续进场，保证使用。

6）钢模和支护体系材料在当地租赁，定型模板根据设计选择合格的厂家进行加工。

7）机械设备尽可能采用自有设备，特殊设备采取租赁形式，专用设备、检测及试验设备均为自备，各种设备根据工序及进度计划提前进场。

8）若工程工期紧、任务重、施工难度大，为了顺利完成该项施工任务，可设立指挥部，协调各个施工环节。

9）为全面落实施工安排的组织保障，更好地组织施工，切实加强技术管理、质量控制，可调派技术、质量、材料、政工、安全、经营等方面有较强能力的人员组成的项目经理部。

10）根据劳动力计划和工期安排，选择良好的专业施工队伍，选择有较强施工组织能力、信誉高、肯吃苦的劳务队伍施工。

11）根据开工日期和进度计划安排、劳动力需用计划，及时组织劳动力和物资、机械设备进场。

12）进场前对施工人员进行全员入场教育，对重点工序、新工艺进行专业技术培训，召开动员会，做好特殊工种的准备工作。

施工队伍进场组织：项目经理部在任务落实后 3 日内组建完毕并进场开展工作；施工队伍于开工前 5 日内组织进场，同时进行进场教育及技术培训，尤其要加强文明安全施工、环境保护及地下管线保护的教育。

机械设备进场组织：前期施工的部分机械设备于开工前 5 日内组织进场，同时进行维修、保养及调试等工作。后续施工机械随施工进度需要陆续组织进场。

工程进场的同时，熟悉了解现场情况及周围环境情况。了解并落实现场临时占地，提出临时用地申请并联系办理有关事宜；了解现场交通状况，向业主、监理及有关管理单位提交现场临时施工道路设置方案；了解现场地上地下障碍情况，向业主、监理提交拆迁报告及地下障碍的迁移保护方案；调查联系渣土消纳场地；与地方交通等部门取得联系，为工程施工创造良好的环境。上述工作在工程开工前后陆续完成。

7.3.2 管片分包商的选定原则

1）信誉好和经验丰富。

2）详细的生产计划。

3）提供详细的模具情况。

4）厂房既有生产状况及场地状况良好。特别是模具供应、堆场、养护池、养护场地能否满足需求。

5）管片分包的造价合理及能够及时合法完成合同签订。

7.3.3 钢管片分包商的选定

考虑其生产周期，及早确定。

第8章 盾构隧道竖井施工

8.1 盾构隧道竖井的一般要求

开挖竖井在盾构隧道施工中是必不可少的一个环节，竖井的用途包括：安装、拆卸盾构；出渣、进料、人员进出的通道；作通风井；盾构调头。竖井施工如图 8-1 所示，沉井法施工如图 8-2 所示。

图 8-1 竖井施工

图 8-2 沉井法施工

1. 竖井形式

1）盾构始发竖井（端头井）。

2）盾构接收竖井（端头井）。

3）中间竖井：长大隧道，因盾构检修、隧道通风、路线中途改变方向设置的竖井。

2. 形状

矩形、圆形、正多边形（横断面）；柱形、阶梯形、锥形（纵断面）。

3. 大小

一般在盾构两侧留 0.75~0.8m 的空间。

8.2 盾构隧道竖井的构筑工法

8.2.1 盾构隧道竖井施工方法

1. 竖井围护

竖井围护方法有：挡土墙围护、沉井法等。

1）钢板桩：适用竖井深度<15m，可打入钢板桩地层。

2）钻孔灌注桩+水泥土搅拌桩。

3）地下连续墙：深竖井深度 $H > 25m$，地层范围广。

4）SMW 工法：适用竖井深度≤20m，对含大卵石地层不宜使用。

5）沉井法：水中开挖、对岩层不太适用；排水下沉：人工挖土；不排水下沉：机械挖土（抓土斗、吸泥机）。

6）气压沉箱工法：在刃脚上方一定距离设置一道隔板（底板）的井筒称为沉箱。气压沉箱工法的原理如下：向沉箱下部的作业室内压送气压与地下水压相当的压缩空气，阻止地下水渗入作业室，以保证开挖作业在干涸状态下进行。这种方法由于压气压力受限，故深度受限。

2. 竖井开挖

1）设置竖井降水。

2）竖井基坑底部加固（注浆、搅拌桩、高压旋喷）。

3）采用边挖边支护方式进行。

3. 预留封门

盾构拼装室的端墙上预留盾构通过的开口，称为封门。

预留封门的作用：挡土、防渗。

预留封门的形式：

1）现浇钢筋混凝土封门。

2）钢板桩封门。

3）预埋 H 型钢封门。

8.2.2　竖井法进行刀盘维修、换刀简介

为了确保盾构在软硬不均地层换刀作业的安全性，采用竖井法进行盾构刀盘维修、刀具更换是盾构施工中一项特别的技术。

1. 采用竖井法进行刀盘维修、换刀的条件

一般情况下，当需要进行刀盘修理、换刀作业时，如果盾构上方的地层不稳定，不能直接开舱进行刀盘修理、换刀作业。特别是满足以下条件时，应考虑采用竖井法进行刀盘的恢复：

1）盾构机上方的土体基本不能自稳。

2）通过地面加固难以达到预期的效果。

3）由于盾构上方土体沉陷，导致无法从盾构机内部进入刀盘作业。

4）地面条件有足够的竖井施工场地。

5）工期条件。

6）经济条件。

7）其他原因。

2. 换刀施工竖井技术参数的确定

（1）竖井位置的确定　在确定竖井位置时，以盾构刀盘位置为主要依据，将盾构刀盘完全放入竖井净空范围，同时要确保竖井井壁放在盾构机的盾壳之上，以确保进行刀盘修理时作业人员的施工安全。

（2）竖井净空尺寸的确定　在确定竖井的净空尺寸时，一般依据竖井的宽度和盾构刀盘的轮廓尺寸进行确定。例如，盾构刀盘尺寸为6300mm，考虑设计深度的竖井施工偏差尺寸，则在确定施工竖井的净空尺寸一般在盾构刀盘直径加上2×（100~150）mm。

竖井的长度一般为盾构刀盘露出的尺寸加上人工在开挖盾构刀盘竖井时所需要的最小空间。当竖井深度小于15m时，此尺寸一般取1.5m；当竖井深度大于20m时，刀盘的竖井施工最小净空不小于2m。

（3）竖井深度的确定　在考虑采用竖井进行刀盘处理时，一般竖井的底部比盾构机的刀盘低30~50cm。

（4）竖井支护参数的确定　由于换刀竖井是临时性的构筑物，故在竖井设计时，特别是在考虑竖井支护参数的设计时，一般采用格栅钢架结合网喷混凝土进行。根据经验，格栅钢架的间距一般不大于1m，喷射混凝土的厚度不小于20cm。

3. 竖井的施工

（1）竖井位置测量放线　由于采用竖井法进行刀盘处理时，一般不需要进行区间隧道施工，故不需要过高的测量精度要求，在进行竖井测量时，首先在地表做好竖井锁口混凝土的控制测量放样工作。在锁口施工结束之后，直接在竖井的锁口的四周每边依据控制测量的做法做出相对固定的控制测量点，此测量桩点要根据竖井的开挖情况定期进行测量复核，在施工过程之中，随时依据测量桩点进行竖井开挖、支护净空尺寸检查。

（2）竖井围护结构施工　在竖井施工时，尽量不考虑进行竖井围护结构的设计，如确需施工围护结构时，采取结构的类型的次序依次为：搅拌桩、摆喷墙、旋喷桩、压密注浆，以防在进行围护结构施工时盾构的盾壳被卡住。

（3）盾构附近竖井施工　当竖井开挖至盾构刀盘附近时，由于盾构外形的特殊性，加之由于盾构刀盘四周的难以形成封闭的结构，为了防止大量的泥水自刀盘的外部四周涌入竖井，当竖井开挖至盾构附近时，必须采取超前注浆进行地层加固。一般采取的方法为在竖井井壁沿盾构刀盘轮廓布设间距不大于40cm、长度不小于2m水平方向的注浆锚杆，并通过注浆锚杆进行地层加固。

在竖井与刀盘的结合部位，要根据地质情况一般采取注浆进行专门的加固。一般的做法是沿盾构刀盘四周，通过风钻引孔，设置长2mϕ32mm的钢插管，并注水泥—水玻璃双液浆（水泥：水=1：1（质量比），水泥浆：水玻璃=1：1

（体积比）） 进行土体加固。

当竖井开挖至区间隧道范围时，距离盾构刀盘外圈 20cm 在每榀钢架之间提前做出洞门钢架，并与竖井钢架进行焊接。

（4）盾构开挖轮廓竖井施工　当竖井开挖至盾构开挖轮廓范围时，竖井的支撑与支护不能形成一个闭合的结构，此时采取的措施是将支撑结构改为［形结构，通过增加斜撑或角撑以加强支撑结构，同时将每一榀钢架沿盾构机开挖轮廓用型钢连接，使之在竖井井壁范围内形成一个闭合的拱圈，以达到进一步增强结构刚度的目的。

4. 刀盘恢复作业

（1）防护　完成竖井开挖之后，在进行刀盘恢复作业之前，必须进行必要的防护，方可进行刀盘恢复作业。防护内容包括：在刀盘上部搭设防护平台，防止地面的杂物坠落。在刀盘作业区需要焊接的部位上方，用塑料板或其他物品防止地下水直接跌落在焊接工作面。

（2）刀盘维修、换刀作业　在所有防护工作完成之后，开始刀盘维修、换刀作业。在作业过程中，一方面要派专人对现场进行组织协调，抓紧时间尽最大可能以最快的速度进行刀盘恢复，另一方面要有专人进行现场安全防护、管理与协调。同时对所有的工作内容必须有专人进行工作质量验收（如刀盘的焊接质量、刀具的质量以及刀具的安装质量等）。

5. 回填与恢复盾构推进

（1）竖井井壁拆除与回填　在确认所有刀盘恢复工作全部完成之后，进行盾构刀盘旋转试运转。确认盾构本身满足掘进条件后，开始进行竖井井壁拆除与施工竖井回填工作。

回填由下至上分层（每层 0.5m）进行，首先凿除盾构开挖轮廓范围内井壁网喷混凝土，并割除型钢支架，然后将土自地面放入井下，进行夯填。在夯实完成之后，拆除上一层的支撑，开始进行下一循环的回填。

回填时，由于竖井范围地下水丰富，在竖井出水量较大部位设置集水坑，将地下水引至集水坑并抽出。

在回填时，刀盘土仓回填高度应高于竖井回填高度。

盾构刀盘底部至刀盘顶部范围回填料采用石粉水泥拌合料，石粉与水泥的质量比为 10：1，刀盘顶部以上 2m 范围回填料石粉与水泥的质量比为 5：1。拌合料采用人工拌制。为避免水泥浆液固结刀盘，刀盘前方 0.5m 范围应不加水泥。

（2）盾构恢复推进　在逐层回填至盾构刀盘后，盾构恢复正常掘进。开始恢复掘进时，盾构掘进必须采用气压平衡模式进行，以防盾构刀盘的开口因回填原因而形成堵塞。

第 9 章　盾构施工工艺与技术

在盾构选型、设计及监造完成并运输到施工现场后，可开始盾构掘进工作。盾构总体施工流程如图 9-1 所示。

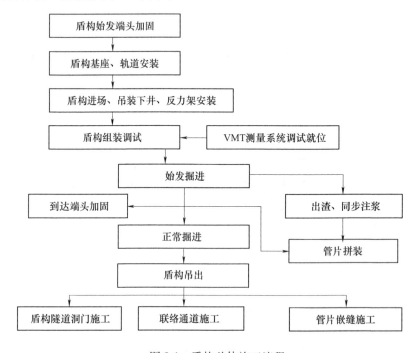

图 9-1　盾构总体施工流程

9.1　盾构选型、设计及监造流程

盾构隧道是使用构造较为复杂的盾构，在两个竖井中间一次性施工而形成隧道。盾构是针对某种条件的专用机械，根据每一个施工区段的地质条件、地下水条件、隧道断面大小、区间线路条件、周围建筑物环境等进行设计、制作。因此，盾构的设计、制作从根本上决定了隧道施工的成功与否，是盾构隧道施工最关键的环节。为了设计更为合理的盾构，必须进行周密的盾构选型工作（具体选型原则与方法见第 6 章）。

　　盾构的选择关系到其能否正常掘进施工，特别是关乎施工安全，故必须采用科学的方法，按照可行的程序，经过策划、调查、可行性比选评价等步骤，合理选定盾构。盾构选型、设计、监造流程如图 9-2 所示。

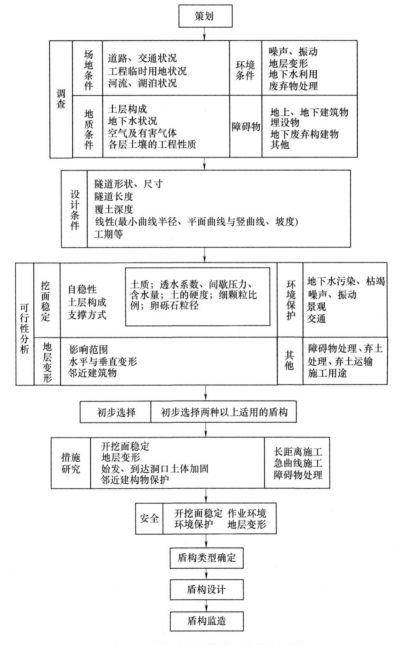

图 9-2　盾构选型、设计、监造流程图

盾构选型确定后，盾构制造商开始设计工作，完成基本设计后经设计联络确定设计制造方案，最后进入盾构制造期。盾构监造，协助和促进盾构制造商按照合同、设计文件要求生产，确保盾构制造质量。

1. 盾构设计联络

在盾构采购合同中，设计联络是其中一项不可缺少的内容。买卖双方可以通过它协调设计及其他方面的工作，包括审查设备的总体布置、技术设计、施工设计、质量保证，协调与其他设备的接口，安排货物的交货、组装、安装、试运行和验收试验等有关问题。

设计联络的主要工作内容包括：检查合同设备的设计、制造情况；检查和协调工厂已做的工作和交货速度；协调土建安装及其他设备、系统的接口问题；讨论合同设备的安装；讨论技术培训计划；讨论双方关心的其他问题。设计联络一般以联络会形式进行，双方技术和商务人员参加，根据具体情况安排会议时间和次数。

2. 盾构监造

盾构监造的目的是协助和促进盾构制造商保证盾构设备制造质量，努力消灭常见性、多发性、重复性质量问题，把产品缺陷消除在出厂以前，防止不合格品出厂。

盾构监造的工作程序如下：

1）用户与制造商签订合同（包括监造协议）。监造内容要详细具体，包括监造项目内容、监造模式、监造大纲、制造厂为监造人员开展工作提供的条件及有关技术资料等。

2）明确监造标准。监造标准应在设备合同中予以明确，包括：GB/T 19000—2016《质量管理体系　基础和术语》等标准；有关的国家和行业标准；相关技术规定；制造厂的企业标准；引进技术制造的设备标准。

3）明确监造人员的素质要求和职责。

4）完成监造工作报告。

9.2　盾构始发

盾构始发是指在盾构组装完成后，放置地符合设计轴线的基座上，具备掘进、管片安装、背衬注浆条件，利用负环管片、反力架等承受反作用力的设备，将盾构贯入出洞口进入地层沿所定线路向前推进，直至盾构完全进入隧道，拆除洞口负环管片、反力架等辅助设施的一系列作业。盾构在初始阶段的施工难度很大。因此，盾构隧道始发技术是盾构法施工技术的关键，也是盾构施工成败的一个标志，必须要全力做好。盾构始发示意如图9-3所示，盾构始发施工工艺流程如图 9-4 所示。

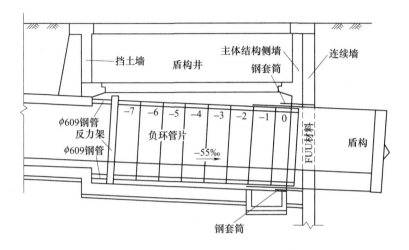

图 9-3　盾构始发示意图

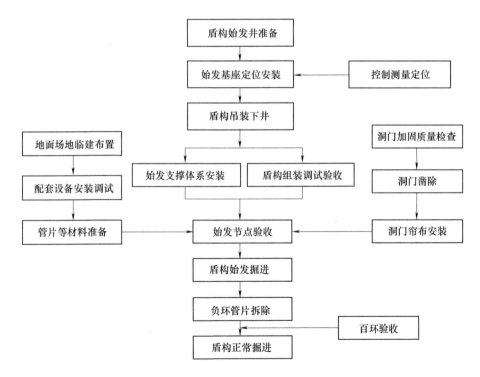

图 9-4　盾构始发施工工艺流程

9.2.1 始发端头地基加固

盾构始发时，随着竖井挡土墙的拆除，端头土体的结构、作用荷载和应力将发生变化，因此对始发掘进和到达掘进的竖井端头地层需进行土体加固。端头加固的好坏直接决定着盾构始发及到达的成败。

1. 端头加固的目的

消除拆除临时墙的振动影响；在盾构始发贯入开挖面时，能使围岩自稳及防止地下水流失；防止开挖面坍塌；防止地表沉降。

2. 端头加固范围

端头加固范围一般为隧道衬砌轮廓线外左右两侧各 3.0m，顶板以上为3.0m，底板以下 3.0m，加固长度根据土质而定，富水地层加固长度必须大于盾构本体（刀盘+盾壳）的长度，如图 9-5 所示。

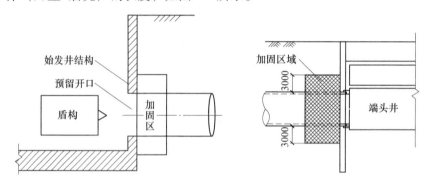

图 9-5　端头加固区域

3. 端头加固的时间确定

为确保盾构始发、到达施工的安全性，结合项目施工的总体筹划安排，一般来说，端头加固的开始时间安排在车站或竖井土方开挖完成之后，可与结构施工同时进行，加固完成时间必须满足在盾构始发或到达节点工期之前 28 天。

4. 常用端头加固方法

端头地基加固有高压旋喷桩法、深层搅拌桩法、注浆加固法、旋挖素混凝土桩法、冻结法，以及上述方法结合使用等。常用端头加固方法比较见表 9-1。

在盾构始发之前，一般要根据洞口地层的稳定情况评价地层，并采取有针对性的处理措施。选择加固措施的基本条件为加固后的地层要具备最少一周的侧向自稳能力，且不能有地下水的损失。端头加固方法的选择要根据地层具体情况而定，并且严格控制整个过程。无论哪种方法，均要求加固体和洞口密封共同在盾构始发时包住盾构机。目前，国内广泛应用的是深层搅拌桩法、高压旋喷桩加固法，因其具有安全可靠、施工工艺简单且经济等优点。两者相比较，深层搅拌桩法比高压旋喷桩法更经济，前者适合于黏土地层，后者适合于砂层或含砂地层，但高压旋喷桩比深层搅拌桩的实际加固效果更有保证。

表 9-1 常用端头加固方法比较

序号	加固方法	地层适应性	周边环境适应性	优缺点分析
1	高压旋喷桩法	淤泥、淤泥质土、流塑、软塑或可塑黏性土、粉土、砂土、黄土、素填土和碎石土等地基	加固区内无重要管线及建筑物，加固质量直接影响周边环境保护效果	施工成本较高，加固整体性较好
2	深层搅拌桩法	淤泥、砂土、淤泥质土、泥炭土和粉土		施工成本较高，加固整体性好
3	注浆加固法	加固区范围存在大范围砂层、岩层、黄土层		成本低，但是加固体整体性较差；一般只在适应性较好且不具备深层搅拌条件的地层使用
4	旋挖素混凝土桩法	地下水含量较大的圆砾层、粉土、粉砂	加固区无重要管线及建筑	成本较高，主要在常规加固方式不能满足加固质量的情况下使用
5	冻结法	地下水较丰富的砂性土、粉土、黏性土、黄土均可	加固区有障碍物时适用，对场地需求量小，加固后施工对周边环境影响小	施工成本很高，施工周期长，比较适合在地面加固不适应的情况下使用，解冻后融沉时间较长，需要近4个月跟踪处理

5. 端头加固检测方法

端头土体加固完成后，一般从以下两个方面检测土体加固效果。

1) 加固体强度检测：从地面取芯检测加固体强度，加固后的土体无侧限抗压强度不小于1MPa，渗透系数不小于$1×10.8cm/s$，冻结法加固土体的检测应根据测温孔温度曲线和去回路盐水温度曲线分析判断加固体情况，一般要求冻结土体温度低于10℃。

2) 洞门探孔：打孔深度一般选择 1.5~2.0m，对打设的探孔进行观察，看是否有水流流出，若无水流流出说明加固效果良好，若有水流流出则需要采取措施进行补强加固并隔断地下水通道。洞门探孔施工如图9-6所示。

图 9-6 洞门探孔施工

9.2.2 始发基座安装

盾构始发支撑体系是在盾构始发阶段为盾构掘进提供推进反力的装置，包括始发基座、负环管片、反力架等。一般盾构始发支撑体系示意图如图 9-7 所示。

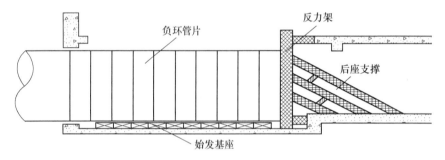

图 9-7 盾构始发支撑体系示意图

始发基座的任务是可在其上组装盾构和支承组装好的盾构，为盾构提供井内支托，使盾构处于理想的预定进发位置（高度、方向）上，确保盾构中心、隧道中心、洞口密封中心三心合一，可确保盾构的始发掘进稳定，同时为负环管片提供约束和支撑。所以要求基座的结构合理（可以确保组装作业的施工性）；构件刚度好、强度高、不易损坏；与盾构井底板固定要牢靠、晃动变位小。盾构始发基座一般有图 9-8 所示的三种形式。

在始发基座安装完成之后，利用型钢将其四周与结构底板及侧墙进行固定，防止在盾构向前推进的过程中，始发托架发生偏移。始发基座安装如图 9-9 所示。

9.2.3 盾构下井、组装、调试、验收

盾构在出厂验收合格、工地现场准备就绪后即可进场。由于盾构直径大、重量大、运输过程中会在一定程度上影响交通，所以盾构运输一般在晚上人少、车

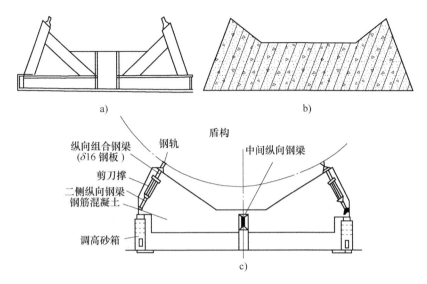

图 9-8 始发基座的三种形式
a）钢结构平底整体基座 b）钢筋混凝土基座 c）组合式基座

图 9-9 始发基座安装

少的时候进行。盾构运到工地后一般由两台大吨位起重机配合翻身后，由主起重机分别将盾构的前盾、中盾、刀盘和盾尾吊至井下进行安装。组装完成后调试，在各大系统调试完毕确定没有问题后，组织各方人员对盾构进行始发前的验收。验收合格后，在其他各项准备工作均完成的前提下盾构即可始发。盾构下井、组装、调试、验收施工工艺流程如图 9-10 所示（以土压平衡盾构为例）。

1. 盾构组装顺序

1）依次装后配套车架及附属设备吊入井下，用卷扬机拉入车站内。

2）将皮带输送机分段吊入井下，将螺旋输送机和连接桥吊入井下，并拖至车站内。

3）依次将盾构的切口环（前盾）、主轴承、刀盘吊入井下始发基座上进行组装。

4）将已组装好的刀盘和切口环向前推移并留下空间，用于装配支承环和盾尾。

5）分别将支承环（中盾）和盾尾吊入井下组装。

6）盾构主机和后配套车架连接。

7）液压、电气等系统组装调试。

8）始发段掘进完成后，吊装后续车架下井，实施车架转换。

2. 盾构的检测、测试

对于组装中的盾构，需要检测、测试以下内容：

1）对焊接部件进行磁探伤。

2）刀盘上刀具：安装牢固性、超挖刀伸缩情况。

3）检查刀具的转动情况：转速，正、反转。

4）铰接千斤顶的工作情况：左、右伸缩。

5）推进千斤顶的工作情况：伸长和缩短。

6）管片拼装机：转动、平移、伸缩。

7）整圆器：平移、伸缩。

8）整泵及油压管路。

9）润滑系统。

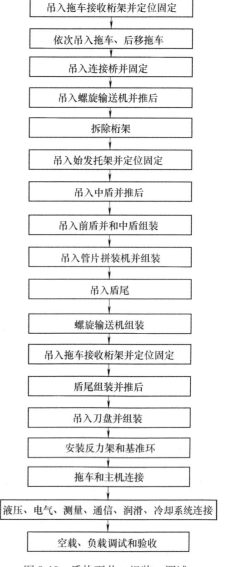

图9-10　盾构下井、组装、调试、验收施工工艺流程图

10）过滤系统、冷却系统、配电系统、操作控制板上各项开关装置、各种显示仪表及各种故障显示灯的工作情况。

3. 盾构机调试

（1）空载调试　盾构组装和管线连接完毕后，即可进行空载调试，主要检查设备是否能正常运行。主要调试内容为：配电系统、液压系统、润滑系统、冷却系统、控制系统、注浆系统及各种仪表的校正。

电气部分运行调试：检查送电→检查电动机→分系统参数设置与试运行→整机试运行→再次调试。液压部分运行调试：推进和铰接系统→螺旋输送机→管片安装机→管片吊机和拖拉小车→泡沫、膨润土系统和刀盘加水→注浆系统→皮带机等。

调试工作在安装完成后 1~2 周内完成。在各项检测和调试合格后，即可进行初始掘进工作。

（2）负载调试　空载调试合格后，可进行负载调试。负载调试主要是检查各种管线及密封设备的负载能力，对空载调试不能完成的工作进一步完善。通常试掘进时间即为对设备调试时间。调试工作由专业人员负责，调试工作完成后设备应达到合同规定的技术状态。

4. 盾构验收

盾构各部件在竖井内安装完毕后，即可依据工地验收大纲对其进行试运行。工地验收大纲项目与厂内项目基本相同。当各项指标都满足验收大纲的要求时，方可认为工地验收合格。

9.2.4　始发反力架安装

反力架为始发阶段的盾构掘进直接提供反力，传递盾构推进反力到井体或车站结构上，提供盾构后配套台车（或系统）通行空间以及标准环定位。在盾构主机与后配套连接之前，进行反力架的安装。反力架的位置主要依据洞口第一环管片的起始位置、盾构的长度以及盾构刀盘在始发前所能到达的最远位置确定。

盾构始发反力架一般使用工字钢或 H 型钢以及钢轨材料等进行焊接或螺栓连接，只有正确安装及定位始发架，才能保证盾构的始发姿态，才能确保盾构的正常始发。

始发反力架安装工艺流程如图 9-11 所示。反力架下井安装如图 9-12 所示。

安装反力架前要确定反力架的安装方案、端头井清理、测量安装基准。

确定反力架的安装方案：根据不同的盾构始发井形状和场地要求，安装前要对现场条件进行勘察，然后制定始发架的安装方案，确定吊装顺序、端头井始发架安装姿态与位置、加固方法、人员组织、材料和机具准备、安全措施。

端头井清理：确定端头井内有无杂物，如

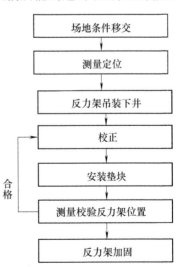

图 9-11　始发反力架安装工艺流程

抽除井内的积水等。

测量安装基准：以盾构中心线和钢环中心线重合为基准，注意不要以盾构中心线和隧道设计中心线为基准，依据测量结果和始发架的尺寸，给出始发架的水平和垂直高度，或者是应垫高的尺寸。

由于始发架在盾构始发时要承受纵向、横向推力以及约束盾构旋转的扭矩，所以在盾构始发之前，必须对始发架两侧进行必要的加固。

安装完成后还应对安装质量进行检验，检验内容包括：反力架的水平和垂直姿态，反力架左右偏差应控制在±10mm 以内，高程偏差在±10mm 以内，始发基座轴线与反力架竖直轴线的夹角为 90°；垫块位置是否正确，是否存在缺漏，垫块和始发架是否存在间隙等；加固焊接质量，检查焊缝是否有缺陷、有无漏焊等。

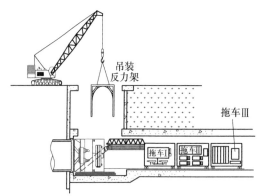

图 9-12　反力架下井安装

9.2.5　洞门凿除

在确认端头加固的土体须达到设计要求的强度、渗透性、自立性等技术指标后，方可开始洞口凿除工作（图 9-13）。洞门壁混凝土采取人工用高压风镐分两步进行：第一步先凿除外层保护层混凝土，暴露外排钢筋，然后割去外排钢筋，保留最内层钢筋。外层凿除工作先上部后下部，钢筋割除须彻底，以保证洞门的直径；第二步，当盾构组装调试完成，并推至洞门约 1.0～1.5m 时，凿除里层。里层凿除方法根据断面的不同，可将其分割成 9～20 块，如图 9-13 左图所示是分割成 12 块的施工方法：在洞门中心位置上凿 3 条水平槽，沿洞门周围凿一条环槽，然后开 2 条竖槽，凿除顺序如图 9-13 所示。割除内层钢筋时，切割一块并快速吊出，待洞门混凝土拆除完毕，盾构迅速进洞靠上洞门土体，以防止土体因暴露时间过长引起坍方、涌水等现象，在盾构顺利顶进洞门后再进行混凝土渣清理。

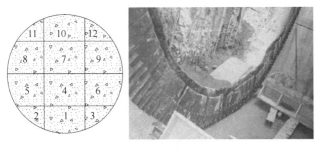

图 9-13　洞门凿除

9.2.6　洞门密封装置安装

为防止盾构始发掘进时土体或水从间隙流失，以及盾尾通过洞站后背衬注浆浆液的流失，在盾构始发或到达时需要安装洞门密封（图 9-14）。

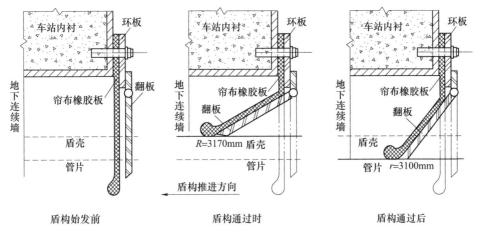

图 9-14　始发洞门密封装置

洞门密封按种类有压板式和折叶式两种。其中，折叶式逐渐被人们所认可，它由洞门圈、钢环、帘布橡胶板、扇形翻板组成。

洞门密封的施工分两步进行：第一步是在车站结构的施工工程中做好始发洞门预埋件的埋设工作，需要特别注意的是，在埋设过程中预埋件必须与车站结构钢筋连接在一起；第二步是在盾构正式始发之前，应先清理完洞门的渣土，再完成洞门密封的安装。安装前须对帘布橡胶板上所开螺孔位置、尺寸进行复核，确保其与洞圈上预留螺孔位置一致，并用螺丝攻清理螺孔内螺纹。安装顺序为：帘面橡胶带→环形钢板→扇形铰链板，自上而下进行。在洞门密封安装基本完成后，凿除洞内区域的维护结构。洞门密封安装如图 9-15 所示。

盾构始发时，注意洞门圈下部不要有土体及杂物影响扇形翻板的翻转，并在橡胶帘布上涂抹黄油，减小帘布与盾壳的摩擦力，避免帘布破损影响洞门密封效果。

图 9-15　洞门密封安装

9.2.7　洞门始发导轨安装

盾构刀盘直径往往略大于盾体的直径，在安装始发基座时，刀盘一般外露于始发基座的前端，由于盾构重心位于中前体部位，所以为防止在始发的过程中盾构出现"栽头"现象，就需要在始发基座前端与洞门之间设置导轨。导轨焊接在始发洞门内预埋钢板与始发基座上，导轨支撑一般采用型钢或者钢筒。始发导轨示意图如图 9-16 所示。

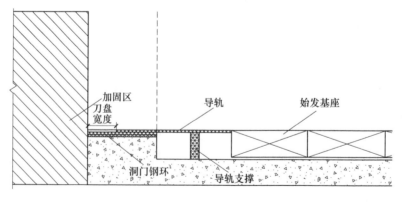

图 9-16　始发导轨示意图

9.2.8　负环管片拼装

负环管片是在盾构始发阶段为盾构前进传递所需推力的媒介，在盾尾利用拼装机进行拼装，管片后端环面与反力架端面接触，前端环面与盾构推进千斤顶撑靴接触，将推力传递到反力架上，为盾构前进间接提供推力。

在完成洞门凿除、洞门密封装置安装、始发反力架安装及盾构组装完成后，组织相关人员对盾构设备、反力架、始发架等进行全面检查和验收，合格后开始将盾构向前推进，并安装负环管片。安装流程如下：

1）在盾尾壳体内安装管片支撑垫块，为管片在盾尾内的定位做好准备。负环管片支撑垫块（间隙条）如图 9-17 所示。

2）从下至上安装第一环管片，要注意管片的转动一定要符合设计，换算位置误差不超过 10mm。

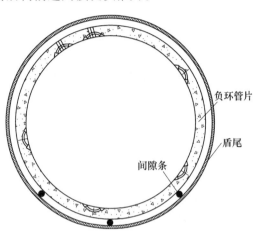

图 9-17　负环管片支撑垫块（间隙条）

3）第一环负环管片拼装完成后，用 4~5 组推进油缸缓慢把管片推出盾尾，并施加一定的推力把管片压紧在反力架的负环钢管片上，用螺栓固定后即可开始下一环管片的安装。

4）管片被推出盾尾时，要及时支撑加固，防止管片下沉和失圆（图 9-18）。同时也要考虑盾构推进时可能产生偏心力，因此支撑应尽可能稳固。

5）当刀盘抵达掌子面时，推进油缸已经可以产生足够的推力稳定管片，就可以把管片定位块取掉。

图 9-18　防管片下沉和失圆措施

9.2.9　盾构始发掘进

盾构始发掘进前全面检查冷却循环水系统、压缩空气系统、推进系统、管片拼装系统、主轴承密封润滑系统、盾尾注脂系统、液压系统等，确保系统正常方能启动操作。盾构始发掘进如图 9-19 所示。掘进时，严格按照起动顺序开机。

图 9-19　盾构始发掘进

在始发段，由于地质条件较差，盾构从始发架推进到加固区，再由加固区掘进到软土层，地层刚度发生很大变化。始发前对洞门段进行了加固，加固区土体较硬，因此盾构宜以 10mm/min 以内的速度缓慢推进。以土压平衡为盾构为例，始发掘进应采取以下技术措施：

1）盾构始发掘进时，拆除围护结构后，安装洞门密封，向开挖舱内填装 3/4 容积的土体以便快速建立土压。当刀盘推至距洞门约 700mm 时，割除洞门最后一层钢筋，取出钢筋后，快速将盾构推至掌子面。

2）始发时，盾构刀盘切削土体加固区时产生巨大的扭矩，由于盾壳与地层间摩擦力小，盾壳易转动，为了防止盾构壳体在始发导轨上发生偏转，必须在始发导轨两侧的盾构壳体上焊接防扭装置。随着盾构的前行，当防扭装置靠近洞门密封时，割除防扭装置。

3）盾构脱离加固土体时，从加固区进入到软弱地层，要注意调节好盾构推进千斤顶的压力差，防止盾构"低头"。

4）当盾尾进入洞门后，及时调整洞门密封的扇形压板，以防洞门漏水、漏浆。

5）始发掘进阶段不能形成土压平衡，且渣土为加固土体，流塑性差，渣土在螺旋输送机内不易形成土塞效应，因此在螺旋输送机出渣口易发生渣土喷涌现象。当发生喷渣时，螺旋输送机出渣门的开度宜减小。下一环开始掘进时，可能会由于盾构吃进的土质较硬而引起刀盘起动困难，可采用以下方法克服：正反转起动刀盘；加大泡沫注入量；从膨润土通道注水，以加大渣土的流动性；采用以上方法仍不能起动刀盘时，可将左右及上部推进油缸收回约 30mm 后再起动，待刀盘起动后重新顶上推进油缸；如果螺旋输送机扭矩过大，可向螺旋输送机内注入泡沫剂。

当盾构的所有系统设备负载运行和功能正常；盾构的推进力反力完全由隧道管片与土体摩阻力承担，反力架不受推力的反作用；盾构及后配套台车完全进入隧道内，盾构始发掘进就完成了，以后便进入正常掘进阶段。盾构隧道始发掘进的长度一般在100环左右，即120~150m。

9.3　盾构掘进

适用于城市地铁的土压平衡盾构掘进施工工艺流程如图9-20所示。

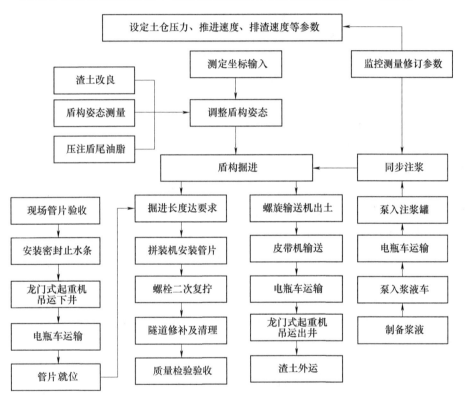

图9-20　土压平衡盾构掘进施工工艺流程图

9.3.1　直线段掘进

直线段掘进采用土压平衡模式进行。刀盘切削下来的渣土充满土仓，土仓内泥土压力与作业面的土压和水压相平衡。掘进时，螺旋输送机的出土量须与盾构推进的开挖土量平衡，保持正面土体稳定，以防止地下水流失而引起地表沉降。掘进中，可以通过出渣量的情况来推算掌子面的情况。若出渣量大，则掌子面可能出现坍塌而造成地面沉降。要控制好每环的出渣量。盾构每掘进一环的出渣量应控制在理论出渣量的95%~105%。若有异常，应采取相应措施。

9.3.2　曲线段掘进

在曲线段掘进时，盾构推进操作控制方式是把液压推进油缸分区操作，使盾构按预期的方向进行调向。曲线段掘进时，采用安装楔形环与伸出单侧推进油缸的方法，使推进轨迹符合设计线路的曲线要求。另外，盾构采用铰接形式，使曲线施工更容易控制。在曲线段推进时，要注意以下几点：

1）进入曲线段前，调整好盾构的姿态。

2）精确计算每一环的偏离量和偏转角的大小，根据盾尾间隙及推进油缸行程差、铰接油缸行程差、掘进线型等选择合适类型的管片，合理选配推进油缸的数量、推进力、分区与组合进行推进。

3）将每一循环推进后的测量结果记入图中，并与设计曲线对比，确定是否修正下次推进的偏转量与方位角。

4）推进速度控制在30~40mm/min，或将每一循环分成几次推进，从而减小管片的受力不均。

5）为防止管片外斜，必须保证管片背后注浆的效果，使千斤顶的偏心推力有效起作用，确保曲线推进效果，减少管片的损坏与变形。

6）曲线掘进中的建筑空隙比正常推进大，应加大注浆量，正确选好压注点。

7）注意铰接油缸处和盾尾处有无泄漏，若发现泄漏应及时采取措施，加大盾尾密封油脂的注入量。

8）曲线段管片拼装时，通过楔形环与标准环的组合来适应不同的曲线要求。合理选择管片相当重要，如果管片选择不当，可能造成盾尾与管片发生干扰，轻则损坏管片，重则造成较大沉降。

盾构司机按照地面沉降报表、盾构姿态、成环后的管片报表、管片四周的间隙，制定出下一环盾构推进的数据；盾构姿态直接影响着隧道的质量，盾构姿态应该控制在±50mm范围内推进，严禁盾构姿态起伏过大，影响管片的姿态，增加管片拼装时的难度；盾构应与管片为同心圆，管片拼装时应保证与盾壳四周的间隙均匀。

盾构掘进施工全过程须严格受控，工程技术人员应根据地质变化、隧道埋深、地面荷载、地表沉降、盾构姿态、刀盘扭矩、土仓压力、油缸推力、盾尾间隙、油缸行程等各种测量数据信息，正确下达每班的掘进指令及管片指令，并即时跟踪。在施工过程中，根据实测结果，及时调整施工参数，改善技术措施，加强控制盾构推进的各工序及其施工参数，以最大限度地减少地表沉降。

9.4 管片拼装

隧道是由预制管片逐环连接形成的，管片在盾壳保护下，并在其空间内进行拼装。管片类型主要有球墨铸铁管片、钢管片、复合管片和钢筋混凝土管片，每环由数块管片组合而成。

隧道衬砌拼装按其整体组合可分为通缝拼装、错缝拼装、通用楔形管片拼装。

1）通缝拼装是各环管片的纵缝对齐的拼装方法，这种拼装方法在拼装时定位容易，纵向穿螺栓容易，拼装施工应力小，但容易造成环面不平，并有较大累计误差，导致环向穿螺栓困难，环缝压密量不够。

2）错缝拼装即前后环管片的纵缝错开拼装，一般错开 1/2～1/3 块管片弧长，用此法建造的隧道整体性较好，施工应力大，易使管片产生裂缝，纵向穿螺栓困难，纵缝压密差。但环面较平正，环向螺栓比较容易穿。

3）通用楔形管片拼装是纵缝对齐和纵缝错开结合的拼装方法，利用左右环宽不等的特点，管片任意旋转角度进行拼装，这种拼装方法工艺要求高，在管片拼装前需要对隧道轴线进行计算预测，及时调整管片旋转角度。

国内地铁管片环共由 6 块管片拼装而成，有错缝和通缝两种拼装方式。管片拼装施工工艺流程如图 9-21 所示。

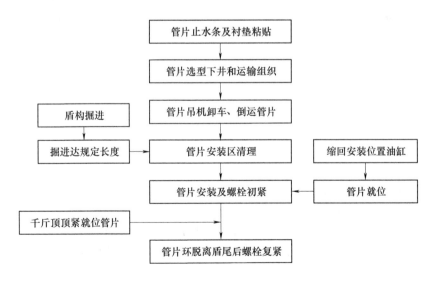

图 9-21　管片拼装施工工艺流程图

9.4.1　拼装前的准备

管片进场时，如果管片有缺角掉边的现象，应及时修补，使用材料应与原管片制作的材料符合，管片损坏严重的不允许使用，应令其退回管片构件厂。

管片拼装前，盾尾夹舱必须清理干净，里面不能有管片碎块或小石块，以免落底块拼装时无法使其与上一环管片环面相平。

管片拼装时，检查管片的止水带有无脱落的现象，以免在管片拼装时翻到槽外，使之与前一环的环面不密贴，引起管片的渗漏水现象。

检查管片的环面是否平整，如果不平整，应用及时采用粘贴楔子，对其进行管片的纠偏；一般楔子的厚度分为三种：1mm、2mm、3mm；楔子的粘贴量一般厚度为 5mm（实际施工是厚度为 10mm），楔子的粘贴一般以阶梯式进行粘贴，楔子的粘贴不宜过厚，管片拼装后，在推进时，应使其受到的顶力均匀，以免使管片出现裂缝或渗漏水现象，影响隧道质量。拼装管片如图 9-22 所示。

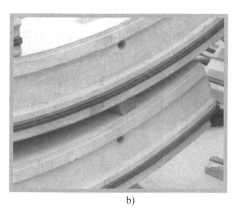

a)　　　　　　　　　　　　　　b)

图 9-22　拼装管片

a）楔子粘贴后　b）楔子未粘贴

9.4.2　管片拼装

管片错缝拼装先拼装底部基准块，然后按左右对称顺序逐块拼装两侧的标准块和邻接块，最后拼装封顶块。管片拼装过程如下：

1）用管片拼装机将管片吊起，沿起重机梁移动到盾尾位置。

2）拼装前彻底清除盾壳安装部位的垃圾和积水，同时必须注意管片的定位精确，尤其第一环要做到居中安放。

3）管片拼装顺序一般为先下后上，如图 9-23 所示。

① 第一步：拼装基准块。管片拼装前由测量人员对上一环管片的左右高差

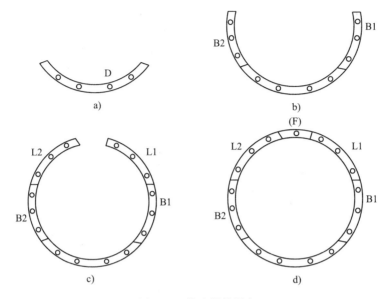

图 9-23　管片拼装顺序

进行测量，使用水准尺摆放于基准块在正中央；如果测量出来左面高，那么下一环基准块在拼装时相应的向右面旋转，最终使基准块居中并且两端几乎高低一样；每拼装一环，测量人员都必须对基准块的环高差进行测量。

②　第二步：拼装标准块 B1、B2，左右交叉进行；左右交叉拼装；拼装时注意拼装块必须与上一环的相应管片的纵缝在同一水平面上，不能过低或过高，以免在拼装时纵、环向螺栓穿进困难。

③　第三步：拼装邻接块 L1、L2，左右交叉进行；拼装时注意两块间的开口大小，开口不宜过小，如果封顶块在插入时过紧，引起邻接块两个角部碎裂，影响管片的拼装质量。

④　第四步：拼装封顶块 F，先径向搭接 2/3，径向推上，然后纵向插入。保证封顶块拼装的"开口率"，在其左右两侧涂刷润滑剂（水性），使在插入时不会过紧，避免止水带向外逃出，影响下一环管片的拼装；止水带外逃直接造成下一环管片在拼装时管片邻接块 L1、L2 两角部容易碎裂，并引起管片渗漏水；尤其要注意的是：封顶块是插进去的，而不是拼进去的。

4）　拼装时千斤顶交替收回，即安装哪段管片就收回哪段对应的千斤顶，其余千斤顶仍顶紧。

5）　管片拼装要把握好管片环面的平整度、环面的超前量以及椭圆度，还要用水平尺将第一块管片与上一环管片精确找平。

6）　第二块管片与上一环管片和本环第一块管片对准后，先纵向压紧环向止水条，再环向压紧纵向止水条，并微调对准螺栓孔。

7）边拼装管片，边拧紧纵、环向连接螺栓。

8）在整环管片脱出盾尾后，再次按规定扭矩拧紧全部连接螺栓。

管片成环后，如有管片碎裂，应及时对其进行修补，并调配色差，使其修补后与管片原来的色差几乎相同为宜。对管片表面的垃圾或粘贴物进行清理，保持管片表面的清洁。管片拼装如图9-24所示。

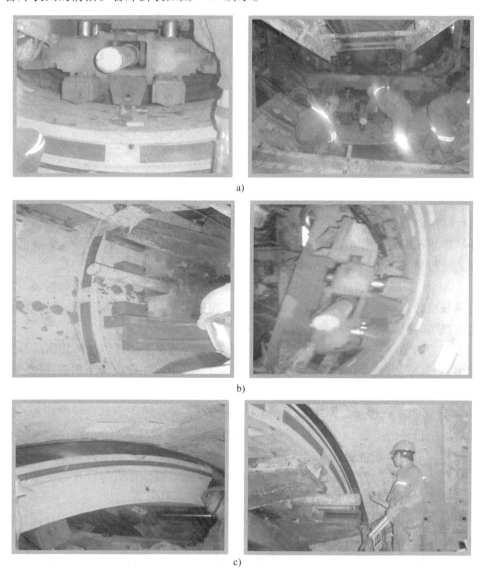

a)

b)

c)

图9-24　管片拼装

a）基准块拼装　b）标准块拼装　c）邻接块拼装

d)

图 9-24　管片拼装（续）

d）封顶块插入

9.4.3　管片渗漏水处理

当管片拼装时由于管片碎裂或止水带粘贴不牢固等原因引起管片渗漏水时，应对管片的纵缝、环缝进行嵌缝处理（图 9-25）；若嵌缝后还存在渗漏水现象，则应采取对管片进行壁后注浆措施。

当管片闷头有漏水现象，那就要对管片闷头进行处理，处理方法为：将管片闷头重新拧紧；在管片闷头四周包扎生料带，对其进行止水；在管片闷头里浇筑混凝土，然后再把管片闷头拧紧；把管片闷头里的积水清理干净后，再把管片闷头拧紧。

图 9-25　管片渗漏水处理

9.4.4　管片超前量的制作

超前是指圆环环面与推进设计轴线垂直度的误差，有上、下超前和左、右超前。管片的超前量直接控制着整条隧道的质量，管片的超前量一般由井下测量人员使用垂线对其进行垂吊，并计算出管片的超前量。

施工队按照管片的实际超前量与设计超前量和盾构现在的盾构姿态，对管片的超前量做出相应的调整；如果实际管片的超前量比设计超前量大得多，并且基准块已经与盾壳相碰，那么此时应对管片做下超，相反则做上超；如果管片标准块 B1 与盾壳相碰或间隙过小，那么管片应做右超，相反则做左超。

管片涂料人员按照施工队的要求，并按照楔子粘贴示意图粘贴楔子。如果管片的楔子不能及时跟上，则会引起在盾构推进时管片外弧面被盾壳拉坏，引起管片漏水。

9.5　壁后注浆

当管片脱离盾尾后，在土体与管片之间会形成一道宽度为 115~140mm 的环形空隙。管片与盾壳间间隙示意图如图 9-26 所示。因此盾构在推进时，必须同步压注浆液，尽快填充环形间隙，使管片尽早支撑地层，控制地面的沉降，防止地面变形过大而危及周围环境安全，同时加强管片外防水，并使管片与围岩固结为一体。同步注浆孔位置示意图如图 9-27 所示，注浆示意图如图 9-28 所示。

同步注浆施工工艺流程如图 9-29 所示。

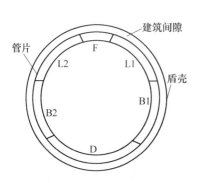

图 9-26　管片与盾壳间间隙示意图

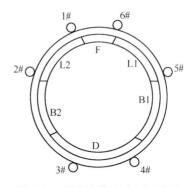

图 9-27　同步注浆孔位置示意图

1. 注浆材料及浆液性能

同步注浆的浆液主要有单液浆。补充注浆的浆液主要有单液浆和双液浆，一般情况下采用双液浆，浆液配合比可根据实际需要经现场试验确定。浆液应具有流动性好，满足泵送条件，不易离析，有一定的强度等性能。

2. 注浆点

盾构注浆孔一般分为 4~8 个注浆点（图 9-27），可以随时根据管片姿态与盾构姿态对盾构的注浆点进行更换。

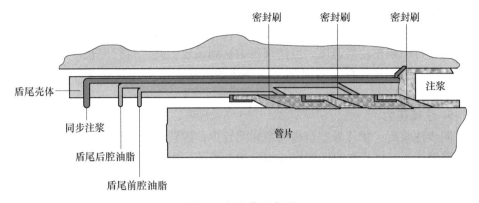

图 9-28　注浆示意图

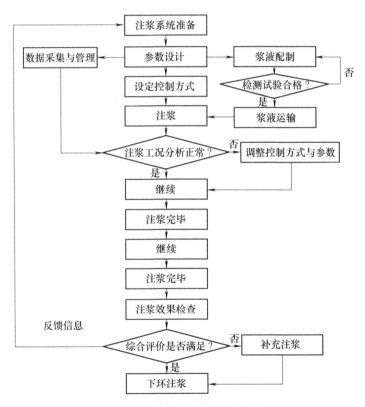

图 9-29　同步注浆施工工艺流程

3. 注浆顺序

隧道管片安装好后，由于隧道底部有积水，为防止管片上浮及偏移，通常采用先顶部，后两侧，最后底部的注浆顺序。

4. 注浆控制方式

注浆可根据需要采用手动控制方式，自动控制方式即预先设定注浆压力，由控制程序自动调整注浆速度，当注浆压力达到设定值时，自行停止注浆。手动控制方式则由人工根据掘进情况随时调整注浆流量，以防注浆速度过快影响注浆效果。

5. 注浆压力

同步注浆后，管片外壁包裹颗粒间隙较少，因壁后间隙较少，需较大压力才能将浆液注入。同步注浆时要求在地层中的浆液压力大于该点的静止水压及土压力之和，做到尽量填补同时又不产生劈裂。若注浆压力过大，管片周围土层将会被浆液扰动而造成后期地层沉降及隧道沉降，并易造成跑浆；若注浆压力过小，浆液填充速度过慢，填充不充足，会使地表变形增大。同步注浆压力一般为比土压力高 0.1~0.2MPa，一般为上部 0.15~0.2MPa，下部为 0.2~0.4MPa。另外，应加强各方面的监测，以便指导注浆。注浆孔设置逆止阀，双液浆在管片注浆孔前的混合器中混合后被注浆泵注入。注完浆后应及时清洗注浆设备。

6. 注浆量

由于地质条件、盾尾间隙、是否在曲线段等因素，注浆率有所不同，可通过现场试验来确定；一般情况下，注浆率为 1.3~2.5，并应通过地面变形观测来调节。砂卵石地层土压平衡盾构一般为 1.5，同步注浆量在 6m³ 左右。

$$Q = V\lambda$$

式中　Q——注入量（m³）；

　　　λ——注浆率；

　　　V—盾尾建筑空隙（m³）。

$$V = \pi(D^2 \cdot d^2)L/4$$

式中　D——盾构切削土体直径，即为刀盘直径（m）；

　　　d——管片外径（m）。

7. 注浆时间

在不同的地层中需根据浆液凝结时间的不同及掘进速度来具体控制注浆时间的长短。做到"掘进、注浆同步，不注浆、不掘进"，通过控制同步注浆压力和注浆量来确定注浆时间。注浆量和注浆压力达到设定值后才停止注浆，否则仍需补浆。同步注浆速度与掘进速度匹配，按盾构完成一环掘进的时间内完成当环注浆量来确定其平均注浆速度。

8. 二次注浆

盾构注浆分同步注浆和二次注浆两种。二次注浆主要是对同步注浆进行辅助和补充。考虑到环境保护和隧道稳定因素，盾构机穿越后若发现有不足的地方，比如隧道成型后地面沉降仍有较大的变化趋势、局部地层较软、同步注浆注浆量不足等，则可通过管片中部的注浆孔进行二次补注浆，补充一次注浆未填充部分和体积减少部分，从而减少盾构机过后土体的后期沉降，减轻隧道的防水压力。同时对由盾构推力导致的，在管片、注浆材料、围岩之间产生的剥离状态进行填充并使其一体化，提高止水效果。

9. 漏浆的预防措施

1）加强姿态管理，防止单侧盾尾间隙过大。

2）加强盾尾油脂的压入。

3）粘贴海绵条。

4）用碎布、碎纱等堵塞。

5）漏浆严重时，更换盾尾刷。

9.6　盾构到达

盾构到达是指盾构沿着设计轴线推进接收井洞壁，然后从预先凿除的洞门将盾构推进洞内、坐上接收井内预先设置的接收基座的整个施工过程。盾构到达是掘进施工中最容易产生事故的工序之一，应引起高度重视。

盾构到达一般按下列程序进行：洞门凿除→接收基座的安装与固定→洞门密封安装→到达段掘进→盾构接收。适用于土压平衡盾构到达的施工工艺流程如图9-30 所示。

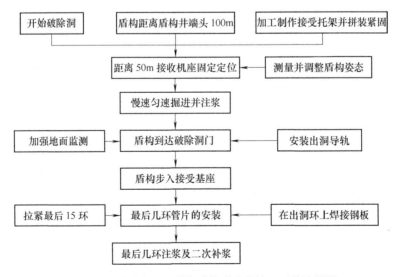

图 9-30　适用于土压平衡盾构到达的施工工艺流程图

同始发井（站）一样，到达井（站）也需要提前进行土体加固，安装洞口止水密封、安装接收架、凿除洞门。要做到端头加固到位，洞门密封止水到位，盾构接收架安装到位，洞里井内联络到位。在到达推进时，要尽快将盾构推入井内，完成管片止水，注浆充填管片外周空隙。盾构到达如图 9-31 所示。

图 9-31　盾构到达

1. 端头加固及加固效果检测

盾构到达前，先对到达井内衬前 3~10m 范围进行加固，以防止盾构推进时对结构产生破坏而产生漏水现象，同时保证洞门凿除后土体稳定、不渗水，按设计姿态到达。

2. 到达位置测量复核

盾构到达前 100m 和 50m 时，应对盾构位置和盾构隧道的测量控制点进行测量，对盾构接收井的洞口进行复核测量，确定盾构贯通姿态及掘进纠偏计划。在考虑盾构的贯通姿态时须注意两点：一是盾构贯通时的中心轴线与隧道设计轴线的偏差；二是接收洞门位置的偏差。综合这些因素，在隧道设计中心轴线的基础上进行适当调整，纠偏要逐步完成。

3. 接收基座安装

盾构接收基座安装应能够承载盾构的整体重力。接收基座的构造与始发基座相同，经过测量对盾构姿态复核后，基座安装位置尺寸及标高应满足与盾构出洞时姿态相符，一般应低于盾构 5~10mm，以便于盾构机顺利推进至接收基座。接收基座定位放置后，采用 I25 的工字钢对接收基座前方和两侧进行加固，防止盾构推上接收基座的过程中接收基座移位。

4. 接收井洞门凿除

洞门凿除的时间一般安排在盾构进入接收端头加固区后。当盾构逐渐靠近洞门时，加强对地表沉降的监测，并控制好推进时的土压力，在盾构切口距封门500mm 时，停止盾构推进，尽可能排空平衡舱内的泥土，使切口正面的平衡压力降到最低值，以确保洞门破除的施工安全，到达口处洞门混凝土破除方式与上文所提到的始发阶段洞门破除方式相同。

5. 洞门密封

盾构到达接收井前，接收井洞门应安装橡胶止水帘布。与始发时相同，橡胶止水帘布的作用主要是紧密包裹盾构盾体，使穿越土体与盾体之间形成密闭空间，防止喷水、漏泥，并且保压。到达洞门密封装置如图9-32所示。

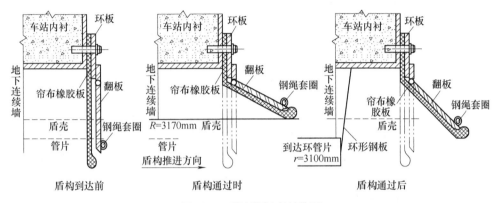

图9-32 到达洞门密封装置

若接收阶段水文地质条件较好，盾尾同步注浆及地下水、砂等得到良好的封堵，在盾构接收过程中不会通过管片与土体之间的空隙涌出，可在拼装接收环管片后快速将盾构机推出洞门至接收架，同时快速采用弧形钢板焊接连接管片与洞门钢环，并封堵管片与洞门之间的空隙（图9-33），确保密封效果。

图9-33 钢板封堵建筑空隙

若水文地质情况较差，或盾尾注浆未能有效隔断地下水等，在接收环管片拼装完成后再拼装一环管片，拉紧洞门临时密封装置。使帘布橡胶板与管片外弧面紧密贴合，通过管片注浆孔对洞门圈进行注浆填充。在确保洞门注浆密实，洞门圈封堵严密后，拆除最后一环管片，清理洞门，采用弧形钢板焊接接收管片与洞门钢环，或直接施工井接头等。

6. 盾构到达段掘进

（1）管片拉紧措施（图9-34） 在最后10~15环管片拼装中要及时用纵向拉杆将管片连接成整体，以免在推力很小或者没有推力时管片之间出现松动。

（2）加大测量频率 到达掘进段施工，该阶段掘进除正常施工外，主要以测量定向后调整的导线进行盾构姿态调整，并以控制盾构姿态偏差为重点，在掘进最后 50 环时，争取将盾构姿态偏差调整在±3cm 范围内，并尽量保持平稳推进，推进过程中每 10 环进行一次人工复测，确保盾构顺利接收。

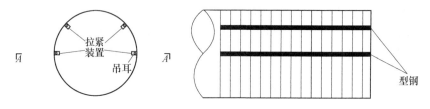

图 9-34　管片拉紧措施示意图

a）管片拉紧装置布置示意图　b）A—A 截面示意图

（3）调整施工参数　在掘进过程中，密切关注总推力及推进速度，注意刀盘扭矩等推进参数有无突变，即将到达洞门时放慢掘进速度，保证刀盘充分切削土体，盾构前方均匀受力，尽可能清空平衡舱内的泥土，防止因土压、推力及推进速度过大顶裂洞门，确保混凝土封门凿除的施工安全，同时避免盾构进入接收井时过多渣土涌入接收井。

（4）刀盘破土　刀盘破土指刀盘从加固区掘出土体的过程。此时应有专人在洞外时刻观察洞口的变化，并与司机保持实时联系。若发现有较大岩石或废弃钢筋网对刀具可能产生破坏，洞门混凝土有较大的振动或探孔有较大的涌水和泥浆时，应立即通报主机降低或停止刀盘旋转、降低推进油缸压力、降低推进速度等，以避免刀具损坏或由于刀盘前部土体受大作用力或地应力损失，造成刀盘前部坍塌而造成地表沉降等。

（5）在接收基座上的空载推进　空载推进指刀盘通过加固区后，推进到接收导轨的过程。此时刀盘、螺旋输送机、皮带等系统已停止工作，整个推进过程由推进系统单独完成。由于此时无刀盘反力，故推进速度快、推力小，整个过程就是推进→装管片→推进的循环。在通过洞门临时密封装置时，为防止盾构刀盘和刀具损坏帘布橡胶板，在刀盘和橡胶板上涂抹黄油。盾构在接收基座上推进时，每向前推进 2 环拉紧一次洞门临时密封装置，通过同步注浆或二次注浆系统注入速凝浆液填充管片外环形间隙，保证管片姿态正确。

盾构接收时，应确保最后一环成型管片外侧凸出于洞门止水帘布之外，以起到继续密封的效果，防止洞门塌方。

盾构接收完成后，开始对接收洞门进行洞门封堵，封堵完成后，可着手开始盾构的拆卸工作。盾构拆卸后，起吊至地面转运。至此，区间隧道贯通。

第10章 盾构施工测量与监测

GB/T 50308—2017《城市轨道交通工程测量规范》中规定，隧道横向贯通的误差应在±50mm之内，高程贯通的误差应在±25mm之内，该指标主要应用在采用盾构和喷锚构筑法进行的地铁隧道施工中。盾构施工中要使盾构沿着隧道设计轴线运行，要随时根据盾构所处位置与线路中线平面偏离值、高程偏离值、纵向坡度、横向旋转角度和切口里程（或坐标）以及衬砌环中心偏差和环的椭圆度、衬砌环的姿态（环的旋转、左右和前后超前量）等参数修正调整盾构的姿态。因此，盾构是在不断获取参数、不断修正姿态中推进，而参数获取及其准确性就成为盾构掘进保证精度的关键。盾构是在地下几十米位置掘进，其参数就需要由相应的测量手段和方法来实现。

盾构法隧道工程施工测量的主要任务是确定盾构的方位与高程，标定隧道轴线的正确位置，使隧道沿着设计轴线前进，并保证隧道的贯通精度。此外，还要检核隧道衬砌的三维位置是否符合设计要求，使与工程有关的其他建筑物准确地建造在其设计位置上，保证它们不超出规定的隧道界限。地铁隧道盾构法施工测量工作流程如图10-1所示。

图 10-1　地铁隧道盾构法施工测量工作流程

10.1　盾构姿态测量

目前国内外的盾构姿态测量系统有三种模式，分别是：全站仪+激光靶（laser target）的激光导向模式（代表系统有德国 VMT 公司的 SLS-T 系统、英国 ZED 系统、德国 TACS 公司的 ACS 系统、我国米度的 MTG-T 系统）；全站仪+两棱镜+倾斜仪模式（代表系统有德国 PPS 系统、日本演算工房的 ROBOTEC 系统、我国的米度系统、我国力信的 RMS-D 系统）；陀螺仪全站仪模式（日本东京计器株式会社开发的 TMG-32B 系统和 Tellus 导向系统）。三种系统中，激光导向系统精度高，智能化程度高，成本高；棱镜系统精度稍差，但维修方便，成本低；陀螺仪全站仪系统依赖陀螺仪精度和人员素质，国内还没有普及。激光导向系统的组成（图 10-2）由激光全站仪（激光发射源和角度、距离及坐标量测设备）和黄盒子（信号传输和供电装置）；激光标靶（内置光栅和两把竖向测角仪、磨光棱镜）、后视棱镜、工业计算机、可编程逻辑控制器和隧道掘进软件等组成。

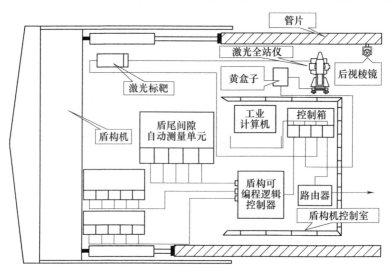

图 10-2　激光导向系统的组成

如图 10-3 所示，激光全站仪安装于盾构的右上侧管片上的托架上，后视基准点（后视靶棱镜）定位后，全站仪自动掉过方向来，搜寻 ELS（双轴倾斜传感器）靶，ELS 接收入射的激光定向光束，即可获取激光站至 ELS 靶间的方位角、竖直角，通过 ELS 棱镜和激光全站仪就可以测量出激光

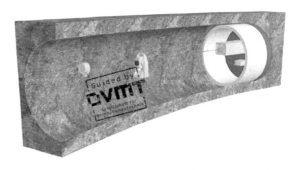

图 10-3　激光自动导向原理图

站至 ELS 靶间的距离。盾构的仰俯角和滚动角通过 ELS 靶内的倾斜计来测定。ELS 靶将各项测量数据传向主控计算机，主控计算机将所有测量数据汇总，就可以确定 TBM 在全球坐标系统中的精确位置。将前后两个参考点的三维坐标与事先输入计算机的 DTA（隧道设计轴线）比较，就可以显示出盾构的姿态。

盾构的姿态指盾构前端刀盘中心（简称"刀头"或"切口"）的三维坐标和

盾构筒体中心轴线在 3 个相互垂直平面内的转角等参数。盾构的姿态的主要参数有以下 9 个：刀盘切口里程、刀盘切口方向偏差、刀盘切口高程偏差、盾尾方向偏差、盾尾高程偏差、盾构滚动角、盾构俯仰角、盾构方位角、环号，盾构姿态测量系统示意图如图 10-4 所示，盾构刀盘滚动角示意图如图 10-5 所示。

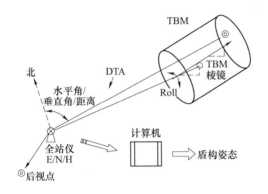

图 10-4 盾构姿态测量系统示意图

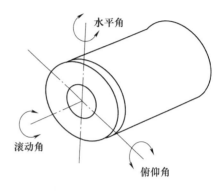

图 10-5 盾构刀盘滚动角示意图

10.1.1 水平角和仰俯角的确定

激光靶系统是通过计算激光与 CCD（图像传感器）轴线之间的夹角（水平方向 β，垂直方向 γ），然后对比激光在绝对坐标系的方位角和竖直角，从而计算出盾构的水平角和仰俯角。激光靶激光与 CCD 轴线关系如图 10-6 所示，设 $p(x_p,\ y_p)$ 为激光靶上的激光点坐标，则

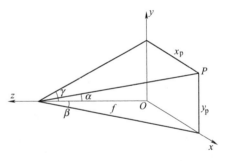

图 10-6 激光靶激光与 CCD 轴线关系

$$\beta = \arctan(x_p/f)$$
$$\gamma = \arctan(y_p/f)$$

10.1.2 切口中心坐标

激光靶坐标系在曲线下的模型如图 10-7 所示，激光靶坐标系后视图如图 10-8 所示。图中 ZH 表示直线和缓和曲线的交点，JD 表示两条切线的交点。因激光靶中心的大地坐标由导线上的全站仪测得，盾构的滚角、仰俯角、水平角可以由倾斜仪和激光靶数据测得，激光靶坐标系中切口中心的坐标为 $(a,\ -b,\ -c)$，激光靶中心大地坐标为 $(x_0,\ y_0,\ z_0)$，通过坐标系的旋转和平移，可以求得切口中心在大地坐标系下的坐标，即

$$
\begin{bmatrix} x \\ y \\ z \\ 0 \end{bmatrix} = \begin{bmatrix} 1 & 0 & 0 & x_0 \\ 0 & 1 & 0 & y_0 \\ 0 & 0 & 1 & z_0 \\ 0 & 0 & 0 & 1 \end{bmatrix} \cdot \begin{bmatrix} \cos\gamma & -\sin\gamma & 0 & 0 \\ \sin\gamma & \cos\gamma & 0 & 0 \\ 0 & 0 & 1 & 0 \\ 0 & 0 & 0 & 1 \end{bmatrix} \cdot \begin{bmatrix} \cos\beta & 0 & -\sin\beta & 0 \\ 0 & 1 & 0 & 0 \\ \sin\beta & 0 & \cos\beta & 0 \\ 0 & 0 & 0 & 1 \end{bmatrix} \cdot
$$

$$
\begin{bmatrix} 1 & 0 & 0 & 0 \\ 0 & \cos\alpha & \sin\alpha & 0 \\ 0 & -\sin\alpha & \cos\alpha & 0 \\ 0 & 0 & 0 & 1 \end{bmatrix} \cdot \begin{bmatrix} a \\ -b \\ -c \\ 1 \end{bmatrix}
$$

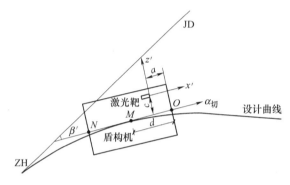

图 10-7　激光靶坐标系在曲线下的模型

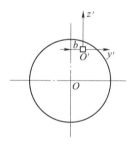

图 10-8　激光靶坐标系后视图

10.1.3　盾构中心坐标计算

　　直线段盾构中心和线路中心重合，盾构姿态相对容易获取。在平曲线段（圆曲线段和缓和曲线段），盾构中心轴线和线路曲线的切线方向重合，小半径及盾构始发时会出现偏离值的矢距，这也是曲线段盾构姿态测量的关键。

　　根据激光靶到盾构中心 M 的相对平面距离 (c, d)、激光靶中心的大地平面坐标 (x_0, y_0)，及切口中心坐标 (x, y)，可以求出盾构中心坐标

$$
\begin{cases} x_M = x_0 + c[\cos(\alpha_{切} \pm 90°)] + d[\cos(\alpha_{切} \pm 180°)] \\ y_M = y_0 + c[\sin(\alpha_{切} \pm 90°)] + d[\cos(\alpha_{切} \pm 180°)] \end{cases}
$$

$$
\alpha_{切} = \arctan[(y - y_M)/(x - x_M)]
$$

式中，曲线右偏取 "+"，左偏取 "−"。

　　而通过盾尾管片里程可以求出盾构中心点 M 的里程 l_M，根据里程判断该点在平曲线上的缓和曲线或圆曲线上，利用统一坐标计算公式计算出盾构中心点的理论坐标 $M(x'_M, y'_M)$。如若该点在第一缓和曲线，其大地坐标公式如下

$$\begin{cases} x'_M = x_{ZH} + \dfrac{x_{切距}}{\cos\left(\dfrac{30l^2}{\pi Rl_0}\right)} \cdot \cos\left(\alpha_{ZHJD} \pm \dfrac{30l^2}{\pi Rl_0}\right) \\[4ex] y'_M = y_{ZH} + \dfrac{x_{切距}}{\cos\left(\dfrac{30l^2}{\pi Rl_0}\right)} \cdot \sin\left(\alpha_{ZHJD} \pm \dfrac{30l^2}{\pi Rl_0}\right) \end{cases}$$

式中　$x_{切距}$——直缓点到盾构中心点沿直线方向的距离，其值可近似地用下式表示

$$x_{切距} = l - \frac{l^5}{40R^2 l_0^2} + \frac{l^9}{3456R^4 l_0^4} - \frac{l^{13}}{599040R^6 l_0^6} + \cdots$$

经过 M 点的理论坐标和实测坐标进行比较，即可求出盾构中心偏移的矢量 ΔM，即

$$\Delta M = \sqrt{(x_M - x'_M)^2 + (y_M - y'_M)^2}$$

通过对比矢量的大小来判断盾构中心偏离线路中心的距离，从而进行盾构姿态修正和相关操作。

10.1.4　盾构姿态之切线方向

盾构在曲线段施工的理想状态是其盾构中心轴线与曲线切线方向保持一致。盾构中心轴线方位角 α_{0-M} 可以根据盾构中心坐标和切口中心坐标反算求得，而曲线切线方位角可以根据其与过 ZH 点的切线方位角之间关系求得，其差值即为盾构中心线的切线偏差，即

$$\delta = \alpha_{ZH切线} \pm \beta_i - \alpha_{0-M}$$

$$\beta_i = \frac{L^2}{2RL_0} \cdot \frac{180°}{\pi}$$

式中，曲线右偏取"+"，左偏取"-"。

需要注意的是，此时的盾构偏角 δ 为实测盾构中心轴线与该曲线的理论切线之间的偏角，偏角 δ 真实反映了盾构偏离理论水平曲线的偏差。它不同于激光靶的水平偏角 β，β 是指全站仪前视与激光靶之间相对偏差，但是在直线段盾构施工时水平偏角 β 可以等同于盾构偏角 δ。

由于盾构姿态数据计算的精度要求较高，包括横竖向偏差、仰俯角、滚转角等数据精度要求，故对激光靶和全站仪相关精度指标也应做出要求，具体见表10-1。

表 10-1　激光靶和全站仪精度指标

激光靶精度	水平精度/mm	0.8 ~ 1
	垂直精度/mm	0.8 ~ 1
	俯仰角精度/mrad	0.17 ~ 1(0.01° ~ 0.057°)
	转动角精度/mrad	0.17 ~ 1(0.01° ~ 0.057°)
全站仪精度	测角精度	0.5″~2″
	测距精度	$1 + 1 \times 10^{-6}D$ ~ $2 + 2 \times 10^{-6}D$

注：mrad 为毫弧度；D—实际测量距离（km）。

盾构的自动导向系统必须有控制测量的支持才能运作，控制测量是盾构隧道测量的基础。为了保证隧道的顺利贯通，首先要做好控制测量，保证导向系统正确可靠。盾构隧道工程施工控制测量包括以下内容：

1）地面控制测量：在地面上建立平面和高程控制网。

2）联系测量：将地面上的坐标、方向和高程传到地下，建立地面、地下的统一坐标系统。

3）地下控制测量：包括地下平面和高程控制。

所有这些测量工作的作用是在地下标定出地下工程建筑物的设计中心线和高程，为开挖、衬砌和施工指定方向和位置；保证在开挖面的掘进中，施工中线在平面和高程上按设计的要求正确贯通，保证开挖不超过规定的界线，保证所有建筑物在贯通前能正确地修建；保证设备的正确安装；为设计和管理部门提供竣工测量资料等。

在各项测量工作中，最为重要的是地面控制测量、联系测量、地下控制测量和盾构导向测量。这些测量内容决定着隧道能否达到设计要求，盾构能否准确进入接收井（即出洞）。由于盾构法隧道工程施工是从一侧竖井掘进至另一侧竖井，这就必然会在线路的纵向、横向、竖向出现贯通误差，其中以横向、竖向贯通误差对工程影响最大。

10.2　地面控制测量

地面控制测量主要依靠 GPS 控制网测量及精密导线网测量。图 10-9 是 GPS 定位精度最高的相对定位，建立地面基准站（差分台）进行 GPS 观测，利用已知的基准站精确坐标，与观测值进行比较，从而得出一修正数，并对外发布。接收机收到该修正数后，与自身的观测值进行比较，消去大部分误差，得到一个比较准确的位置。城市轨道交通设计（包括规划设计、初步设计和施工设计）所用的测量数据，即地形地貌、地下管线和线路周边环境测量数据等，大多数是从城市基础信息（测量）数据库中获取，或依据城市基本控制网来测量线路带状地形、地下管线和周边环境测量数据等，这些信息都已经布点并有标志，如国家建立的高精度 GPS 网、省级建立的 C 级布点和市级四等布点图。之后再结合地铁施工设计在工程开工前完成地面施工控制网测量，以满足工程建设的需要。

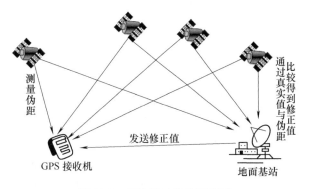

图 10-9　GPS 相对定位原理图

地面施工控制网的传统布网方法是以城市二等点为起算（根据 CJJT 73—2010《全球定位系统城市测量技术规程》，平均距离 9km，最弱边（与已知边距离最远的边）相对中误差 1/120000），利用 GPS 测量技术，沿线路布设一个专用施工首级平面控制网，如图 10-10 所示。在此基础上，加密服务于施工的精密导线（全站仪实际测量）。城市轨道交通地面施工控制网与城市基本控制网的坐标系统需保持一致，既要满足轨道交通建设的需要，又不至于与其他市政工程发生矛盾，使得测量资料共享。轨道交通施工控制网依托城市基本控制网，布设满足轨道交通隧道贯通要求的独立控制网——GPS 和全站仪测距精密导线联合布网，即沿线路延伸方向每 1~3km（或以两站一区间为单元），布设一组（2~3 个）两两通视（视线能够贯通）的 GPS 控制点覆盖全线，两组 GPS 点之间用全站仪测距精密导线连接，共同组成一条轨道交通线路地面施工控制网。GPS 和精密导线联合布网示意图如图 10-11 所示。

图 10-10　GPS 控制网布网示意图

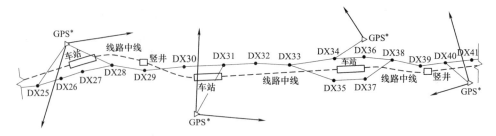

图 10-11　GPS 和精密导线联合布网示意图

在精密导线布网过程中所用的全站仪（Electronic Total Station），是一种光、机、电为一体的高技术测量仪器，是集水平角、垂直角、距离（斜距、平距）、高差测量功能于一体的测绘仪器系统。全站仪组成及工作原理图如图 10-12 所示。与光学经纬仪比较，电子经纬仪将光学度盘换为光电扫描度盘，将人工光学测微读数代之以显示读数和自动记录，使测角操作简单化，且可减少读数误差的产生。因其一次安置仪器就可完成该测站上全部测量工作，所以称之为全站仪。全站仪广泛用于地上大型建筑和地下隧道施工等精密工程测量或变形监测领域。全站仪与光学经纬仪区别在于度盘读数及显示系统，光学经纬仪的水平度盘和竖直度盘及其读数装置是分别采用编码盘或两个相同的光栅度盘和读数传感器进行角度测量的。根据测角精度可分为 0.5″、1″、2″、3″、5″、7″等几个等级。由激光测距及红外光测距的光路可以看出，光由发光管发出，经内光路电动机及滤光片，经过反射镜及透镜照到被测目标（反射棱镜），根据返回的光所经过的时间计算光程，因而计算出被测对象距离；由 ATR（照准红外发光）发出然后返回到线性 CCD 阵列上光点的偏移来控制驱动电动机，保证自动对准目标，而转动的两个角度（天极角及方位角）分别由两个角度编码器计量并记录，这样就完成了一个点自动追踪及测量的过程（图 10-12）。

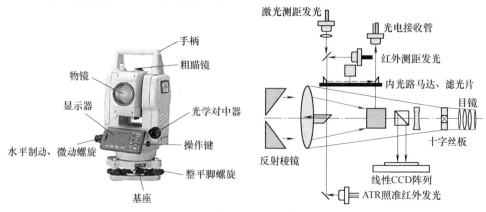

图 10-12　全站仪组成及工作原理图

　　由于轨道交通地面施工控制网的服务对象为线性构筑物，城市发展建设造成的空气污染、浮尘、烟雾等城市环境因素使得通视困难。GPS 网采用长短基线结合布网，即同一组（2~3 个）两两通视，且作为精密导线起算方向的 GPS 控制点为短基线（流动站天线到基站的距离或者流动站到一个相当于基站的接收机的较小距离），点间距 500~1200m，以保证在轨道交通施工全过程中通视良好，精密导线起算连接方便好用；而两组 GPS 控制点之间用 1~3km 的长基线连接且不需要通视，使 GPS 网形简单、结构强度高，精度能够满足轨道交通工程需要。GPS 控制点主要布设在轨道交通的施工洞门、车站、竖井附近，平差后各点精度均匀（图 10-10 和图 10-13）。精密导线以两两通视的 GPS 控制点为起算，结合工程施工场地和工艺的实际情况，导线点主要沿线路布设在轨道交通的施工洞门、车站、竖井等附近，分段形成复合导线，以保证在轨道交通施工全过程中通视良好，满足不同阶段的施工要求，方便实用。导线边长视实际需要而定，一般以 150~550mm 为宜（高架段布密边长为 200m 左右，地下暗挖段布疏边长为 400m 左右），精密导线虽然以 GPS 控制点为起算并受其制约，但也应形成独立体系，在困难情况下或有特别需要时，应能满足施工需要，更好地为工程建设服务（图 10-11、图 10-13）。另外，此方式布网可充分利用导线测量受客观条件限制较小的优点，以解决施工现场通视较差的问题。

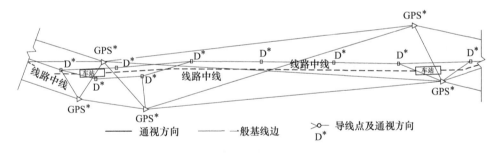

图 10-13　GPS 和精密导线布网示意图

　　实际测量轨道交通地面施工控制网时，尽可能将在 GPS 网下加密的精密导线网布设成不被 GPS 点分割成几段的连续结点独立网（图 10-14），精密导线网从头至尾连续独立自成体系。轨道交通地面施工控制网——GPS 网和精密导线网，两网分别自成体系独立成网。在困难情况下（如施工期间 GPS 点间通视受阻不能使用），精密导线点可继续服务于施工，保证工程建设不受影响。精密导线网点的测量精度受 GPS 网点的制约相对较小，且应在测量数据平差处理中检核 GPS 网点间相对关系的好坏。

　　盾构暗挖隧道的地面布点及精度分析，假设区间长 2km，一端贯通。为计算简单方便，以直线隧道（地面导线）为等边直伸形导线进行估算。GPS（三等网

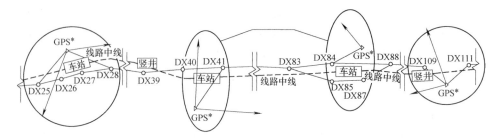

图 10-14　精密导线网点和 GPS 网点连接方案

精度）和精密导线（四等导线精度），在此区段形成的等边直伸复合导线总长 3km，精密导线平均边长 300m，则其最弱点（中点）的横向中误差为

$$M^2 = M_0^2 + \left[\frac{M_\alpha L}{\rho^2}\right]^2 + \left[\frac{1}{10}\frac{M_\beta}{\rho}L\sqrt{(n+1.5)/3}\right]^2$$

式中　M——精密导线最弱点横向中误差；

　　　M_0——起算点横向中误差；

　　　M_α——GPS 起算方位角中误差；

　　　M_β——精密导线测角中误差；

　　　L——导线总长；

　　　n——测站数；

　　　ρ——1 弧度对应的秒值，为常数，取 206265。

取 $M_0 = \pm 12mm$，$M_\alpha = \pm 1.8''$，$M_\beta = \pm 2.5''$，$L = 3km$，$n = 10$，$\rho = 206265$，则 $M^2 = (144.000 + 171.347 + 79.190)mm^2 = 394.537mm^2$

$$M = \pm 19.9mm$$

估算误差小于设计要求（±21.3mm），证明上述布网方案可行。在方案实施前，估算还存在一些小偏差，因此在实际作业中，最好预留一点精度储备（如延长 GPS 测量时段、导线测量增加 1~2 测回或选用更高精度的仪器等）以防万一，并给下一道测量工序预留一点空间。

10.3　联系控制测量

地铁工程主要通过竖井提供工作面进行施工，如何保证井下按设计开挖就成为施工的首要问题。平面联系测量是将地面控制点的坐标和方向按照一定的方法与精度要求传递至地下（车站），作为洞内地下导线测量的起算数据，并使地下平面控制网与地面平面控制网具有统一的坐标系统。其主要测量任务是确定井下导线起算边的坐标方位角、确定井下导线起算点的平面坐标和井下水准基点的高程，保证地下控制网与地上控制网具有统一的坐标系统，从而为施工提供依据。目前，联系控制测量的方法较多，平面方面的控制测量方法有联系三角形法、陀螺定向法、导线直接测定法和投点定向法等；高程方面的控制测量方法有悬挂钢尺法、光电测距三角高程法和水准测量法等。一般高程联系测量比较简单，精度也比较容易保证，而在隧道施工控制测量中的平面坐标传递比较困难。

10.3.1　高程联系测量

为了将高程控制网从地上引入地下，需要进行高程联系测量，一般在车站、竖井等结构内进行。高程联系测量分为三步：地上的近井水准测量、高程传递测量及地下近井水准测量。地上的近井水准测量和地下近井水准测量一般可以采用常规的水准测量进行。高程传递测量是高程联系测量的关键，高程传递测量的精度直接影响地下近井点的高程精度。

常见的高程传递测量方法有悬挂钢卷尺法、常规水准测量法以及全站仪三角高程法。相比其他方法，悬挂钢卷尺法具备对测量场地环境要求小、外业作业流程简便等特点，在地下结构的高程联系测量中应用更广泛。悬挂钢卷尺高程传递测量示意图如图 10-15 所示。

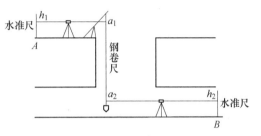

图 10-15　悬挂钢卷尺高程传递测量示意图

悬挂钢卷尺法是目前使用比较成熟的高程传递测量方法，能够满足城市二等水准测量的精度要求，其原理如下：首先在竖井边沿固定一金属构架并做好井上近井点 A 和井下近井点 B，将钢卷尺固定在构架顶端，钢卷尺下端悬挂一核定质量的重物。在相同时刻测量出井上、井下的水准尺刻度值 h_1、h_2 和钢制卷尺的刻度值 a_1、a_2，则两个近井点 A、B 的高差为

$$\Delta h' = a_2 - a_1 - h_1 + h_2$$

由于钢制卷尺在温度、拉力以及自身重力作用下存在变形，所以必须对尺长进行改正，则近井点 A、B 的高差为

$$\Delta h = \Delta h' + \sum \Delta H$$

式中　$\sum \Delta H$——温度、拉力以及自身重力等引起的各项尺长变形改正。

在实际作业中，悬挂钢尺法主要误差有：受到周围温度、被施加张力及自身重力影响而存在的变形，人眼观测卷尺刻度的观测差。卷尺的温度尺长改正、张力误差改正及自重误差改正是不能忽略的。以温度误差改正为例，卷尺测量有效长度为 15m，当气温高于 20℃时，每增加 2℃，温度改正分析数据见表 10-2 。

表 10-2   温度改正分析数据

测量长度/m	测量时环境温度/℃	温度误差改正值/mm
15	20	0.00
15	22	0.35
15	24	0.69
15	26	1.04
15	28	1.38
15	30	1.73
15	32	2.07
15	34	2.42
15	36	2.76
15	38	3.11
15	40	3.45

在夏季，地面气温为30℃~40℃，而盾构井下的温度一般在25℃左右。单独以卷尺有效观测长度的某一端测量温度进行改正，可存在近2mm的差值。为了减小这种误差，在卷尺与周边环境温度达到一致后，采用在卷尺有效观测长度的两端记录温度，然后取均值进行温度误差改正。人为观测卷尺也可能存在误差，而这种观测差是不可避免的。为了减小这种误差，选择增加观测次数的办法，选择固定、熟练的技术人员进行观测。同时为了减小不同型号电子水准仪和铟钢尺的误差，可采用相同型号的水准仪和水准尺，水准仪也必须经过严格的校检。

10.3.2   联系三角形定向

平面联系测量主要有一井定向（联系三角形定向）、两井定向、铅垂仪陀螺经纬仪联合定向、导线定向四种方式。施工单位不常备陀螺经纬仪，很少采用铅垂仪陀螺经纬仪联合定向。用导线定向精度最好且最方便，但是用导线定向受始发井的长度和深度制约，一般也很少用。所以一般都采用一井定向（联系三角形定向）或两井定向，其中两井定向受地面及洞内各种因素的制约少且方便，但是在同样的始发井长度和深度的情况下，最好采用一井定向（联系三角形定向），这样有利于提高井下定向的精度。一井定向（联系三角形定向）对场地要求较高，做起来较麻烦，但定向精度很有保证。联系测量向洞内投点时尽量把点间距拉大些，最好在始发井底板投四个点，保证始发井两端各有两个控制点，且尽量保证每次联系测量投点时都投在这四个点上，以便取多次联系测量的加权平均值作为最终的始发控制点坐标。

联系三角形定向即在竖井中悬挂2根钢丝，由地面近井点与2根钢丝构成三角形，测定近井点与钢丝的距离和角度，从而算得2根钢丝的平面坐标及坐标方位角。同样，井下近井点也与钢丝构成三角形。由于钢丝处于自由悬挂状态，可以认为，2 根钢丝在地面与井下的坐标和方位角一致，把井下钢丝的坐标和方位角作为已知数据，通过计算便可获得地下导线起算点的坐标和方位角。联系三角形布设示意图如图 10-16 所示。

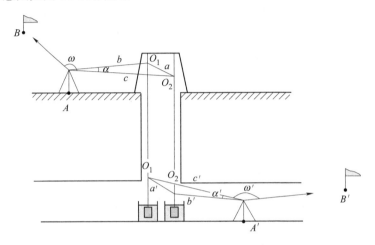

图 10-16　联系三角形布设示意图

图 10-16 中，A、B 为在地面趋近导线点，可与 GPS 点或精密导线点联测得到其平面坐标。1、2 是通过竖井框架悬挂并吊有重锤的高强钢丝（一般要求钢丝直径大于 0.5mm，重锤质量不小于 10kg），在钢丝上贴有与所使用全站仪相匹配的测距反射片。将重锤浸入到油桶中，钢丝在重力作用下稳定并保持铅垂线方向，A'、B' 为待求地下导线控制点。由于地上、地下近井点至钢丝距离较近，为了减小仪器及棱镜对中误差的影响，实际作业时，A，A'、B' 均应采用强制对中装置，且地下定向边 $A'B'$ 的距离应尽量长，以不小于 50m 为宜。

作业时，先在地面连接点 A 安置全站仪后视近井点 B，观测 α 及 ω，并通过反射片实测 A 点至 2 根钢丝的水平距离，然后在地下控制点 A'，安置全站仪观测 $ω_1$ 及 $α_1$，并实测 A' 点至 2 根钢丝的水平距离 b'，c'。联系三角投影示意图如图 10-17 所示。

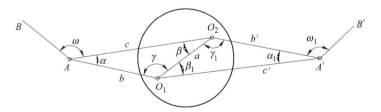

图 10-17　联系三角投影示意图

井上、井下三角形布设应满足下列要求：

1）两根悬挂钢丝间的距离 a 应尽可能长。

2）定向角 $\alpha(\alpha_1)$ 宜小于 $1°$。

3）$b/a(b'/a)$ 宜小于 1.5。

4）在井上、井下所量取或计算求得的 2 根钢丝间距 a，其互差应小于 2mm。

由于每个联系三角形均观测 3 条边和 1 个内角（其中 2 根钢丝间距通常采用钢尺量距测得，一般仅用于检核）。地上和地下 2 个三角形平差时的模型均为

$$a^2 = b^2 + c^2 - 2bc \cdot \cos\alpha$$

β 和 β' 可通过联系三角形求得，在 $\triangle ABC$ 和 $\triangle A'B'C$ 中

$$\sin\beta = \sin\alpha \times \frac{b}{a}; \quad \sin\beta_1 = \sin\alpha_1 \times \frac{b'}{a}$$

$$\sin\gamma = \sin\alpha \times \frac{c}{a}; \quad \sin\gamma_1 \times \frac{b}{a}; \quad \sin\beta_1 \times \frac{b'}{a}$$

计算出的三角形内角和应为 $180°$，实践表明一般均能闭合，若尚有微小的残差，则可将其平均分配于 $\beta(\beta_1)$，$\gamma(\gamma_1)$ 中。根据平差后的角度及边长值计算地下导线点 $A'B'$ 的方位及 A' 的坐标

$$\alpha_{A'B'} = \alpha_{AB} + \omega + \alpha + \beta + \beta_1 + \omega_1 + \alpha_1 \pm n \times 180°$$

式中 n——观测角个数。

$$\begin{cases} X_{A'} = X_A + c \times \cos\alpha_{AC} + a \times \cos\alpha_{CB} + c' \times \cos\alpha_{BA'} \\ Y_{A'} = Y_A + c \times \sin\alpha_{AC} + a \times \sin\alpha_{CB} + c' \times \sin\alpha_{BA'} \end{cases}$$

对于盾构区间，为了满足盾构组装及吊出的需要，盾构井口大小普遍大于 11m×8m，悬挂的 2 根钢丝间距一般均能达到 10m，且三角形很容易布置成直伸形状。对于施工单位普遍使用的标称精度为 $2''$，$2 + 2×10^{-6}$ 的全站仪测角中误差为 $M_\alpha = 2''$，测距精度 M_S 一般可达 $1 \sim 2$mm，则 M_S 可取 2mm，当 a 取 10m 时，在三角形布设为满足规范要求的有利形状条件下，所计算出的测角误差均可控制在 $5.5''$ 以内。地下起始方向的误差主要由角度观测引起，且主要取决于 b/a 值，当 $\alpha < 40'$，边长误差影响仅占 20% 左右甚至更低。若采用 3 根钢丝组成双联系三角形进行定向，可使测量精度进一步提高。

10.3.3 两井定向

两井定向联系测量法是在 2 个竖井中分别悬挂 1 根（为增加检核条件，可悬挂 2 根）钢丝，地下布设导线，利用地面上布设的近井点或地面控制点采用导线测量或其他测量方法测定 2 根钢丝的平面坐标值，在地下隧道中，将已布设的地下导线与竖井中的钢丝联测，即可将地面坐标系中的坐标与方向传递到地下，经计算求得地下导线各点的坐标与导线边的方位角。在地面上采用导线测量测定 2

根钢丝的坐标，在地下使地下导线的两端点分别与 2 根钢丝联测，这样就组成一个复合图形。在这个图形中，2 根钢丝处缺少 2 个连接角，这样的地下导线是无起始方向角的，故称它为无定向导线。按无定向复合导线计算步骤和方法计算出各点的坐标及方位角。

与一井定向联系三角形法相比，由于 2 根钢丝间的距离大大增加，因而减少了投点误差引起的方向误差，有利于提高地下导线的精度。其次是外业测量简单，占用竖井的时间较短。

两井定向联系测量法的观测方法及过程如下：

1）运用导线测量方法，在地面近井点 SA_2、SA_3 分别设站，测量钢丝的角度、距离，盘左、盘右分别 3 个测回，从而计算出钢丝 GS_1、GS_2 的坐标及 2 根钢丝的距离、方位角。

2）在井下导线点 SL_1、SL_2 设站，分别观测 2 个井内的钢丝。

3）假定出土井中 1 根钢丝至井下其中 1 个导线点的方位角为 $0°0'0''$，钢丝坐标为 $(0, 0)$，根据观测角度、距离逐个计算井下导线点坐标，至盾构吊装井中另 1 根钢丝。

4）根据假定方位角下的 2 根钢丝坐标反算出距离和方位角，对比 1）中的同样 2 根钢丝的距离、方位角，以 1）中数据为准，改正井下的距离、方位角（距离按比例改正，方位角按差值改正）。

5）按改正后的方位角和距离重新计算得出的井下的导线点坐标即为所求。

6）按以上方法取不同的 2 根钢丝计算，多次计算结果取平均值。

两井定向投点立面图如图 10-18 所示。

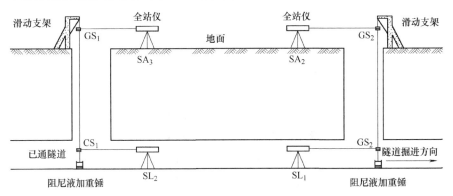

图 10-18　两井定向投点立面图

10.3.4　导线定向

导线定向法是通过竖井（竖井比较浅，可直接从地面测至地下）、斜井或平洞，用导线测量的方法将坐标传递到隧道内，这与一般的导线测量方法基本相同。竖直导线定向测量的原理源于平面控制测量中的导线测量理论。利用工程施工的竖井将地面控制网点的方向和坐标通过竖直导线测量方法传递到地下，作为地下工程施工定位、定向以及地下导线测量起算数据的依据。竖直导线定向测量适用于城市地下工程中深度较浅（一般情况小于30m）的定向测量，特别适合口径较大、埋深较浅的地下工程，如地铁工程中的盾构工作井或三联拱隧道施工竖井等。

竖直导线定向的特点如下：

1）原理简单，操作方便可行，一般工程技术人员都能理解和操作。

2）网形布设灵活，利于优化设计。

3）测量精度较高，能满足施工精度的要求。

4）施测场地要求低，对施工的干扰较小。

5）由于竖井定向控制点的埋设必须紧随竖井施工同期进行，因此在竖井施工时，竖直导线点可作为沉降变形监测的控制点。

竖直导线定向的布设和施测如图 10-19 所示，井深为 L、井径为 D 的地下工程工作竖井。由近井点 A 开始，根据施工场地和竖井结构等因素，竖直导线点的布设宜沿着地下工程轴线方向，顺着井壁向下的 C、D、E 等导线点逐个布设，直到竖井底部工作面 B、B_1。通过竖直导线将地面点 A、A_1、A_2 等平面控制网点的坐标和方位传递到竖井底部的 B、B_1，依据得到的 B、B_1 坐标和方位进行地下工程施工的定位、定向。

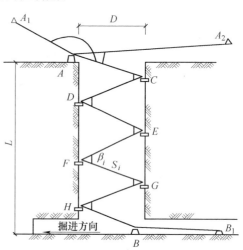

图 10-19　竖直导线定向测量原理图

布设导线点和进行施测时，应注意以下几点：

1）所有导线点的布设要求标准、牢固、可靠。

2）针对施测实际需要，对井壁上的控制点要求埋设具有强制对中装置的内外架式金属吊篮。

3）每次进行竖直导线测量时，要进行地面控制网的复测，确保近井点没有发生沉降和位移。

4）测量仪器宜采用具有双轴补偿系统的 I 级全站仪，角度观测回数根据测量等级按对应规范制定，距离应进行双向观测。

由图 10-19 可以进行底部定向边 BB_1 坐标方位角和底部定向点 B 的坐标计算。竖井底部定向边 BB_1 坐标方位角 α_{BB1} 为

$$\alpha_{BB1} = \alpha_{AA1} + \sum_{i=1}^{n+1} (-1)^{i-1} \times \beta_i + (n-1) \times 180°\alpha$$

式中　α_{AA1}——地面已知坐标方位角；

　　　　β_i——竖直导线的水平观测角（$i = 1, 2\cdots, n$）。

竖井底部定向点 B 的点位坐标 x_B、y_B 为

$$\begin{cases} x_B = x_A - \sum_{i=1}^{n} S_i \times \sin\theta_i \times \cos\alpha_{i-1,\,i} \\ y_B = y_A - \sum_{i=1}^{n} S_i \times \sin\theta_i \times \sin\alpha_{i-1,\,i} \end{cases}$$

式中　S_i——竖直导线的观测边长；

　　　　θ_i——竖直导线测量的观测高度角；

　　$\alpha_{i-1,\,i}$——竖直导线各导线边的坐标方位角；

　x_A、y_A——近井点 A 的坐标值。

在运用竖直导线进行地下工程定向施测时应该注意以下几个方面：

1）必须进行竖直导线优化布设。在满足各导线边垂直角小于 30° 的条件下，尽可能减少边数，以提高方向传递精度；导线点宜布设在工程轴线方向上，以减少竖直导线点位传递误差对工程横向贯通误差的影响。

2）所有竖直导线控制点均应埋设具有强制对中装置（图 10-20）的固定观测墩或带有内外架式的金属吊篮，以减少仪器对中误差和目标偏心误差的影响。

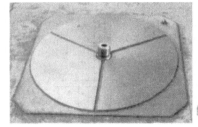

图 10-20　强制对中装置与仪器架设图

3）选用高等级的仪器，最好采用具有双轴补偿系统的 I 级全站仪进行观测。

4）严格遵照规范要求的规定进行施测。

10.3.5　混合定向

主要采用铅垂仪、陀螺经纬仪联合定向。采用铅垂仪代替吊钢丝，平面联系测量一般是通过吊钢丝或竖直导线来完成的，具有一定的不稳定性，所以在一条隧道贯通之前一般需要进行多次联系测量，最后取多次测量成果的均值作为最终

联系测量成果。如图 10-21 所示为某地铁线竖井混合定向测量现场布置图，要完成高程测量和平面联系测量。竖井中线部分是属于高程测量使用。左右两侧的激光铅垂仪即是采用的混合定向测量方法。将两台激光铅垂仪安置在竖井井底，向地面发射可见激光束，在地面竖井口上根据可见激光束的位置在可见激光束的两侧固定两根工字钢。然后在工字钢上用拉线的方法交汇出可见激光束的位置，再在工字钢上铺设废木模板并在模板上根据拉线预估出可见激光束的位置，以模板上预估的可见激光束的位置为圆心加工出两个 $\phi20\text{mm}$ 的圆孔，再在圆孔上用胶粘上半透明的塑料板。在竖井井底用钢尺准确丈量两个联系点间的水平距离 D，将两台激光铅垂仪各旋转一周即可在地面半透明的塑料板上形成一个圆形的轨迹，地面上随着竖井井底激光铅垂仪的旋转用细马克笔在塑料板上标出激光点的旋转轨迹进而标定出激光点旋转轨迹的圆心（该圆心即为井底联系点的铅直投影位置），地面上用钢尺准确丈量两个联系点铅直投影位置间的水平距离 d，若 d 与 D 的差值不超过 1mm，则认为投点无误（否则应检查激光铅垂仪是否存在问题）。将电子全站仪安置在一个地面导线点或 GPS 点上后视另一导线点或 GPS 点，然后将发射棱镜依次安置在半透明的塑料板上标出的两个联系点的铅直投影位置处，即可测出两个联系点的平面直角坐标（即城市坐标），平面联系测量即告结束。

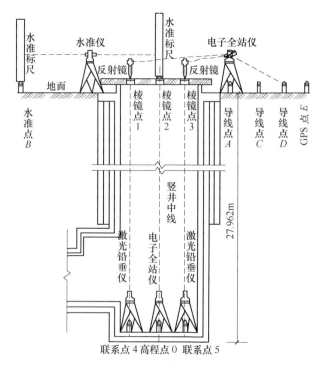

图 10-21　竖井混合定向测量现场布置图

铅垂仪投点时应满足下列要求：

1）井口的支撑台架与观测台应严格分离，互不影响作业。

2）铅垂仪的基座或旋转纵轴应与棱镜旋转纵轴严格同轴，其偏心误差应小于 0.2mm，每次使用前应进行标定。

3）全站仪独立三测回测定铅垂仪的纵轴坐标互差应小于 3mm，每次使用前应进行标定。

地面坐标方位的传递均按精密导线测量的精度进行，使用 1″Leica TCRA 全站仪。一次正镜（或正向）测量和一次倒镜（或反向）测量称为一个测回，作业要求水平角观测四测回，每测回间角差小于 3″，距离正倒镜往返测。距离观测时，每条边均往返观测，各两测回，每测回读数两次，并测定温度和气压，现场输入全站仪进行气象改正，仪器的加乘常数也同时自动改正。铅垂仪投点法是运用高精度的铅垂仪配合精密全站仪使用的一种方法，原理简单，操作方便，地面导线测量相对地下干扰少，观测方便，计算快捷，能够进行严密平差，能够保证点和边的精度。图 10-22 是竖井混合定向测量用到的设备。实际操作过程中搭建井口的支撑台架与观测台和将导线点垂直投影到观测台时是个难点。应特别注意支撑台架与观测台的独立性，保证观测台的点与井底点的投影重合。

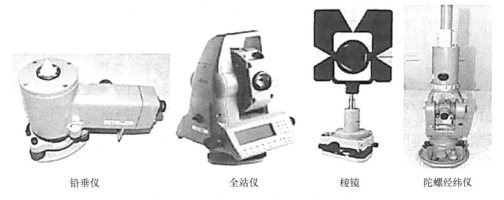

铅垂仪　　　　　　全站仪　　　　棱镜　　　　陀螺经纬仪

图 10-22　竖井混合定向测量用到的设备

10.4　盾构施工地下控制测量

盾构掘进过程中必须进行洞内的控制测量。在隧道内建立施工测量控制网是地下隧道掘进测量、设备安装测量和竣工测量等的基础，用以对盾构开挖方向不断地进行检核和修正，保证隧道的准确贯通。施工测量控制网的导线点也随盾构掘进向前进行布设。地下控制测量包括地下控制测量和高程控制测量。进行地下控制测量时，应利用直接从地面通过联系测量传递到地下的近井点作为测量起算点。由于受到空间的限制和施工条件制约，地下控制网只能布设成支导线（由已知控制点出发，不附合、不闭合于任何已知点的导线）形式。单支导线布设示意图如图 10-23 所示。

图 10-23　单支导线布设示意图

盾构隧道导线点的坐标和方位角都是按照支导线方法测定的，因其没有检核条件，不能保证数据的可靠性，所以在实际工程中采用设置两条支导线的方法来互相检核。在隧道曲线部分可以通过设置跳站，构成左右两条导线，隧道直线部分可以直接在仪器平台上设置两个观测点构成左右导线。

10.4.1　布设方案

为了避免上述支导线的缺点，提高导线端点精度，并根据实际施工情况及井下工作条件，提出了下列三种布设方案：

1）主辅点菱形导线法。在地下控制支导线点（主点）的附近再布设一个导线点（辅点），为了便于同时设置目标和精确量距，考虑两个观测点安装在同一个强制归心观测墩上，边长约为 10~15cm，两点之间距离在事先安装好中心螺旋后可用游标卡尺精确测量，由于游标卡尺丈量精度可达±0.2mm，因此可认为主辅点间长度值没有误差（图 10-24）。

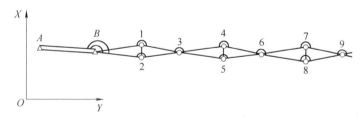

图 10-24　主辅点菱形导线法

2）主辅点四边形导线法。在地下控制支导线基础上每 4 点组成四边形，相邻主辅点同样采用游标卡尺测量长度（图 10-25）。

3）环形导线法。根据隧道实际情况，布设成环形导线，导线点采用强制归心装置，安装在地铁隧道侧壁，保持离开侧壁一段距离，一般约 0.5~0.7m，以

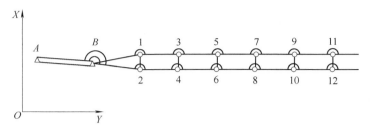

图 10-25 主辅点四边形法

保证视线离开侧壁在 0.5m 以上，减少旁折光的影响，导线所有角度距离采用 I 级全站仪观测（图 10-26）。

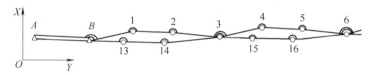

图 10-26 环形导线法

10.4.2 导线点的埋设形式

隧道内导线点的埋设形式有多种，应根据施工方法和隧道结构形状确定，一般导线点可埋设在隧道结构的底板、边墙或拱顶上。导线点的形式一般有下列三种：

1）埋设在隧道结构底板的导线点形式，如图 10-27 所示，规格为 200mm×100mm×10mm 的钢板，其与结构底板的钢筋焊在一起，并用混凝土与隧道结构底板浇筑牢固。在钢板上钻直径 2mm 的小孔，并镶上红或黄铜丝作为导线点标志。这种形式的导线点的特点是简单、钢板面积大、便于调线，直接设置在轴线上对施工更为直观；缺点是容易受到损坏，观测时受施工影响大。

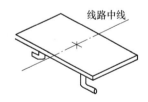

图 10-27 埋设在隧道结构底板的导线点形式

2）埋设在隧道结构边墙的导线点形式，如图 10-28 所示。在隧道边墙设置具有强制仪器归心装置的观测台。虽然这种形式的导线点制造和安装较复杂，但观测时不受施工的影响、精度高，得到广泛应用。

3）埋设在隧道结构拱顶上的导线点形式，形似吊篮形式，"吊篮"由搭建在隧道拱顶部互相分离的仪器台和观测人员站立平台组成，拱顶布置点如图 10-29 所示。同时，仪器台应有强制仪器归心装置（类似于三脚架作用，只是测量时不需对中，在观测墩平台上埋设中心连接螺旋，使用时直接将仪器插上，其对中误差<±0.2mm)。"吊篮"形式的导线点虽然结构复杂，安装麻烦，但观测时不受施工的影响、精度高，在盾构施工中广泛应用。

a)

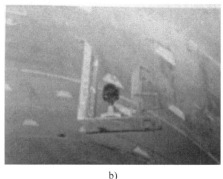
b)

图 10-28　埋设在隧道结构边墙的导线点形式
a）导向全站仪　b）后视棱镜基座

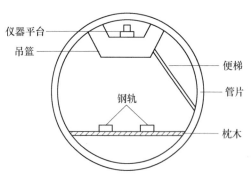

图 10-29　拱顶布置点

10.4.3　测量精度要求

1. 支导线测量精度要求

在隧道施工中，隧道内狭长的空间使得洞内控制网的设计没有选择的余地，只能采用支导线的形式进行地下平面控制测量。根据贯通测量的精度设计，地下平面控制测量是贯通测量的重要环节，根据贯通误差限值及误差分配设计，地下控制测量的横向中误差为35mm。影响导线横向误差的主要来源是角度测量误差，由测角引起导线端点相对起点的横向中误差按等边直伸形导线估算，其最远点横向中误差可用下式计算

$$M_u = \frac{M_\beta}{\rho^0} S \sqrt{\frac{n}{3}}$$

式中　M_u——支导线终点横向中误差（mm）；

　　　　M_β——测角中误差（mm）；

　　　　S——支导线长度（mm）；

　　　　ρ^0——换算常数，取值为 $\frac{180°}{\pi} \approx 57.3°$；

　　　　n——支导线边数。

由此可以得到转换成测角中误差计算公式

$$M_\beta'' = \frac{\rho''}{S} M_u \sqrt{\frac{3}{n}}$$

式中　ρ''——换算常数，$\rho'' = \frac{180°}{\pi} \times 60 \times 60 = 206264.806'' \approx 206265''$。

令支导线终点横向中误差 M_u 为 35mm，支导线长度 S 为 1500m，支导线边数 n 为 10，则测角中误差 M_β 为

$$M_\beta = \frac{\rho''}{S} M_u \sqrt{\frac{3}{n}} = \frac{206265''}{1500000} \times 35 \times \sqrt{\frac{3}{10}} = 2.6''$$

因此，GB/T 50308—2017《城市轨道交通工程测量规范》规定，测角中误差应在 5.2″ 以内。导线测量的测距中误差一般影响地下平面控制点的纵向误差，且现代测距误差一般不超过±2mm，该误差对控制点的纵向误差影响很小。《城市轨道交通工程测量规范》规定的测距中误差在±3mm 以内，在测量作业中很容易达到这一要求。

《城市轨道交通工程测量规范》除了对地下平面控制的支导线测量制定精度要求外，对控制点点位横向中误差满足贯通误差要求也制定了标准，并计算贯通前地下平面控制点的横向中误差，以保证贯通测量精度。

$$M_u \leqslant M_\varphi \times (0.8 \times d/D)$$

式中　M_u——导线点横向中误差（mm）；

　　　　M_φ——贯通中误差（mm）；

　　　　d——控制导线长度（mm）；

　　　　D——贯通距离（mm）。

2. 重复测量精度要求

地下平面控制点在隧道贯通前应至少测量 3 次，并应与竖井定向同步进行。重合点重复测量坐标值的较差应小于 $30^3 d/D$，其中 d 为控制导线长度，D 为贯通距离，单位均为 mm。满足要求时，应取逐次平均值作为控制点的最终成果指导隧道掘进。

10.4.4 测量方法

用作地下平面控制测量的支导线不可能一次布设完成，而是随着隧道的不断延伸，在一定距离后一个点一个点地逐步布设。在隧道施工过程中，每布设一个新点就需要进行测量。测量时，通常从支导线的起始点或经多次复测证明稳定的中间点开始。

《城市轨道交通工程测量规范》规定，导线测量应使用不低于 $(2'', 2mm + 2 \times 10^{-6})$ 级以上的全站仪施测，左右角各观测两测回，左右角平均值之和与 $360°$ 较差应小于 $4''$，采用左右角观测时，在两个不同的盘位要变动零方向。边长往返观测各两测回，往返平均值较差应小于 4mm。由于隧道处在土层中，受其自身施工及外界环境的影响，所设置的地下导线点有可能发生位移，因此隧道掘进至全长的 1/3 处、2/3 处和距贯通面小于 100m 时，必须对地下控制点进行同精度全面复测，以确定其正确可靠。地下平面控制点除在上述三个阶段进行全面复测外，可视情况在施工过程中随时进行复测。在隧道施工过程中，从地面近井点测量到联系测量等工作至少要进行 3 次，有条件时，地下控制点复测要与地面近井点测量和联系测量同时进行。

另外，相邻竖井间或相邻车站间隧道贯通后，地下平面控制点应构成附合导线（网），以增强控制网强度。

10.5 盾构隧道施工测量误差来源及分配

地铁施工主要包括地铁车站和地铁区间两部分，车站及明挖区间施工测量主要是利用地面控制点直接对车站的各个关键部位、区间的控制中线进行放样，所引起的测量误差主要是地面控制点的精度。而地铁暗挖区间施工往往是要通过已施工好的车站、竖井、盾构井，或通过地面钻孔把地面（井上）控制点的坐标、方位及高程传递到地下（井下），从而将地面和地下控制网统一为同一坐标系统，作为地下导线的起算坐标、起始方位角和起始高程基准，并依此指导和控制地下区间隧道开挖，保证正确贯通。因此，地铁暗挖区间施工产生的测量误差除地面控制点的因素外，还包括井上与井下联系测量误差以及区间隧道施工控制测量误差。故地面控制测量、联系测量及区间隧道施工控制测量是地铁施工测量的三个关键因素，也是直接影响地铁贯通精度的关键控制点。

根据有关要求，暗挖区间的横向贯通中误差应不超过 $\pm 50mm$，竖向贯通（高程贯通）中误差不超过 $\pm 25mm$。采用不等精度分配方法，将横向贯通误差配赋到影响地铁横向贯通误差的三个主要测量环节：地面平面控制测量中误差 $M_{井上} \leqslant \pm 25mm$，联系测量中误差 $M_{联系} \leqslant \pm 20mm$，地下控制导线测量中误差 $M_{井下} \leqslant$

±30mm。同样，采用不等精度分配方法，高程贯通误差的合理配赋为：地面高程控制测量中误差为±16mm，向地下传递高程测量中误差为±10mm，地下高程控制测量中误差为±16mm。

10.5.1　地面控制测量

城市地铁首级控制一般采用 B 级及以上等级 GPS 网，控制整个地铁线路的走向。因 GPS 测量是接收空中卫星所发出的信号，利用这些信号来进行定位的，要求 GPS 点位上空高度角 10°范围内不能有成片的遮挡物，故控制城市地铁的首级 GPS 点大都埋设在高层建筑物顶上。为了便于车站及竖井的施工测量，还应在首级 GPS 点网基础上布设地面精密导线网。地面控制网一般按两级布设，则对点位总的误差影响为

$$M_P^2 = M_G^2 + M_T^2 \tag{10-1}$$

竖井联系测量中所利用的地面控制点一般为竖井施工口附近相邻的 2~3 个精密导线点，地面控制测量误差常采用最弱点的点位中误差和相邻点的相对点位中误差来进行计算，并且用（10-1）式中点位中误差 M_P 来代替地面控制测量横向中误差 $M_{井上}$，以便于优化 GPS 和精密导线的测量。

$$(M_G)_{ij} = \pm \frac{(M_G)}{\sqrt{2}} \tag{10-2}$$

$$(M_r)_{ij} = \pm \left[M_r \Big/ \sqrt{\frac{n}{2}} \right] \tag{10-3}$$

$$M_{井上}^2 = \pm (M_G^2 + M_r^2) \tag{10-4}$$

式中　M_G——GPS 网中所有 GPS 点平均点位中误差（mm）；

　　　M_r——地面精密导线点的平均点位中误差（mm）；

　　　n——精密导线观测的测站数；

　　$(M_r)_{ij}$——精密导线相邻的相对点位中误差（mm）；

　　$(M_G)_{ij}$——GPS 网中相邻点的相对点位中误差（mm）。

工程实例：沈阳地铁 1 号线一期工程线路全长 22.141km，全部为地下线路，全线共设 18 座车站。根据地面控制测量横向中误差 $M_{井上} \leqslant \pm 25mm$ 及误差合理配赋原则，共布设首级 GPS 点 6 对，GPS 网平均边长为 2000m。复测方法采用了 Trimble 5800 双频机进行静态观测，按同步图形扩展式中的边连式结构图形，每个同步图形观测 120min，每个 GPS 点至少观测 2 个时段。利用 TGO 软件对 GPS 网进行约束平差，最弱点 GPS011 点位中误差为 14mm，根据式（10-2）可推算与 GPS011 相邻的 GPS012 点的相对点位中误差为

$$(M_G)_{ij} = \pm (14/2) = 9.9\text{mm}$$

而张士站与沈新路站区间，
正好利用了这一对 GPS 点布设
了精密导线网，导线网平均边长
为 350m（图 10-30）。

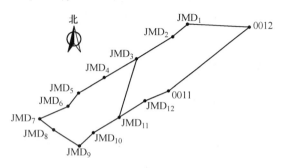

图 10-30　张士站与沈新站区间导线

要满足地面控制测量中误差
不大于±25mm，根据式（10-4），
精密导线网最弱点 JMD_7 点位中
误差应控制在 ±20mm 之内。根
据式（10-3）可推算出与之相邻
点 JMD_6 的相对中误差

$$(M_r)_{ij} = \pm \left[20\text{mm} / \sqrt{\dfrac{4000/350}{2}} \right] = \pm 8.4\text{mm}$$

由以上数据分析可得：只要首级 GPS 控制网相邻点的相对中误差在±10mm
之内，最弱点位中误差在±14mm 之内，精密导线相邻点的相对中误差在±8mm 之
内，点位中误差在±20mm 之内，便能保证地面控制测量对暗挖区间隧道横向贯
通误差的影响值控制在±25mm 的要求。

导线点位中误差是由测角误差和测距误差共同引起的，故精密导线相邻点的
相对点位中误差又可由以下公式计算

$$(M_r)_{ij} = \pm \sqrt{M_T{}^2 + M_u^2} \tag{10-5}$$

$$M_T = \pm \frac{1}{T}S \tag{10-6}$$

$$M_u = \pm \frac{M_\rho}{\rho''}S \tag{10-7}$$

式中　$\dfrac{1}{T}$——测距相对中误差（mm）；

　　　S——导线平均边长（mm）；

　　　ρ——取值为 206262″。

要满足导线相邻点的相对点位中误差在±8mm 之内，根据上述公式可计算得
导线测角的测角中误差应在±2.5″之内，测距相对中误差应在 1/60000 之内。故
地面精密导线网图应布设成附合导线或结点导线网，测角应采用全圆测回法或方
向观测法进行观测，每个测站一级全站仪不少于 4 个测回，2 个测回观测左角，
2 个测回观测右角，左角、右角平均值之和与 360°的差应小于 4″。测距应进行往
返观测各 4 个测回，并进行温度和气压改正，取其平均值作为观测边长值。根据
张士站与沈新路站区间精密导线网计算的最后成果，最弱点 JMD_7 点位中误差为

18mm，考虑到首级 GPS 网的点位中误差有 14mm。故张士站与沈新路站间的地面控制测量对该区间产生的横向贯通误差为 $M_{井上} = \pm\sqrt{14^2 + 18^2}\,\text{mm} = \pm 22.8\text{mm} < 25\text{mm}$ ，可见沈阳地铁地面控测量方法及测量精度是合理的。

10.5.2　竖井联系测量

联系测量主要方法有：导线定向；联系三角形定向；钻孔投点定向；铅垂仪与陀螺全站仪联合定向。根据前面分析联系三角形定向主要是通过井上、井下构造两个关联的三角形，通过三角形几何关系将地面控制点的坐标及高程传递到地下。竖井联系三角形定向测量示意图如图 10-31 所示。

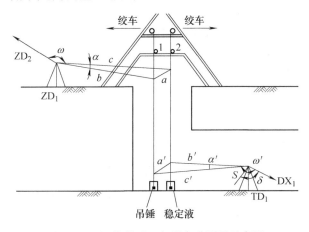

图 10-31　竖井联系三角形定向测量示意图

ZD_1 为近井点或精密导线点，ZD_2 为精密导线点或 GPS 点，TD_1、DX_1 为井下固定点，ω、α 和 α' 为观测的连接角和定向角，b、c 及 b'、c' 为全站仪观测边长，a 和 a' 为钢尺测量的距离。井下固定点 TD_1 及 DX_1 的坐标就是通过以上的观测数据结合解三角形的几何关系推导出来的（图 10-32）。

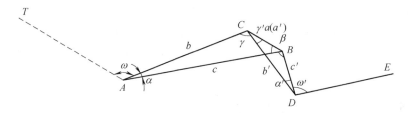

图 10-32　联系三角形投影示意图

根据图 10-32 可得：井下定向边 DE 的方位角 $\alpha_{DE} = \alpha_{AT} + \beta + \gamma' + \alpha' + \omega' \pm n \cdot 180°$。因 AT 方向中误差已在地面控制测量部分考虑过，故在联系测量部分不应

考虑。则地下定向边 DE 的方向中误差为

$$M_{DE} = \sqrt{M_\omega^2 + M_\rho^2 + M_\gamma^2 + M_\alpha^2 + M_\omega^2} \qquad (10\text{-}8)$$

式中，β、γ' 是通过三角形的观测边 a、b、c 和观测角 α 推算出来的，故 β、γ' 的精度即受测角的影响又受测边的影响。由图 10-32 可得

$$\sin\beta = \frac{b}{a} \times \sin\alpha \qquad (10\text{-}9)$$

因联系三角形中的 β 和 α 角度不能大于 $3°$，则式（10-9）可用式（10-10）表示

$$\tan\beta = \frac{b}{a} \times \tan\alpha \qquad (10\text{-}10)$$

将式（10-10）进行微分并转换为中误差形式得

$$M_\beta = \pm \sqrt{\frac{M_S^2 \tan_\alpha^2}{a}\rho \cdot \left[1 + \left(\frac{b}{a}\right)^2\right] + M_\alpha^2 \cdot \left(\frac{b}{a}\right)^2} \qquad (10\text{-}11)$$

式中 M_S ——测边中误差。

同理可推算 γ' 角中误差。

联系测量对区间隧道贯通产生的中误差为

$$M_{联系} = \pm \sqrt{M_{DE}^2 + M_{投点}^2} \qquad (10\text{-}12)$$

目前广州地铁、北京地铁等均采用此方法的测量数据按式（10-8）~式（10-12）推算得出，联系三角形边长测量误差应小于 $\pm0.8mm$，角度测量误差应小于 $\pm4''$，投点误差应小于 $2mm$，才能满足联系测量中误差 $M_{联系} \leqslant \pm20mm$ 的要求。对于联系三角形定向，投点无论是采用激光垂准仪还是采用悬吊重锤法，误差控制在 $2mm$ 之内是比较容易达到的，但由于三角形的边长很短，只有联系三角形的布设同时满足两悬吊钢丝间（或两个投点间）距离不小于 $5m$；定向角 α 应小于 $3°$；a/c 及 a'/c' 的比值小于 1.5 时，才有可能控制角度测量误差在 $\pm4''$ 之内。另采用联系三角形定向时，井下定向边没有检核条件，故每次联系三角形定向均应独立进行 3 次，取 3 次的平均值作为一次定向成果。

联系三角形定向受施工场地影响，操作繁杂，作业时间长且容易出错，定向精度受到限制。但其施测成本较低，距竖井口 $50m$ 之内隧道掘进时，采用该方法进行定向经济可行。

10.5.3 区间隧道施工控制测量

暗挖区间隧道施工控制测量主要包括地下施工导线测量和地下控制导线测量，导线的起算数据直接从地面通过联系测量传递到地下的近井点和定向边。在隧道开挖初期（距竖井口 $50m$ 之内），可用施工导线控制隧道掘进方向，施工导

线一般平均边长在 30m。在当隧道掘进达到 150m 时，应进行第二次定向测量（此时定向边长可达到 120m 左右），地下应开始布设地下控制导线，地下控制导线应布设成二条交叉导线形式，地下控制导线边应为 150m 左右，并按精密导线要求测设，导线的起算边应为第二次定向边。地下施工导线和控制导线应随隧道的掘进而及时向前延伸，由于地下隧道为一个不稳定的载体，对设置在隧道中的控制点影响比较大，因此每次延伸施工控制导线测量前，应对前 3 个导线点进行检测。检测点有变动，则应选择已有稳定的控制导线点进行导线延伸测量。暗挖区间隧道长度大于 2000m 时，在距贯通面 200m 处应采用钻孔投点定向或加测陀螺方位角等方法，以提高地下控制导线的测量精度。隧道施工控制测量误差主要表现为地下控制导线测量误差，而地下导线也按精密导线进行测设，根据前面对精密导线误差分析，最弱点位中误差不大于 20mm。考虑隧道内施工环境恶劣、测量干扰较大、导线边长较短等因素，地下精密导线点位中误差的限差可放大到地面上精密导线点位中误差的 $\sqrt{2}$ 倍。故地下控制测量产生的测量中误差为：

$$M_{井下} = \sqrt{2} M_{精密} = \sqrt{2} \times 20mm = 28.3mm < \pm 30mm。$$

通过对地铁施工控制测量三个关键环节及其误差分析，平面联系测量是影响隧道贯通精度的一个极其重要的环节。地面控制测量和地下控制测量是施工单位经常接触的导线测量，技术成熟，测量精度比较容易控制。而平面联系测量接触少，应根据城市情况、地铁施工方法、隧道内施工环境及地质情况等多种因素选择合理的联系测量方法，才能确保联系测量误差满足规定要求，从而为地下控制导线提供合格的起算点坐标和定向边方位。

第 11 章　盾构设备管理与使用

11.1　盾构设备管理

作为大型机械化施工设备，盾构机的日常管理是由一整套规范的管理制度予以保障的，其中包括总工程师巡视制度、停机保养制度、随机保养制度、盾构运转过程中检测、盾构状况定期评定制度等。

11.1.1　总工程师巡视制度

1）建立总工程师三级巡视制度：保养人员巡视制度、保养维修工程师巡视制度、总工程师巡视制度。

2）维修保养人员每天应对所负责的主要部位和系统进行不定时的巡视，并及时处理故障，直接对维修保养工程师负责。

3）维修保养工程师每天必须巡视所管辖的设备，及时发现故障隐患，以便在设备未发生故障时及时安排修理，以保持机械设备状态良好。

4）机械使用前后，办理交接班时，操作人员应按规定路线对该台设备的各个部分进行详细、全面的巡回检查；正在使用的机械，也应利用其他停机间隙进行巡回检查。

5）维修保养工程师应实时对维修保养人员进行作业指导，并及时纠正盾构作业中的不正确行为。

6）对于检查中发现的问题，应立即采取有效措施予以纠正，并记入运转记录中，重大问题要向机电总工及时报告。

7）维修保养工程师日常巡视主要按照盾构日常保养作业文件规定的内容进行。

8）机电总工程师应不定期地到现场对所管辖的机械设备有重点地进行巡视检查，对操作人员填写的运转记录和交接班记录进行复核确认。

9）机电总工程师对盾构主要部位和系统进行巡视，对维修保养工程师巡视状况进行复核，对日常的维修保养作业提出要求等。

10）机电总工程师应及时通报巡视、检查情况，并组织相关人员进行技术分析和总结。

11.1.2 停机保养制度

1）盾构的保养除了在盾构工作间隙中进行"日检"和"周检"外，每两周（倒班时）应停机 8~12h，进行强制性集中维修保养。

2）盾构强制保养期间，应认真进行盾构的全面清洁、检查和维修。

3）在强制保养日，机电工程师组织得力的维修保养人员，在掘进司机的配合下，有针对性地对设备进行保养和维修。

4）停机保养维修应制定详细的工作计划并备案，具体保养维修内容可以参照盾构停机保养内容表见表 11-1。

表 11-1 盾构停机保养内容

序号	维修保养项目	起止时间	保养维修情况
一	刀盘（视是否具备开舱条件而定）		
1	刀盘整体清洁检查，各部位有无裂纹、脱焊、磨损、损坏情况		
2	刀盘三道耐磨圈用耐磨钢板补焊恢复至原尺寸		
3	刀盘面板、背部、部分刀座、搅拌臂耐磨条网格视磨损情况用耐磨焊条堆焊耐磨条		
4	刀盘焊接状况		
5	刀盘泡沫管路畅通情况检查疏通，泡沫孔盖板及单向阀检查并更换阀片		
6	刀盘面板及刀座修补		
7	根据前方地质情况，合理布置安装刀具		
二	主驱动系统		
1	主驱动主轴承外密封磨损检查，在主驱动处分别打开观察孔，观察有无油液泄漏，如果有液体泄漏，则在更换齿轮油再进行更换		
2	主轴承密封油脂（HBW）分配阀电动机动作、注脂情况是否正常		
3	主轴承齿轮油分配电动机工作状况是否正常		
4	主轴承齿轮油冷却过滤滤芯是否堵塞		
5	主轴承与刀盘螺栓连接的紧固情况，并清理内密封区域内的脏物和液体		
6	齿轮变速箱和主轴承油位是否正常		
7	清洁并检查行星齿轮变速箱循环冷却水运转情况，清洁并更换变速箱冷却水		
8	主轴承齿轮油热交换器泄漏检查、清洁		
9	主轴承密封油脂脉冲传感器和主轴承齿轮油温度传感器清洁检查		

（续）

序号	维修保养项目	起止时间	保养维修情况
三	泡沫系统		
1	检查泡沫泵及其螺杆的磨损、泡沫泵、水泵的工作情况，必要时更换或修复		
2	泡沫发生器处各流量传感器、流量计显示及工作状况检查，液体电动开关动作开闭状况		
3	拆除旋转接头处泡沫管路疏通检查并清除管内污物		
4	旋转接头至刀盘泡沫管路、土仓泡沫注入管路、螺旋输送机泡沫注入管路流量检查、管内污物清除		
5	检查或清洗泡沫发生器内石英砂颗粒		
四	推进系统		
1	检查推进泵过滤器滤芯、盾壳油箱过滤器滤芯，管片安装机泵过滤滤芯是否堵塞		
2	检查推进油缸撑靴板和油缸密封状况		
3	清洁盾壳内推进油缸、铰接油缸范围内砂浆、泥土		
4	清洁盾壳循环泵热交换器清洁、泄漏检查		
5	盾壳底部推进油缸、铰接油缸进、回油管管路泄漏检查，必要时更换		
6	各阀组清洁		
五	盾尾		
1	盾尾注浆管路疏通、清洗		
2	检查盾尾铰接密封		
3	盾尾密封油脂电磁气动阀、油气分离器拆下清洁、检查、修复，确保其工作正常		
4	盾尾铰接密封注脂点畅通情况检查		
5	盾尾与中体外部铰接处清除干净，涂抹盾尾密封油脂防护		
六	螺栓输送机		
1	检查变速箱油位		
2	检查后舱门密封槽变形状况必要时修复		
3	检查螺旋叶片磨损程度，进行补焊耐磨层（开舱允许情况下）		
4	清洁各传感器灰尘，紧固电路接线端子		
七	液压系统		
1	检查主油箱滤芯堵塞情况		
2	检查、清洁处理各阀组、管路、油缸、热交换器有无磨损、损坏、渗漏油现象，进行防护和更换备件		

（续）

序号	维修保养项目	起止时间	保养维修情况
八	注浆系统		
1	检查各注浆管路磨损情况		
2	注浆头、注浆缸密封情况拆卸检查，或者更换		
3	彻底清除砂浆罐内外表面及注浆泵外表残余，搅拌叶片磨损情况检查和维修		
4	搅拌减速器油位检查，砂浆搅拌罐从动轴承检查		
九	管片安装系统		
1	管片安装机抓取头检查，管片防护尼龙板状况检查		
2	管片输送小车尼龙板检查、拖轮总成检查，管片输送小车底部滑行木板检查		
3	管片吊机行走、提升变速箱检查，链条、链轮、滚针、轴承检查，吊装头螺栓更换及起重机梁夹板螺栓检查、紧固		
十	皮带机系统		
1	皮带机主驱动减速器油位检查，主驱动轴承检查，张紧滚筒轴承检查，主、副刮板检查调整，张紧装置调整		
2	皮带机副驱动滚筒检查、皮带状况检查		
十一	风水系统		
1	空压室内清洁		
2	盾构水系统清洁		
3	土仓加水系统管路单向阀、电磁阀检查处理		
十二	油脂泵站及其他		
1	检查更换油脂泵排气滤芯，检查维修 HBW 泵气锤与油脂桶密封处的密封情况		
2	油脂泵密封状况检查		
3	人员舱进出舱门密封检查、更换		

11.1.3　随机保养制度

1）盾构随机保养应有专门技术人员负责。

2）随机保养技术人员对设备保养人员进行现场技术指导并对其负责。

3）盾构随机保养操作人员必须按照盾构作业文件要求进行作业。

4）随机保养技术人员有权处理工作中发现的违章作业行为。

5）如实、认真填写盾构随机保养记录（包括故障发生时间、部位、是否更换配件、处理结果、跟踪情况等）。

6）定期总结盾构故障情况并认真填写盾构履历表。

11.1.4 盾构运转过程中检测

盾构运转过程中检测的指标如下：

1）根据技术资料检查各部件的变形及磨损状况。

2）各部件应整洁无泄漏。

3）系统的润滑状况良好。

4）依据功能测试、油水检测、振动检测等，进行各系统的性能恢复情况评估。

5）设备可操作性能是否良好。

6）设备安全防护状况是否达标。

11.1.5 盾构状况定期评定制度

1）盾构状况评估应定期进行，一般盾构状态评估在以下情况下进行：盾构机每运行四分之一寿命时，盾构拆机之前，盾构可能潜在故障，盾构出现重大故障。

2）进行盾构状态评估时应成立临时评估小组。

3）盾构状态评估力求全面，包括机、电、液等综合范畴。

4）盾构状态评估必须真实可靠，并出具正式的盾构评估报告，作为盾构机械管理文件存档。

11.1.6 故障诊断及油水检测制度

1. 故障诊断与预测

1）日常运转检测：检测人员应经常检查设备的温度、振动、声音、气味等情况，发现不正常现象或听到异响，应立即通知操作人员，停机检查，予以排除，并记入检测记录。

2）机况监测及故障预测：依据日常检测中发现的不正常现象，以及油水的检测结果，检测人员和维修工程师逐项进行检查或利用检测仪器、仪表等进行针对性的测试，做出正确判断或预测。

3）故障诊断：检测人员应依据各项检测数据以及机械设备的结构特点、性能及操作、维修保养的特殊要求，判断出故障隐患，并和维修工程师、维修保养工人一道，以不拆卸或局部解体的方法，借助于仪器测定，找出故障原因及准确部位。

4）故障处理：诊断出的故障，一般应结合各类保养进行修理。检测的各项数据，故障的部位、原因及修理后的状况，均应记入检测记录。

2. 油水检测

（1）取油

1）对每台设备的润滑部位及名称，加油点和取油点，每个加油点油品、牌号进行规范，并记入检测档案。

2）取油的时间应在刚停机的一定时间内抽取。

3）取油的器具一定要清洁。

4）把抽取油样的时间、部位及取样人记录清楚。

5）定期取样化验间隔应科学规范。

6）按期将盾构机油水的检测时间、检测结果记入盾构机履历书，作为换油依据。

（2）油水化验

1）各种化验仪器清洁。

2）油水化验室环境的温度和清洁度达到要求。

3）化验仪器的操作必须按照相应的操作规程进行。

4）化验结果记录规范，每一台设备的检测结果记入检测档案。

5）换油指标：检测油品的指标不合格时，应该换油。

6）根据油水化验结果分析设备的磨损规律和状况及时总结，预报设备的潜在故障。

11.1.7　拆机存放的过程中检查的项目

1）在拆机过程中，必须进行盾构的全面检查。

2）对刀盘磨损状况、焊接质量、刀具安装孔情况、刀座情况、面板情况、泡沫孔情况等进行检查。

3）检查主轴承状况：密封情况（包括密封槽的磨损情况），滚动体情况（根据油液进行评估），齿轮磨损情况等。

4）螺旋输送机机械性能检查：螺旋输送机轴叶片的磨损、筒壁的磨损、螺旋输送机轴叶片和筒体的同心情况、前后舱门机械状况等。

5）盾体的机械性能检查：盾体的变形情况、盾体磨损情况等。

6）液压系统性能检查：系统密封性、执行元件的动作、控制操作元件的灵活性、动力元件的机械性能、辅助元件的状况等。

7）电气系统的检查：线路状况，变压器、整流器、变频器的电气特性，控制继电器的触点，软起动的性能，操作按钮和开关的灵活性等。

8）其他部件的检查。

11.1.8　维修分级管理制度

为了消除盾构设备的潜在故障，在功能故障发生前，有计划地对盾构机进行维修，以便确保盾构设备的性能指标。

1. 大修

1）大修是指各系统、部件的机械性能恢复和整体维修。

2）一般在盾构设备达到其设计寿命的一半时，根据实际检测情况决定是否实行大修。

3）盾构设备大修应制定切实可行的维修方案，并有专人负责。

4）盾构设备大修应上报上级部门审批。

2. 项目修理

项目修理简称项修，主要是指造成盾构设备性能指标恶化，达不到施工生产要求的项目，按实际需要进行修理，其针对性较强。项目修理一般是在盾构设备施工完成一个标段后，对其有关部位进行的有针对性的修理。

3. 小修

按照盾构设备规定的日常维修保养内容，或者根据维修技术人员日常检查、总工程师巡检、定期检查发现的问题，拆卸有关零部件，进行检查、调整、更换和修复失效零件，以恢复盾构设备正常功能的修理。

11.1.9　专用机具、设备和资料的管理制度

1. 专用机具的管理

盾构专用机具：包括液压扭力扳手、液压预紧扳手（拉伸扳手）、液压辅助泵站、液压油缸、始发台、反力架、压力表等。

1）必须备案保存管理盾构的专用机具，必须认真填写盾构履历书中的相关表格。

2）盾构精密专用机具的使用必须指定专人负责，如液压扭力扳手、液压预紧扳手（拉伸扳手）等。

3）盾构专用机具的使用应符合相应的安全操作规程或说明，必要时技术人员进行技术交底并现场指导。

4）盾构专用机具的保养应派专人负责，并按照相应的保养规程进行。

5）盾构专用机具的存放必须按照相应的存放要求进行。

2. 重要设备及软件的管理

盾构重要设备包括 VMT 测量专用计算机、主机操作工业控制计算机、地面监视工业计算机、VMT 相关其他设备、通信用调制解调器、通信线、电视监视系统等；相应的软件包括 VMT 软件、PLC 程序、主机操作计算机专用软件、地面监视系统软件（PDV）等。

1）重要设备和软件的维护必须由专人进行。

2）重要设备必须定期维护，包括计算机的定期清洁、磁盘整理、数据备份等。

3）盾构随机配置的笔记本电脑、移动 PC 等重要专用设备必须专人保管，不得改为他用。

4）重要设备和软件的使用必须遵循相应的操作说明，严禁盲目操作。

5）对于精密仪器和设备使用和维护必须小心进行，严禁野蛮作业。

6）重要设备的保存必须考虑必要的缓冲装置并考虑通风等要求。

7）重要软件必须使用光盘介质备份并存档，上报留存。

8）设物部购置移动硬盘进行盾构重要软件的可靠备份，硬盘不得他用。

3. 盾构机资料的管理

1）盾构资料文件必须专人负责管理。

2）盾构资料文件必须建立必要的索引和目录，方便查阅。

3）盾构电子资料文件必须光盘备份并上报设物部备案。

4）设物部购置移动硬盘进行盾构电子资料的可靠备份，硬盘不得他用。

4. 技术改造报批制度

1）根据施工需要，现场提出盾构机部件改造项目。

2）公司集体评审改造项目的可行性，并提出可行性报告。

3）将盾构改造项目和可行性分析报告上报设物部审批。

4）根据设物部审批意见进行改造作业。

5）如果盾构部件改造作业需要委托外单位，应找有资质的公司进行，根据发生金额大小，按照有关文件规定进行招标。

6）盾构部件改造作业必须将有关新资料存档备案。

7）技术改造后进行质量跟踪，并认真填写盾构履历书。

11.2　盾构的保养与维修

盾构的维修保养工作虽然繁杂，但可总结为八个字，即清洁、润滑、紧固、调整。

1）清洁工作虽然简单，且容易被人忽略，但它确实是一项非常重要的工作，特别对于施工设备来说。盾构上非常重要的清洁工作包括盾尾底部管片安装区的清洁、主轴承内密封处的清洁、皮带机的清洁、推进油缸活塞表面的清洁。

2）润滑就是对运动部件加注润滑油脂，防止磨损。不单单是隧道用设备，无论什么样的机械，在日常的保养工作中，加注油脂及润滑油都是最重要的内容，绝对不要使用指定外的油、油脂及润滑油。

3）紧固就是防止连接处松动。

4）调整就是根据实际情况对盾构上不合理的地方进行整改，并对盾构上各个设备进行必要的维护。例如，盾构上有些传感器容易被踩坏，可采取必要的防护；根据掘进姿态对推进油缸的靴板进行调整；根据检测报告对齿轮油和液压油进行更换等。这些工作都是用来保证盾构处于一个良好的工作环境。

盾构保养一般分为日保养、周保养、月保养、季度保养、半年保养、年保养，各种保养的侧重点有所不同。例如，取油样、测试油的污染度和含水量，不可能在日保、周保中做，而一般在季度保养中进行。对于特殊的系统、设备，还存在初始维护保养工作及使用前和使用后的维保工作等。

日常检查主要包括以下内容：

1）各部位螺栓、螺母松动检查、拧紧。

2）异常声音、发热检查。

3）工作油、润滑油、润滑脂、水、空气的异常、泄漏检查。

4）各部位供油、油脂情况确认、检查、补充。

5）工作油箱位检查。

6）电源、电压正常确认。

7）操作盘开关类、指示灯、仪表类正常动作确认。

8）盾构本体—台车之间的软管、电线有无异常检查。

9）安全阀设定压力检查。

10）液压设备维护、过滤器清扫后的回路内排气确认。

下面针对盾构机的具体保养内容进行说明。

11.2.1 掘削机构的保养与维修

1. 刀盘的保养与维修

刀盘是盾构的主要工作部件，它的主要作用是切削掌子面并对渣土进行搅拌。刀盘四周和边缘部分都焊有耐磨条和耐磨隔栅。刀盘经由支柱、接盘和主轴承连接在一起，由四个支柱承受推进力和径向荷载，以及驱动电动机提供的扭矩。在刀盘的开口部分和主、副刀梁上安装有刀具。对于刀盘的维保主要有以下几点：

1）定期进入开挖舱检查刀盘各部分的磨损情况，检查耐磨条和耐磨格栅是否过度磨损，必要时可进行补焊。

2）检查刀盘内搅拌棒的磨损情况，以及搅拌棒上的泡沫孔是否堵塞。

3）在有条件的情况下检查刀盘面板、各焊接部位是否有裂纹产生。

2. 刀具的保养与维修

根据地质条件不同可采用不同的刀具。对不同的刀具的磨损情况进行检验时须使用专用的磨损量检验工具。

1）定期进入开挖舱检查刀具的磨损情况，根据地质情况决定是否换刀。

2）检查盘刀的滚动情况和刀圈的磨损量（使用专用盘刀磨损量检测板检

查）。

3）在换装刀具过程中检查盘刀紧固螺栓的扭矩。

4）检查切刀的数量和磨损情况，若有丢失、脱落须立即补齐。

5）检查齿刀的切削齿是否有剥落或过度磨损，必要时更换。

6）刀具检查按照以下标准执行：

① 安装刀具为齿刀时，检查齿刀是否有刃口蹦刃、刃口磨损的现象，当刃口磨损至刀具基体时则必须更换。

② 安装刀具为滚刀时，对周边滚刀需检查其磨损值，当磨损值达到 35mm 时必须更换；如果前部地层不能确定能否进入刀盘换刀，需要根据刀具磨损进度预计将于该处换刀时，对于磨损量在 20mm 左右的刀具也需更换新刀，可将拆卸下的旧刀装于内环刀具；当发现有刀具出现环体弦线磨损时，表明该刀具轴承已损坏，必须更换新刀。

③ 安装刀具为切刀时，检查切刀磨损情况，对于掉齿或刃齿磨损至基体的刀具必须更换。对掉落的切刀必须安装新切刀。

检查所有安装刀具螺栓紧固情况，松动时紧固。

在间隔一月的刀盘检查中，所有螺栓必须用风动扳手紧固一次。

所有刀具安装件必须清洁，用水、钢刷清洁后，用毛巾抹干后才可安装。

3. 回转接头

1）经常检查旋转接头的泡沫管是否有渗漏，并及时进行处理。

2）每天对旋转接头部分的灰尘进行清理，防止灰尘进入主轴承密封圈内（此处是主轴承密封的薄弱环节，应特别注意）。

3）检查旋转接头润滑脂的注入情况，若有堵塞应及时处理。

4）经常检查回转中心的转动情况，如有异常须立即停机并进行处理。

11.2.2　盾构铰接装置与推进油缸

1. 维修保养内容

1）及时清理盾壳内的污泥和砂浆。

2）检查铰接密封有无漏气和漏浆情况，必要时调整铰接密封的压板螺钉缩小间隙。

3）铰接密封注脂，每个注入点注入量为 0.5L/d。

4）推进油缸与铰接油缸的球头部分加注润滑脂。

5）检查推进油缸靴板与管片的接触情况（正常时二者边缘平齐）。

6）检查盾尾密封情况，若有漏水和漏浆要及时处理，并检查盾尾油脂密封系统的工作情况。

7）在每环管片安装之前必须清理管片的外表面，防止残留的杂物损坏铰接密封。

2. 铰接密封调节

盾构在曲线段施工时，由于密封材料（橡胶）的特性，其铰接密封的密封能力会出现下降。从而产生漏浆、漏液现象，严重影响施工的质量和进度。对盾构本身也有较大的损害。为了防止或减轻上述情况的发生，必须对盾构的铰接密封进行调整，以适应不断变化的地质和线路的情况。

盾构的铰接密封由一道橡胶密封、两道挡块、调整螺栓、压紧块以及一道紧急密封气囊组成。紧急密封气囊平时处于无气状态，不起密封作用，只有当盾构的前道密封出现问题需要更换时，才会充气将盾构铰接部位的缝隙暂时封闭起来，以防止在更换前道橡胶密封时发生漏液、漏浆现象。

由于紧急密封的材料是橡胶，它不能承受很大的摩擦，过于剧烈的摩擦和挤压会使气囊发生破裂和泄漏，又由于其特殊的安装位置，一旦发生损坏将无法更换和修补，紧急密封的损坏将会为前道密封的更换造成很大的困难。鉴于其特殊用途，平时绝对不能将其用于正常掘进状态下的密封使用。只有在盾构停机状态更换前道密封时下才可充气使用。

当盾构在曲线段掘进时，应根据其掘进的转向趋势相应地调节铰接密封。先将密封压紧块的紧固螺栓松开，将转弯方向内侧密封的压紧块调整螺栓向外调节，使橡胶密封与盾体间的间隙加大；相反地，将转弯方向外侧密封的压紧块调整螺栓向里调节，压紧橡胶使其间隙缩小。调整的范围以密封情况改善为标准。调整完毕后将密封压块的紧固螺栓上紧即可。

虽然调节盾构的铰接密封可以改善其密封状况，但由于橡胶密封的弹性有限，所以调解范围不会很大，不可能完全杜绝漏浆和漏液现象。只有在施工中不断累积经验改进施工的掘进曲线，防止过大转弯趋势的产生，才能更好地保证施工质量。

11.2.3 螺旋输送机与皮带机

1. 螺旋输送机

维修保养时，首先必须停机并将"运行/维护"开关拨到"维护"位置，确保维修保养结束前不会再开机。在液压油路维修保养时还必须释放压力。

（1）日常维护

1）检查螺旋输送机油泵有无漏油现象，若漏油应进行处理，并清洁。

2）检查螺旋输送机驱动及液压管路有无漏油现象，若漏油应进行处理，并清洁。

3）检查螺旋输送机油泵电动机温度是否过高，如果温度过高应检查明原因并进行处理。

（2）周维护

1）检查变速箱油位，如果变速箱油位过低，应添加齿轮油。

2）检查轴承、闸门、伸缩缸的润滑情况，及时添加润滑脂。

（3）月维护

1）检查螺旋片磨损情况，如果磨损严重，应补焊耐磨层。

2）用超声探测仪检查螺旋管厚度，记录检测数据报机电部。

3）清洁电路灰尘。

4）检查电路接线端子有无松动，若松动应紧固。

5）检查断路器、接触器、继电器触点烧蚀情况，若烧蚀明显，用细砂纸打磨平；若严重烧蚀应更换触点。

2. 皮带机

维修保养时，首先必须停机并将"运行/维护"开关拨到"维护"位置，确保维修保养结束前不会再开机。

（1）周维护

1）检查各滚子和边缘引导装置的滚动情况，若滚动不好，应清洗、打油。

2）检查皮带的磨损情况，若皮带磨损严重，应更换皮带。

3）检查皮带是否走偏，若皮带走偏，应调正。

（2）月维护

1）检查变速箱油位，如果变速箱油位过低，应添加齿轮油。

2）检查轴承润滑，添加润滑脂。

3）检查皮带松紧情况，必要时增加皮带张力。

4）清洁电路、电动机。

5）检查电路接线端子有无松动，若松动，应紧固。

6）检查断路器、接触器、继电器触点烧蚀情况，若烧蚀明显应用细砂打磨平；若严重烧蚀，应更换触点。

（3）半年维护　检查和清洁所有零件。

11.2.4　管片拼装系统

1. 管片起重机

1）经常清理管片起重机行走轨道，注意给吊链加润滑脂。

2）检查控制盒按钮、开关动作是否灵活正常，必要时检修或更换。

3）检查电缆卷筒和控制盒电缆线滑环，防止电缆卡住、拉断。

4）定期检查管片吊具的磨损情况，必要时进行修理和更换。

2. 管片输送小车

1）及时清理盾构底部的杂物和泥土。

2）每天给需润滑部位加注润滑脂。

3）定期检查和调整同轴同步齿轮电动机的工作情况。如果输送机顶升机构在空载时出现四个油缸起升速度不均的情况，则表明同轴齿轮电动机有可能内部有密封损坏，应拆下清洗并检查，更换损坏密封件。

3. 管片拼装机

1）检查并清理工作现场杂物、污泥和砂浆。

2）检查油缸和管路有无损坏或漏油现象，若有故障应及时处理。

3）检查电缆、油管的活动托架。若有松动和破损，要及时修理和更换。

4）定期（每周）给液压油缸铰接轴承、旋转轴承、伸缩滑板等需要润滑的部位加润滑脂并检查公差和破损情况（旋转轴承注油脂时应加注一部分油脂，旋转一定角度，充分润滑轴承的各个部分）。

5）定期检查管片安装机驱动电动机旋转角度编码器工作是否正常，若有必要对角度限位进行调整。

6）检查抓取机构和定位螺栓，是否有破裂或损坏，若有破损必须立即更换。

7）定期检测抓取机构的抓紧压力，必要时进行调整。

8）检查油箱油位和润滑油液的油位。

9）检查各按钮、继电器、接触器有无卡死、粘连现象，测试遥控操作盒，若有故障及时处理。

10）检查充电器和电池，电池应及时充电以备下次使用。

11）检查控制箱、配电箱是否清洁、干燥、无杂物。

11.2.5　注浆系统及后配套平台拖车

1. 注浆系统

1）每次注浆前应检查管路的畅通情况，注浆后应及时将管道清理干净。防止残留的浆液不断累积堵塞管道。

2）每次注浆前必须对注浆口的压力传感器进行检查，紧固其插头和连线。

3）注浆前要注意整理疏导注浆管，防止管道缠绕或扭转，从而增大注浆压力。

4）定期检查注浆管的使用情况，若发现泄漏或磨损严重应及时修理或更换。

5）经常对砂浆罐及其砂浆出口进行清理，防止堵塞。

6）定期对注浆系统的各阀门和管接头进行检查、修理，更换有故障的设备。

7）定期对注浆系统的各运动部分进行润滑（具体润滑方式参考保养说明书）。

8）经常检查注浆机水冷池的水位和水温，必要时加水或换水。注意防止砂浆或其他杂物进入冷却水池。

2. 后配套平台拖车

1）经常检查拖车行走机构的工作情况，必要时加注润滑脂。

2）定期检查各拖车间的连接销、连接板，防止意外断裂或脱开。

3）经常检查拖车走行机构的跨度与钢轨的轨距是否合适，不合适应及时调整。

4）保持后方通路的清洁。后方台车前进的轨道面或通过的方向上有障碍物时，会造成后续台车脱轨、倾覆，有夹住人员而造成人身事故的危险，所以要确认无障碍物。

5）后续台车运行时要预防车轮的轮圈紧靠轨道磨损轮圈，防止轮子脱轨的危险发生，防止台车底版下面的电缆架脱出，以及电缆、电缆架与枕木上面的机械相互干涉。

11.2.6　螺杆压缩机

1. 压缩机的维护保养

1）每日或每次运转前，按压缩机操作规程做机前准备、检查。

2）运转 150h。

① 清洁空气过滤器。

② 新机使用后第一次更换油过滤器。

③ 新机使用后第一次更换润滑油。

④ 检查冷却器杂质堆积情况，若有必要，可用空气吹除或压力冲洗。

3）运转 500h。

① 检查各阀件动作、拉杆及活动部件灵活性。

② 检视油过滤器滤芯或更换。

③ 更换润滑油。

④ 软管检修。

⑤ 线路检修。

4）运转 1000h。

① 检查各部管路，异常者更换。

② 检视观油镜，并拆下清洗。

③ 更换空气过滤器滤芯。

④ 车轮轴承加润滑脂。

2. 柴油机的维护保养

（1）每日或加油时

1）检查油底壳机油油位。

2）检查水箱内冷却水位。

3）检查并紧固柴油机外露螺栓、螺母，排除漏油、漏水、漏气现象。

4）在尘土较多场合，用低压空气清除空气过滤器上的积尘。

5）清除柴油机外部的泥垢、积尘和油污。

6）检查风扇、皮带松紧度。

（2）运转 50h

1）用清洁柴油清洗机油过滤器。

2）向水泵轴承加注润滑脂。

3）清除空气滤芯和积尘盒内的积尘。

（3）运转 250h

1）更换油底壳机油。

2）更换机油过滤器。

3）更换水过滤器。

4）清洁发动机呼吸管。

5）清洁发电机表面积尘。

6）清洁冷却系统表面积尘。

（4）运转 500h　清洗或更换柴油过滤器。

（5）运转 1000h

1）清洗冷却系统、去除水垢。

2）更换空气过滤器滤芯。

3）检查水泵，更换润滑脂，必要时更换水封。

（6）运转 2000h

1）测量发动机气门间隙，必要时调整。

2）检查发动机喷油嘴雾化情况。

3）检查/校正柴油泵。

4）检查/校正涡轮增压器。

11.2.7　压缩空气系统

1. 空压机的定期检查

1）空压机的所有维护保养工作必须在停机并卸压的状态下进行。

2）检查空压机管路有无泄漏和出气口的温度，若有异常应及时排除。

3）保持机器的清洁，防止杂物堵塞顶部的散热风扇。

4）每天检查一次润滑油液位，确保空压机的润滑。

5）不定期地检查皮带及各部位螺钉的松紧程度。若发现松动则进行调整。

6）润滑油最初运转 50h 或一周后更换新油，以后每 300h 更换一次润滑油（使用环境较差者应 150h 换一次油）。

7）使用 500h（或半年）后须将气阀拆出，清洗干净。

8）工作 4000h 后，更换空气过滤器（空气过滤器应按使用说明书正常清理或更换，滤芯为消耗品）、润滑油、油过滤器以及油水分离器和安全阀。

9）定期对空压机的电动机轴承进行润滑，根据电动机的保养规程操作。

10）应定期检查承受高温的零（部）件，如阀、气缸盖、制冷器及排气管道，去除附着内壁上的积炭。

11）在任何情况下，都不应使用易燃液体清洗阀、冷却器的气道、气腔、空气管道以及正常情况下与压缩空气接触的其他零件。在用氯化烃类的非可燃液体清洗零部件时，应注意将残液清理干净，防止开机后排出有毒蒸气，不允许使用四氯化碳作为清洗剂。

12）空压机前面板上的液晶显示屏能显示一些常规故障和故障提示信息，一般情况应按其提示的内容进行维保工作（详见空压机操作说明书）。

13）储气罐的泄水阀每日打开一次排除油水。在湿气较重的地方，每 4h 打开一次。

14）对机器各个部件的总体保养为每年一次。具体保养要求详见空压机的维保说明书。

15）切勿在超压和超速条件下使用空压机设备，与空气压缩配套的部件（如储气罐）必须设计安全阀，且工作压力不得超过额定工作压力。空压机的转向应和皮带防护罩上箭头指示相同。

16）修理空压机时，应采取措施避免由于疏忽而使空压机起动，应断开起动电源，并在起动装置上挂一指示牌"正在检修，禁止开车"。

17）成套使用时应维护所有的安全装置，保持其正常功能，安全装置不应发生故障，并只能用可提供同样安全的其他装置来替换，应定期检查压力表、安全阀、压力调节器。

2. 气体保压、工业用气、气管路

1）用于气体保压的储气罐是压力设备，要经常检查其泄漏情况并及时维修。

2）储气罐的泄水阀每日打开一次排除油水。在湿气较重的地方，每 4h 打开一次。

3）经常检查管路和阀门有无泄漏，并及时进行修复。

4）定期对保压系统进行功能性检测，确保其正常工作。

5）经常检查空气管路上的油水分离器，清洗并加油。

11.2.8　人舱系统

由于人舱的特殊工作性质，人舱保养分为使用前保养和使用后日常保养两种情况。

1. 使用前保养

1）检查测试气动电话和有线电话。若有故障和损坏要及时修理和更换

2）检查压力表、压力记录仪、空气流量计、加热器、照明灯工作是否正常。给压力记录仪添加记录纸，并做功能性测试。

3）检查舱门的密封情况，清洁密封的接触面，若有必要可更换密封条。

4）清洁整个密封舱。

5）检查刀盘操作盒操作是否正常。

6）清洗消声器和水喷头。

2. 使用后日常保养

1）人舱使用后若近期不再使用，可将人舱外部的压力表、记录仪拆除，并清洗干净。妥善保管以备下次使用。

2）将人舱清洗干净，并将人舱门关紧。

11.2.9 主驱动系统

1. 主轴承

1）每天检查主轴承齿轮油油位，并做记录。

2）检查主轴承齿轮油温度，若温度不正常须立即停机并查找原因。

3）检查主轴承密封（HBW）油脂分配器动作是否正常，（观察油脂分配电动机上的脉冲传感器的发光二极管闪烁次数，正常为1~2次）。在检查刀盘时，进入开挖舱实际检查主轴承密封油脂的溢出情况（正常应有黑色HBW油脂从密封处溢出）。

4）检查主轴承齿轮油分配器工作是否正常（观察齿轮油分配电动机上的脉冲传感器的发光二极管的闪烁次数）。

5）检查主轴承外圈润滑脂注入情况（观察蓝色油脂分配器工作是否正常，溢流阀是否有油脂溢出。若有油脂溢出表明管路堵塞，要及时检查清理）。

6）每天给主轴承内圈密封注润滑脂，并检查内圈密封的工作情况。

7）定期提取主轴承齿轮油油样送检，根据检查报告决定是否要更换齿轮油或滤芯。更换齿轮油同时必须更换滤芯。

8）定期检查齿轮油滤芯，并根据压差开关反映的情况判断是否更换滤芯。

9）定期检查主轴承与刀盘螺栓连接的紧固情况。

2. 变速箱

1）检查变速箱油位，若油位过低应先找出漏油故障，解决故障后补充齿轮油。

2）检查变速箱温度是否在正常范围，观察冷却水的流动情况（观察电动机

上的水轮指示器）。

3）检查变速箱的温度开关，定期清除上面的污垢。

4）第一次工作 50h 后更换所有齿轮油。

3. 主驱动电动机

1）检查电动机的工作温度和泄漏油温度。

2）定期检测电动机的工作压力。

3）定期检查电动机的转速传感器和移动传感器，紧固其插头和连线。

11.2.10 液压系统

盾构液压系统主要包括主驱动液压系统、推进液压系统、管片安装液压系统、螺旋输送机液压系统、注浆液压系统、辅助液压系统。

1. 液压系统检查

1）检查油箱油位，必要时加注液压油。

2）检查阀组、管路和油缸有无损坏或渗漏油现象，若有渗漏要及时处理。

3）定期检查所有过滤器工作情况，并根据检查结果和压差传感器的指示更换滤芯。

4）定期取油样送检。

5）经常监听泵的工作声音，发现异常应及时停机检查。

6）经常检查泵、电动机和油箱的温度，发现异常要及时检查处理。

7）经常检查液压油管的弯管接头，发现松动要及时上紧。

8）经常检查冷却器的冷却水进/出水口的温度和油液的温度，必要时清洗冷却器的热交换器。

9）定期检查液压系统的压力，并与控制室面板的显示值进行比较。

10）在对液压系统维修前，必须确保液压系统已停用并已经卸压。特别是在清空蓄能器时要特别注意。

11）液压系统的加油和换油必须严格按照盾构说明书规定的程序执行。尽量采用厂家推荐的品种，禁止将不同规格、品牌的油混合使用。每次加油前必须对所选用的油品进行抽样检测，检测合格方可使用。

2. 液压系统的维修

1）液压系统一旦发现泄漏必须立即维修，维修过程中应采取适当的方式避免污染油液，必须保持液压系统的清洁（在松开任何管道连接时，必须彻底清洁接头和其周围的环境）。

2）维修工作结束后，在重新开动机器前必须确定所有的阀门已打开，特别是某些特定的蓄能器的阀门。

3）液压管被碾压或过度弯曲都可能造成保护外皮的损坏。如果其保护外皮受损就有可能影响其最大工作压力，而致使危险的发生（碾压和过度弯曲液压管还可能造成压力损失和回油压力过高）。

4）所有液压管线的拆卸必须做到随时拆卸，随时封口，防止异物进入液压系统。各维修工必须随身携带一条干净纯棉毛巾及干净白绸布。

注意：液压系统工作温度不得超过70℃。

11.2.11　渣土改良系统

1. 泡沫系统

1）定期清洗泡沫箱和管路，清洗时要将箱内沉淀物和杂质彻底清洗干净。

2）检查泡沫泵的磨损情况，必要时更换磨损的组件。

3）检查泡沫水泵的工作情况，给需要润滑的部分加注润滑油或润滑脂。

4）检查水泵压力开关的整定值，必要时进行校正。

5）检查压缩空气管路情况，必要时清洗管路。

6）检查电动阀和流量传感器的工作情况，电动阀开闭动作是否正常，流量显示是否正确，若有必要应进行维修或更换。

7）定期检查旋转接头处的泡沫管路有无堵塞，若发生堵塞要及时清理。

2. 膨润土系统

1）检查膨润土泵、润滑轴承和传动部件工作是否正常。

2）检查气动泵动作是否正常。

3）检查油水分离器和气管路，定期给油水分离器加油。

4）检查膨润土管路，清理管路的弯道和阀门部位，防止堵塞。

5）检查流量调节阀和压力传感器。

6）定期清理膨润土箱和液位传感器。

11.2.12　通风系统与水系统

1. 通风系统

1）检查洞内外风机工作是否正常，有无异常声响。

2）定期检查叶片固定螺栓有无疲劳裂纹和磨损。

3）定期检查、润滑电动机轴承（按保养要求时间和方法进行）。

4）检查风筒吊机电动机减速面的运行情况。

5）根据掘进情况及时延伸和更换风管。

6）检查风管有无破损现象，及时修补或更换。

2. 水系统冷却循环水、排水系统

1）检查进水口压力（一般为$5×10^5$Pa左右）和温度（小于30℃），若压力过低或温度过高，应检查隧道内的进水管路的闸阀、水泵及冷却器工作是否正常。

2）检查水过滤器，定期清洗滤芯，定期清理自动排污阀门。

3）检查水管路上的压力和温度指示器，若有损坏及时更换。

4）检查水管卷筒、软管若有损坏应及时修理，并对易损坏的软管进行防护处理。

5）检查水管卷筒的电动机、变速箱及传动部分，若有必要应加注齿轮油，并为传动部分加注润滑脂。

6）定期检查主驱动的电动机变速箱、冷却器和温度传感器，清除传感器上的污物。

7）定期检查热交换器，并清除上面的污物。

8）每天检查排水泵，若有故障应及时修理。

9）每天检查所有的水管路，修理更换泄漏、损坏的管路闸阀。

限于篇幅，其余的子系统诸如油脂系统、供电系统、主机控制系统等的维修保养内容此处从略。

11.3　盾构施工过程监控（盾构云）简介

11.3.1　盾构云概念的提出

盾构云概念的提出主要是基于盾构施工中面临的如下亟待解决的问题：

1）地下工程隐蔽、隐患问题多，管理难度大。

2）施工现场分散，沟通不畅监管死角多。

3）需要时刻对地面地下环境安全进行监控。

4）贯穿风险区域的监管与预警尤为重要。

5）如何提高盾构的掘进效率和安全保障。

6）如何衡量和测评成型隧道质量。

因此，要解决上述问题所带来的困扰，及时准确获取现场施工数据至关重要。盾构云概念的提出实际上是提出了一整套 TBM（盾构/顶管）施工的信息化解决方案，从而使得施工单位能够高效、自动采集由盾构、导航设备、注浆设备、间隙测量设备产生的各项关键数据，并能实时将数据传输共享给后方管理人员，这种信息化程度极高的现场施工管理解决方案为现有的施工单位提供了地下工程施工管理的全新视野，有助于他们完美实现地下工程的进度、安全及成本管理。

11.3.2　盾构云架构

盾构云的目标主要有两个：

1）让地下掘进管理更加简便、直观、高效。

2）让 TBM、盾构、顶管施工更加标准、安全、智能。

如图 11-1 所示为中铁工程装备集团有限公司提出的盾构云概念。

如图 11-2 所示为盾构云的详细组成架构示意图。

图 11-1　中铁工程装备集团有限公司提出的盾构云概念

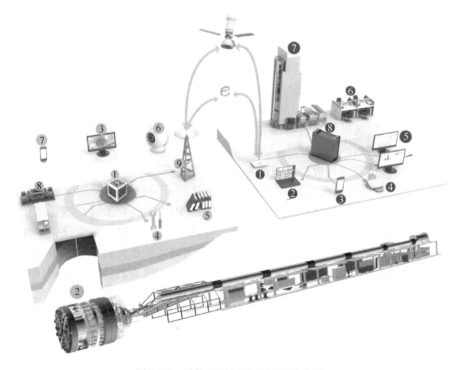

图 11-2　盾构云详细组成架构示意图

图中左边部分的项目序号所对应的内容包括以下几点：

1）盾构数据采集 BOX（兼容多种工业协议）。

2）盾构数据采集（中铁装备、海瑞克、中铁建工等）。

3）现场掘进监控（刀盘、螺旋输送机、注浆等）。

4）盾构维护维修（维护保养提醒、大小修）。

5）施工资料（项目资料、计划进度、地质信息等）。

6）视频监控（场地、隧道内）。

7）现场情况手机填报（停机、地表沉降、出土量等）。

8）其他工业设备接入（龙门式起重机、塔式起重机等）。

9）无缝接入互联网（有线、无线双方案）。

图中右边部分的项目序号所对应的内容包括以下几点：

1）风险预警与报警提示（地层、瓦斯、涌水）。

2）PC、Web 访问支持。

3）手机访问支持。

4）报表及风险报告。

5）单环分析统计、多环分析统计。

6）盾构专家远程支持。

7）独立云数据中心。

8）海量存储与计算能力。

从盾构云的架构示意图可知，该系统的实现需要多学科的支持，包括电气与自动化工程、网络工程、通信工程、大数据存储技术、软件工程、互联网、移动互联网等。由此可见，盾构云技术实际上是以互联网为基础，通过互联网把盾构施工数据在线监测、数据采集、过程监控、风险评估、数据处理、报表生成、施工掘进效果分析统计等功能集成在一起，从而真正实现对施工过程的智能监控，可以通俗地说，盾构云就是"互联网+盾构"。

因此，要实施盾构云，必须启动初步的入网流程：现场安装采集 BOX；云平台配置与开户；下发账号与安装 App；打开网页/App 开始体验。

11.3.3　盾构云的功能

1. 远程数据监控

长期以来，地下空间建设风险管控与盾构掘进效率的提升一直受制于现场掘进数据的收集整理。管理者与工程师们奔波于各个隧道现场，进行风险检查、安全指导、设备管理等各种工作，耗时费力还有可能出现错误。

通过实施盾构云技术，就可以实时访问现场的各项掘进数据，一个管理团队在后方可同时对多个地下空间现场进行掘进与地质风险安全监控，利用传感器技术与实时计算技术，还可以实现第一时间的发现隧道质量风险管控问题（如注浆量不足、出土量超标、严重的管片错台等），从而使项目管理团队成员在后方就如同亲临现场一般，随时随地把控盾构施工现状。

2. 丰富的系统应用功能

盾构云集隧道盾构远程监控、隧道风险安防管控、视频监控功能一体，基于工业标准和互联网技术，提供广域大量施工现场集成化管理和智能分析统计功能，可同时满足业主、施工方、监理管理等各方的需求。其丰富的应用功能包括以下几点：

1）工程概况管理，包括隧道概况，工期计划，区间地质情况，进度概况等。

2）数据统计与分析，包括主要参数历史曲线分析，报警历史，报警处理票，设备保养，停机原因申报，单环分析，单环档案，多环档案，地质变化预判等。

3）盾构实时监测，包括主监视，激光导向系统，注浆系统，泡沫系统，电力参数，累计量，允许参数诊断。

4）隧道质量管控，包括掘进风险，材料消耗，时效分析，管片错台概况等。

5）安防管控，包括工期与安检，安全检查票，监理巡查报告，远程视频等。

6）施工进度形象展示，包括施工俯视图，施工纵断面图，进度上报，施工日报等。

7）用户与权限管理，包括用户管理，项目权限管理，盾构权限管理等。

此外，系统含有丰富的扩展接口，因此上述盾构云的应用功能均可灵活扩展，可提供定制化服务以满足客户个性化的需求。系统还提供了丰富的第三方平台支持，实现了安卓、苹果系统的完全覆盖，管理者可随时随地进行掌上盾构监控；施工单位、监理也可随时随地实现信息上报。系统的 App 同时提供了施工情报自动报告、资讯、咨询管理等应用功能。盾构云系统部分运行界面如图11-3 所示。

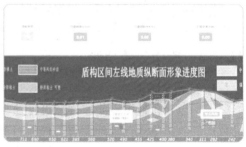

a)   b)

图 11-3　盾构云系统部分运行界面

a) 风险点监控之顶视航拍视角　　b) 风险点监控之地质纵断面视角

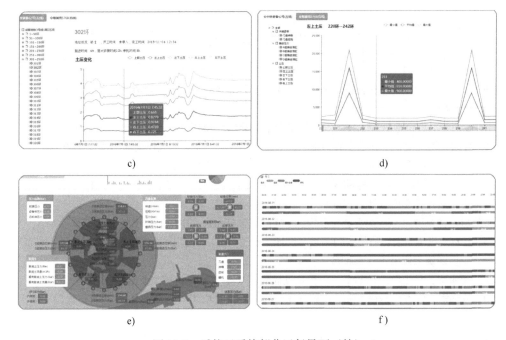

图 11-3　盾构云系统部分运行界面（续）

c）数据分析之单环盾构历史数据档案　d）数据分析之多环盾构历史数据比较

e）实时监控之主监视　f）进度管理之每日时效详情

参 考 文 献

[1] 牟映洁，胡广权，柳艳清．盾构机工业水循环系统设计［J］.隧道建设，2012，32（6）：907-910.

[2] 李明华．城市地铁施工技术［M］．长沙：中南大学出版社，2015.

[3] 陈馈，洪开荣，焦胜军．盾构施工技术［M］. 2 版．北京：人民交通出版社，2016.

[4] 陈克济．地铁工程施工技术［M］．北京：中国铁道出版社，2014.

[5] 日本土木学会．隧道标准规范（盾构篇）及解说：2006 年制定［M］．朱伟，译．北京：中国建筑工业出版社，2011.

[6] 唐经世，唐元宁．掘进机与盾构机［M］. 2 版．北京：中国铁道出版社，2009.

[7] 日本地盘工学会．盾构法的调查·设计·施工［M］．牛清山，陈凤英，徐华，译．北京：中国建筑工业出版社，2008.

[8] 胡永彪，杨士敏，马鹏宇．工程机械导轮［M］．北京：机械工业出版社，2013.

[9] 竺维彬，张志良，林志远．广州地铁土建工程工法应用与创新［M］．北京：人民交通出版社，2014.

[10] 王福龙．混合式机械通风在地铁隧道施工中的应用［J］.科技视界，2015（1）：155.

[11] 张宏，陈小银，高西洋．混合式机械通风在地铁隧道施工中的应用［J］.市政技术，2007（2）：116-118.

[12] 张冰．地铁盾构施工［M］．北京：人民交通出版社，2011.

[13] 鲍绥意，关龙，刘军，等．盾构技术理论与实践［M］．北京：中国建筑工业出版社，2012.

[14] 李伶．地铁设计中最小曲线半径的选择［J］.铁路勘测与设计，2012（4）：44-47.

[15] 党红章．成都地铁密实砂卵石地层工程地质特性及施工方法浅析［J］.现代隧道技术，2007（5）：7-11.

[16] 孙晖．地铁施工中的岩土问题及解决方法［J］.建筑监督检测与造价，2017，10（4）：15-20.

[17] 周运祥，张志军，梁胜国．大断面富水复合地层铁路隧道施工关键技术［J］.铁道标准设计，2015，59（12）：64-68.

[18] 高文新，黄溯航，谢峰．第七届全国岩土工程实录交流会特邀报告：城市轨道交通典型工程地质问题分析及对策［J］.岩土工程技术，2015，29（6）：280-284.

[19] 王立志．谈城市地铁区间隧道施工方法［J］.山西建筑，2012，38（30）：197-199.

[20] 屈万英，夏小唐．苏州市轨道交通节能分析与设计［J］.福建建筑，2013（2）：85-88.

[21] 张斌，潘玲，朱剑月．城轨交通车辆限界和设备限界计算［J］.现代城市轨道交通，2007（3）：32-34.

[22] 杨作刚，欧阳全裕．地铁线路最小线间距及其曲线加宽计算探讨［J］.城市轨道交通研究，2017，20（3）：11-14.

[23] 石继述，赵海燕．地铁线路纵断面区间单向坡设计探析［J］．科技资讯，2012（36）：
53-55.

[24] 李睿，李晓飞，欧阳全裕．地铁线路纵断面设计探讨［J］．铁道标准设计，2013（1）：
42-44.

[25] 陶明鹤．轨道交通线路纵断面节能坡设置研究［J］．城市道桥与防洪，2011（6）：
23-25.

[26] 陈志良．竖直导线定向测量理论及工程应用［J］．铁道勘察，2005（1）：51-53.

[27] 莫中生．联系三角形定向在地铁盾构隧道中的应用分析［J］．隧道建设，2011，31
（5）：620-623.

[28] 廖振宇．地下铁道盾构施工测量检测方法探讨［J］．铁道勘察，2014，40（4）：16-20.

[29] 郭沈凡．盾构隧道精密定位导向技术的研究［D］．南京：河海大学，2005.

[30] 左建周．盾构隧道施工控制测量［C］// 中国市政工程协会．2014 中国城市地下空间开
发高峰论坛论文集．北京：《市政技术》编辑部，2014：4.

[31] 姜留涛，翟燕．盾构姿态测量原理的比较研究及精度分析［J］．测绘通报，2016（8）：
86-88.

[32] 孙午戌，张华．轨道交通工程盾构区间贯通测量误差预计及实践［J］．北京工业职业技
术学院学报，2017，16（2）：97-100.

[33] 于来法．地下铁道地面控制网布设方案和测量精度设计［J］．测绘通报，1996（6）：
11-14.

[34] 李强．城市地铁施工测量控制因素及精度分析［J］．铁道勘察，2009，35（2）：1-4.